죽음을 알면 삶이 바뀐다

죽음을 알면 삶이 바뀐다

| 죽음 준비가 왜 삶의 준비인가 |

Understanding death change your life

오진탁 지음

지유문고

서문

죽으면 어떻게 되는가? 죽으면 다 끝나는가? 죽음은 새로운 시작인가? 죽음은 살아있는 인간이 쉽게 판단할 수 있는 문제는 아니다. 사람들은 대부분 아무 생각 없이 죽으면 아무것도 없는 끝이라고 생각한다. 죽음을 잘 안다고 여기는 것이다. 죽음을 정말 잘 알고서 그렇게 판단 내리면 다행이겠지만, 죽음에 대해 정말 심사숙고해서 그런 판단을 내린 것은 아닐 것이다.

현대 사회는 육체, 과학, 경제 중심의 3가지 패러다임이 지배한다. ①육체 중심의 패러다임 – 인간은 눈에 보이는 육체가 전부라고 생각하므로, 죽으면 다 끝난다고 생각한다. ②과학 중심의 패러다임 – 과학도 살아있는 인간의 안목으로 형성해 나가는 지식체계이므로, 죽음 현상은 기본적으로 배제되어 있다. 과학으로 죽음을 판단하기 어렵다. ③경제 중심의 패러다임 – 경제 역시 눈에 보이는 현상을 중심으로 판단하게 된다. 3가지 패러다임은 현대 사회를 압도적으로 지배한다. 3가지 패러다임으로 죽음을 보니까, 사람들이 죽음을 도외시하게 되는 게 아닐까?

죽음 이해는 자기 삶과 죽음 전체가 걸린 문제이므로, 신중에 신중을 거듭해야 한다. 잘못 판단하면 자기 삶과 죽음 전체를 잃게 된다. 죽으면 다 끝난다고 생각할 경우, 말 그대로 죽으면 다 끝나는 그런 삶을 살게 된다. 어차피 끝날 인생이니까, 죽기 전에 이미 삶은 끝난 것인지도 모른다. 육체의 한계에 갇혀 살고, 죽어도 육체의 굴레에서 벗어나지 못하기 때문이다. 직접 죽어 보지도 않았고 죽음을 잘 알지 못하므로, 차라리 죽음을 잘 모른다고 하는 게 훨씬 솔직하지 않을까? 죽음을 충분히 알지 못함에도 불구하고, 마치 잘 아는 듯이 '죽으면 다 끝난다'고 쉽게 단정내리면 함정에 빠질 수밖에 없다.

죽으면 다 끝난다는 말은 이 삶을 전부로 안다는 뜻이다. 그래서 사는 동안만이 아니라 죽는 순간, 죽음 이후에도 육체 중심의 죽음 이해와 세속적인 가치관에서 벗어나지 못하게 된다. 삶을 전부로 아니까 죽어도 이 세상을 떠나지 못하는 등 값비싼 대가를 치르게 된다. 우리는 죽어야만 하는 인간의 한계, 육신의 감옥과 세속의 울타리에 갇혀버리고 만다. 예를 들어 보자. 자살현상은 우리 사회 현안이다. 자살률은 10년 넘게 OECD 가입국 중 1위를 차지하고 있다. 삶의 과정에서 난관에 봉착해 해결하기 어려우면, 죽으면 다 끝나니까, 자살하는 사례가 많다. 한국대학생교육협의회의 2018년 조사에 따르면 대학생 중 14.3%가 자살위험군이라고 한다. 자살 동기에는 개인적 이유와 사회적 원인도 포함되지만, 죽으면 다 끝난다는 죽음에 대한 오해가 자살을 부추기고 있다.

죽음에 대한 판단은 자신이 내리는 것이므로, 어떤 판단을 내리기 전에 인간은 육체만의 존재인지, 육체와 영혼의 결합인지, 자신에 대한 이해가 과연 어떤지 점검해보는 게 바람직하다. 티베트 소걀 린포체도 "죽은 이후 영혼이 있느냐 없느냐 하는 문제는 증명이나 논증의 문제라기보다, 지금 이 삶에서 자기 자신과 인간 존재를 얼마나 깊이있게 이해하느냐 여부에 달려 있다"고 말했다. 죽음은 다른 사람이 자신에게 입증해줘야 하는 문제가 아니다. 자기가 자신을 얼마나 깊이있게 아느냐에 따라 죽음 이해가 달라진다는 뜻이다.

자기 자신을 육체만의 존재라고 생각하는 사람은 '육체가 죽으면 다 끝난다'고 말할 것이다. 자기 자신은 육체만의 존재가 아니라 육체와 영혼이 결합이라고 생각하는 사람은 '육체가 죽어도 끝나지 않는다'고 말할 것이다. 그러므로 죽음이 무엇인지 묻기 전에, 나는 어떤 존재인지 묻는 게 합당하다. 문제의 포인트는 죽음이 아니라 바로 자기 자신이다. '자기가 자신을 어떻게 이해하는가' 여부에 따라 죽음 이해는 정해지기 때문이다.

카르마(karma)는 '업業' 또는 '인과응보'를 가리키는 인도 산스크리트어다. '카르마의 비전'이란 비슷한 카르마를 지닌 존재가 주변 세계에 대해 일련의 지각방식을 공유하는 것을 일컫는다. 비슷한 업이나 인과관계에 매여 있는 존재라면 세상을 인식하는 방식도 유사할 수밖에 없다. 사람들이 죽으면 다 끝난다, 죽음은 새로운 시작이다, 혹은 죽음을 절망이나 희망으로 너무나 다르게 보는 것도 바로 '카르마의 비전' 때문이다. 죽음을 절망으로 이해하는 사람은 자신만의 고유한 '카르마의 비전'이 죽음을 절망으로 보게 하기 때문이다. 마찬가지로 죽음을 밝은 희망의 근원으로 볼 수 있는 것도 역시 '카르마의 비전'이 그렇게 보게 하기 때문이다.

인도의 디팩 쵸프라는 말한다. "의식 영역을 보다 확장시켜야 우리 자신뿐만 아니라 죽음을 잘 이해할 수 있다. 그렇지 않고서는 우리 자신과 죽음을 제대로 이해할 수 없다." 우리가 자신을 육체만의 존재라고 한다면, 육체가 죽으면 다 끝난다고 생각하게 된다는 뜻이다. 육안肉眼, 육체 중심으로 보면 제한적일 수밖에 없다. 사람들은 죽음처럼 '보이지 않는 것은 없다'고 판단해 '죽으면 다 끝난다'고 말한다. 사람들은 육안으로 보니까 죽음을 외면하게 된다. 지혜의 눈(慧眼)으로 보면 삶과 죽음이 함께 있음을 보게 된다. 육안으로 보는 것과 지혜의 눈으로 보는 것은 크게 다르다. 따라서 죽음이라는 하나의 현상에 대해 Ⓐ죽으면 다 끝난다, Ⓑ죽음은 새로운 시작이다, 서로 모순된 판단을 내리는 것도 이해가 된다. 서로 보는 게 다르기 때문이다.

	Ⓐ 유형	Ⓑ 유형
인간 이해	인간은 육체만의 존재	인간은 육체와 영혼의 결합체
죽음 이해	죽으면 다 끝난다	죽음, 끝이 아니라 새로운 시작
삶의 이해	육체와 물질중심으로 삶을 산다	육체와 영혼의 결합체로서 삶을 산다

Ⓐ유형 : 육체만의 존재라고 생각하는 사람은 육체 중심으로 삶을 영위하고 죽으면 다 끝난다고 생각한다. 그러나 Ⓑ유형 : 육체와 영혼의 결합체라고 생각하는 사람은 육체와 영혼이 결합된 존

재로서 삶을 살다가 죽음이 찾아오면 죽는다고 끝이 아니라 새로운 시작이라면서 삶을 마무리하고 자연스럽게 다른 세상으로 떠난다.

법정 스님(1932~2010)은 임종 직전 말했다. "지금 내 소원은 사람들에게 폐 끼치지 않고 하루빨리 다비장 장작으로 올라가는 것이야! 생명의 기능이 나가 버린 육신은 보기 흉하고 이웃에게 짐이 될 것이므로, 조금도 지체 없이 없애주면 고맙겠다. 그것은 내가 벗어버린 헌 옷이니까." "육신을 70, 80년 끌고 다니면 부품 교체가 아니라 폐차 처분할 때가 있다. 죽음은 자연스러운 것이다. 육신의 죽음을 끝이라고 보면 막막하게 되지만, 새로운 삶의 시작이라고 본다면 어떤 희망이나 기대를 하게 된다. 우리는 평소에 그런 훈련을 많이 받아서 담담하게 건널 수 있을 것 같다."

죽음은 몇 십 년 뒤 죽을 때 문제되는 게 아니다. 죽음을 미래의 문제로 외면할 게 아니다. 철학교수인 필자가 죽음을 평생 연구하는 것은 죽음 이해가 죽음 이해로 끝나지 않고 각 개인에게 있어서 삶과 죽음 모두가 걸린 문제, 누구에게나 가장 중요한 과제이기 때문이다. 죽음을 어떻게 이해하는가의 문제는 지금 여기서 육체만의 존재로 육체와 물질 중심의 삶을 사느냐, 육체와 영혼의 결합체로서 삶을 영위하느냐 하는 문제와 직결된다. ①인간 이해, ②죽음 이해, ③삶의 이해, 이 3가지는 서로 밀접한 관계를 맺고 있다.

자, 이제 자신에게 다시 한 번 물어보자.

①인간 이해: 나는 육체만의 존재인가, 육체와 영혼의 결합인가?

②죽음 이해: 죽으면 다 끝나는가, 새로운 삶의 시작인가?

③삶의 이해: 육체와 물질 중심으로 사는가, 육체와 영혼의 결합체로 사는가?

3가지 질문은 서로 다른 물음이 아니라 상호 밀접하게 관련된 하나의 물음이다. 사람들은 충분히 알지 못하면서 죽으면 다 끝난다고 쉽게 답하곤 한다. 자신의 삶과 죽음 전체가 걸린 문제임을 자각한다면, 자세히 알아보고 깊이 생각하는 게 훨씬 현명하지 않을까?

2021년 8월 춘천 봉의산에서

오진탁 손모음

제2부 죽음, 삶의 끝인가, 새로운 시작인가

제4부 죽음을 통해 삶을 찾다

제5부 성숙한 죽음문화가 필요하다

제1부

죽음을 모르면서 삶을 알 수 있을까

세속적으로 아무리 잘 살았다 해도
마지막 모습이 절망적이고 불행했다면,
과연 그가 '잘' 살았다 할 수 있을까?
누구든지 죽음을 맞이하는 마지막 모습은
그의 삶을 있는 그대로 비추어 주는 거울이다

1장
죽음, 삶을 있는 그대로 비추어준다

'죽음'이란 우리에게 과연 어떤 것일까? 퀴블러-로스는 '죽음이란 삶을 마무리하는 것이므로 오히려 기뻐하고 축하해야 할 일'이라고 생각했지만, 삶만큼이나 가깝고도 가까운 죽음에 대해 정작 우리는 한 번도 깊이 있게 생각해보지 않은 것 같다. 죽음이란 부정적인 것, 회피하거나 외면하고 싶은 그 무엇이라고만 인식해왔기 때문일 것이다.

사람들은 흔히 삶과 죽음, 행복과 불행, 기쁨과 고통 중 하나만을 선택하려고 한다. 그러나 행복과 불행, 기쁨과 고통이 서로 떨어져 있는 게 아니듯 죽음 또한 언제나 삶에 함께 붙어 있다. 삶 속에서 죽음을 배우지 못하고, 기쁨과 함께 있는 고통을 읽지 못한 사람은 편안하게 웃으면서 죽을 수 없다. 삶과 함께 있는 죽음을 인정하지 않는다는 것은 곧 삶을 부정하는 것이나 다름없다. 왜냐하면 삶과 죽음은 동전의 양면처럼 함께 있을 수밖에 없기 때문이다. 그런

데 안타깝게도 많은 사람들이 애써 죽음을 외면하려는 태도를 보인다. 우리가 죽음을 부정하는 것은 마치 삶을 부정하면서 삶을 살아가는 것이나 다름없다. 그런 사람의 죽어가는 마지막 모습은 옆에서 보기에도 참으로 안타까울 수밖에 없다.

　인간은 누구나 행복하게 잘 살기를 바란다. 그러나 과연 어떻게 사는 것이 잘 사는 것일까? '잘 산다'라는 말에서 '잘'에 해당하는 의미는 참으로 깊은 뜻을 지니고 있다. 행복한 삶이 '품격 높은 삶'을 지향하는 데 있다면, 우리가 결코 간과해서는 안 되는 또 하나의 문제가 바로 '품격 높은 죽음', '아름다운 마무리'가 아닐까.

　어떤 사람이 아무리 잘 살았다 한들 죽음을 편안히 맞이하지 못했다면, 그 사람이 '잘' 살았다고 말할 수 있을까? 우리는 흔히 행복한 삶, 건강한 삶만 생각한다. 그런데 만일 평소에 행복하게 살았던 어떤 사람이 죽기 싫어서 몹시 괴로워하다가 죽었다면, 그의 인생이 진정으로 행복했다고 말할 수 있을까? 진정한 의미의 행복이란 삶과 죽음이 다 같이 만족스러워야 하지 않을까? '잘 먹고 잘 사는' 삶의 의미가 '인간으로서 누려야 할 행복한 생활'을 말하는 것이라면, 거기엔 마땅히 행복한 죽음도 포함되어야 할 것이다. 결국 행복이란 삶에만 한정되는 문제가 아니라, '잘 죽는 것', 아름다운 마무리와도 깊게 관련된 문제임을 알아야 한다. 죽음은 삶을 있는 그대로 비추어주는 거울이기 때문이다.

제발 죽어가는 사람을 괴롭히지 말라

우리가 맞이하는 죽음의 자리는 얼마나 비인간적이고 황폐한 곳인가. 불과 20, 30년 전만 해도 연로한 부모님이나 할아버지, 할머니들은 자신이 살던 집에서 죽음을 맞이했다. 하지만 시대가 변하여 사람들은 거의 다 병상에서 마지막 순간을 맞이한다. 얼마 전까지만 해도 50대, 60대에 자연사했을 사람들이 암, 뇌졸중, 치매 등의 병으로 의료 기기들에 둘러싸인 채 여러 가지 튜브를 몸에 꽂고 있는 모습을 자주 목격하게 된다.

  하지만 병상에 방치되어 힘겹고 쓸쓸하게 운명의 시간을 기다리고 있는 환자와 가족은 최후의 순간에 철저하게 외면당한다. 힘든 투병생활을 하다 갑자기 위급한 상황이 닥치면, 심장마사지니 뭐니 하여 응급조치를 취하기 위해 가족들은 병실 밖으로 쫓겨나게 된다. 환자와 가족은 죽음이 머지않은 것을 알면서도 작별인사를 나눌 기회조차 박탈당하는 것이다. 죽음이 임박한 환자라 할지라도, 오직 육체적 연명만을 위해서라면 응급실에서 ABC 조치(Air-Way: 기도 확보, Breathing: 인공산소호흡, Circulation: 혈액순환)로 몇 년간 생명을 연장시킬 수 있다. 하지만 이런 식의 조치가 과연 바람직한 일일까?

환자가 죽어가는 순간 병원은 극도로 홍분된 광란에 휩싸인다. 환자를 소생시키려는 마지막 수단을 취하기 위해 의사와 간호사들이 침대로 달려든다. 죽은 것이나 다름없는 환자에게 무수하게 약을 투여하고 바늘을 찔러대고 전기 충격을 가한다. 그가 죽어가는 순간 심전도, 혈중 산소량, 뇌파 움직임 등이 면밀하게 기록된다. 의사가 '이제 그만'이라고 선언할 때에야 비로소 이런 히스테리는 막을 내린다. 보다 편안하게 죽음을 맞이하게 하고 싶은 환자의 가족으로서는 '이것이 과연 인간다운 죽음의 방식일까?'라는 의문에 휩싸이게 된다. 사랑하는 사람을 그냥 죽도록 내버려두어야 할지, 아니면 연명 치료를 계속해 인위적으로 생명을 연장토록 해야 할지 가족들은 갈피를 잡기가 쉽지 않다.

사람들은 공개적으로 '죽음'을 이야기하지 않는다. 죽음은 다만 그 상황에 처한 당사자의 외롭고 깊고 우울한 현실일 뿐이다. 그러다 보니 임종자가 마지막에 맞게 되는 죽음의 장소는 코를 찌르는 소독 냄새가 진동하는 병실과 중환자실의 싸늘한 병동이다. 죽음이 임박하면 병실에는 그저 죽음의 위기에 놓인 환자, 의사와 간호

에드바르 뭉크, '병실에서의 죽음', 1895년

사뿐이다. 사랑하는 가족과 친구들은 병실 밖으로 밀려나 주변을 머뭇거릴 뿐이다.

　사랑하는 사람을, 사랑하는 부모를 병으로 잃어본 사람들은 알 것이다. 우리 시대의 마지막 임종의 순간이 당사자와 그 가족들을 얼마나 힘들고 가혹하게 하는지를. 그 순간 이들이 겪게 되는 육체적, 정신적, 경제적 시련은 또 얼마나 엄혹한 현실인지를. 그리고 마지막으로 이렇게 말한다. "이렇게밖에 할 수 없는 병원제도와 의료현실이 너무나도 고통스런 경험이었다."

　위암 말기 환자가 입원하고 있는 대학병원 입원실 모습은, 환자가 의식을 잃은 뒤 숨질 때까지 48시간 내내 초상집 분위기다. 환자는 이따금씩 괴성을 질러대고, 의식이 없는 상태에서 벌떡벌떡 몸을 일으켜 세운다. 가족들은 이를 막느라 안간힘을 쓴다. 같은 병실에 있던 다른 환자의 가족은 "우리에게 곧 닥칠 일이라 생각하니 너무 힘들다. 어머니가 저 소리에 놀라 얼마나 충격을 받을까 생각하면 모골이 송연하다"며 괴로워한다. 죽음을 앞둔 임종환자의 병상에서 벌어지고 있는 현실이다.

우리나라의 병원들에는 죽음을 맞이하는 환자들이 인간으로서 품위를 지키며 눈을 감을 수 있는 임종실이 거의 없다. 이 때문에 환자와 가족들이 받는 고통은 엄청나다. 예고 없이 발생하는 사고로 인한 죽음, 갑작스런 발병으로 인한 급사를 제외하면, 삶과 죽음은 단절이 아니므로, 죽음으로의 이행 과정은 몇 개월, 혹은 몇 년의 시간이 소요된다. 대형병원에는 환자를 치료하는 병실, 죽은 사람을 다른 세상으로 보내는 영안실 이외에, 병실과 영안실의 중간 과정으로서 임종실이 필요하다.* 대형병원에 임종실이 없다는 사실이 바로 우리 사회 죽음 이해의 현주소를 시사해준다. 호스피스가 임종실 역할을 하는데, 임종하는 사람 중에서 호스피스의 보살핌을 받는 사람은 약 10% 정도에 불과하다. 우리 사회에서 임종실 뿐만 아니라 다양한 방식으로 당사자와 가족을 보살펴주는 보살핌의 문화, 근본적으로 죽음을 맞이하는 방식에 대한 철학적 성찰을 찾아보기 어렵다.

---

* 서울대병원을 비롯한 국립대 병원, 서울성모병원을 비롯한 가톨릭계열의 성모병원에만 임종실이 갖추어져 있다.

죽음을 모르면서 삶을 어떻게 알까?

우리는 살면서 정식으로 '죽음을 어떻게 받아들여야 할지' 교육받은 적이 없다. 사회 분위기 역시 죽음은 부정적인 것이고 입에 담기 껄끄러운 얘기로 치부해버린다. 사정이 이렇다 보니 우리가 알고 있는 죽음은 지독한 상실과 사라짐만을 의미할 뿐이다. 죽음을 인정하지 않거나 죽음의 공포 아래서 애써 죽음을 외면한 채 살아가는 것이다. 어떤 사람들은 죽음이란 자신이 누려야 할 모든 것을 다 써버린 후 남은 게 아무것도 없는 소멸상태를 의미한다고 별 생각 없이 이야기하곤 한다. 하지만 인간으로서 평생을 잘 살다가 마지막을 맞이하는 태도가 그렇게 대수롭지 않고 보잘것없는 것이기만 할까? 죽음이란 누구나 단 한 번 겪고 마는 일이기 때문에 사람마다 제각기 생각이 다를 수도 있다. 사람이 죽는다는 것이 그렇게 보잘것없고 아무것도 없는 소멸일까?

원로 종교학자 정진홍 교수는 이렇게 말한다.

"죽음의 자리에서 삶 되살펴보기는 우리로 하여금 지금 여기에서 삶을 완성할 수 있는 구체적인 조건을 마련해 준다. '죽기 전에 완성하라', '죽음 이후에 삶이 지저분하지 않도록 단단히 삶을 추스르고 다듬어라', '죽기 전에 화해하고 사랑하라' 하는 진지한 윤리 의식은 죽음을 전제하고 이룰 수 있는 것이다. 그러므로 죽음을 의식하고 사는 삶은 죽음을 기피하며 살아가는 삶보

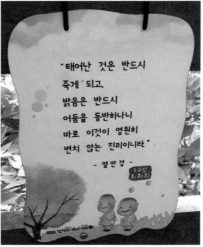

세월은
무상(無常)한 것,
오늘 이 순간은
다시 오지 않으리

"태어난 것은 반드시
죽게 되고,
밝음은 반드시
어둠을 동반하나니
바로 이것이 영원히
변치 않는 진리이니라"

- 열반경

다 훨씬 건강하고 의미 있고 보람찬 것일 수 있다. 자기의 한계를 아는 삶의 태도와 모르는 태도는 전혀 다른 열매를 거둘 것이다."[*]

노인복지관에서 일하는 사회복지사 한 분은 얼마 전 '죽음 준비'와 관련된 사회교육 프로그램을 진행하면서 황당한 일을 겪은 적이 있다. 이 프로그램은 건강할 때 죽음에 대해 먼저 생각해보고 삶을 되돌아보도록 하기 위해 마련된 '죽음 준비 교육' 프로그램이었다. 그러나 정작 교육의 당사자인 60, 70대 어르신들의 반응이 너

---

[*] 정진홍, 「죽음 준비 교육은 왜 필요한가?」, 『삶과 죽음을 생각하는 회 창립 10년사』, 1991~2001년, p.182.

무나 냉담해서 그는 당황했다. 어렵게 준비해 강사까지 모셨건만 끝내 무위로 돌아가버렸던 것. 어르신들은 입으로는 "이젠 다 살았지 뭐", "칠십이 넘었으니 덤으로 사는 거야", "이만큼 산 것도 고맙지" 하면서도 정작 죽음은 피하고 싶은 금기의 영역으로 생각했던 것이다. 이런 태도는 젊은 사람도 마찬가지다. 하루하루 살기 바쁜 세상인데 언제 올지도 모르는 죽음까지 미리 생각해야 하는지 의심하는 사람들이 많다.

에덴낙원 납골당, 결혼식도 열린다

2020년 12월 말 서울시가 주최하고 서울디자인재단이 주관하는 휴먼시티 디자인 어워드의 최종 후보 10곳이 발표되었다. 2019년에 이어 두 번째로 수여하는 이 상은 지속 가능한 도시 환경을 디자인한 프로젝트를 뽑는다. 최종 후보 중 한국 프로젝트가 딱 하나, 납골당이다. 역설적이게도 죽은 자의 공간이 지속 가능한 도시 후보로 꼽혔다. 경기도 이천시에 있는 '에덴낙원 메모리얼'이다. 최시영 디자이너가 2017년 문을 연 곳이다. 심사위원단은 "납골당을 죽은 자와 산 자가 서로 교통하는 공간으로 재탄생시켰다. 납골당의 부정적인 이미지를 개선했다"고 평가했다. 슬픈 죽음이 아니라 안식의 순간을 기뻐하는 공간이 '에덴낙원'의 설립취지다.

최 대표는 부모님을 모신 봉안당을 찾을 때면 그 공간이 항상 낯설었다. 왜 봉안당은 항상 죄송한 마음이 들어야 하지? 이 질문에

서 에덴낙원 디자인이 시작되었다. 무엇보다 고정관념을 깨는 것
이 중요했다. 파티도 열리고 콘서트도 열리고 결혼식도 열린다. 에
덴낙원에 아버지를 모신 청년이 이곳에서 결혼한 일도 있다. 차와
꽃꽂이 강습도 열린다. 호텔에서 묵고 간 숙박객이 "힐링하고 간

에덴낙원 부활교회와 납골당, 그리고 정원

다"며 후기를 남긴다. 에덴낙원에서는 좀 색다른 경험을 하게 된다. 산 자가 납골당을 일부러 찾아와 즐긴다니, 언뜻 상상하기 어렵다. 납골당은 어둡고 슬프고 무거운, 대표적인 혐오시설이기 때문이다. 납골당 건립 초기에 주민들의 반대가 심했다.

납골당에 대한 고정관념을 깨뜨린 것은 디자인의 힘이다. 최 대표는 "정원이 중심에 있기에 가능했다"고 전했다. 납골당의 정원 면적은 1만 $447m^2$(약 3,200평)에 달한다. 푸른 자연이 시설을 압도한다. 정원에서 사시사철 피어나는 꽃과 식물은 셀 수 없이 많다. 꽃과 나무를 좇아온 새와 벌로 생기가 넘친다. 최 대표는 이 정원을 중심으로 죽은 자와 산 자를 위한 공간을 만들었다. 산 자는 이곳에서 삶에 가까운 죽음을 어둡지 않게 돌아본다. 정원은 우리에게 사색과 위로를 안겨준다.[*]

---

[*]   중앙일보, 2021년 1월 1일.

2장
죽음을 모르면 두렵다

태어날 때와 죽을 때

이 세상에서의 삶에 한정시켜 볼 때 인간의 삶에는 가장 중요한 두 가지 시점時點이 있다. 하나는 생명의 잉태에서부터 탄생에 이르는 시간이고, 다른 하나는 죽음을 맞이하는 순간이다. 현대 의학은 유물론적 관점에서 생명의 잉태란 단지 정자와 난자의 결합에 의한 것이고, 죽음 역시 육체가 죽으면 다 끝난다고 말한다. 현대 의학이 이처럼 생명이 태어나는 과정을 대수롭지 않게 여기는 태도에 머물러 있는 한, 대부분의 사람들이 병원에서 죽음을 맞이하고 있는 요즈음 따뜻한 보살핌과 간병 없이 병실 한구석에서 차가운 의료 기계에 둘러싸인 채 비인간적인 최후를 맞이하는 것은 어쩌면 당연한 일일지도 모른다. 결국 환자의 임종을 가장 가까이에서 지켜보는 의료관계자가 죽음에 대한 적절한 교육을 받았는지, 임종자가 의료진에게 자신의 죽음이 어떻게 진행되면 좋을지 정당하게 요구할 수 있는지 하는 문제에 이르면 우리 사회의 임종문화가 근본적으로 바뀌어야 할 이유가 명확해진다.

우리 삶에서 가장 중요한 두 가지 시점, 생명이 잉태되어 태어나는 과정과 죽어가는 과정은 우리 사회에서 너무도 허술하게 다루어지고 있다. 생명의 탄생은 이 세상에서 삶이 시작됨을 뜻하고, 죽음은 삶의 종결을 의미한다. 생명의 탄생과 죽음이 이치에 맞게 시작되고 존엄하게 끝을 맺을 수 없다면, 생명의 탄생과 죽음 사이에 걸쳐 있는 우리의 삶마저도 제대로 인간답게 산다고 말할 수 없을 것이다. 따라서 우리는 따뜻한 보살핌 속에서 태어나지도 못하고, 인간답게 살지도 못하고, 품위 있게 죽지도 못한다고 말할 수밖에 없다.

죽음에 대한 오해

죽음을 대하는 태도는 사람들의 생각만큼이나 천차만별이다. 하지만 죽음은 그렇게 매혹적인 현상도, 위험한 생각으로 꿈꿔도 좋은 그런 가벼운 일도 아니다. 요즘 젊은이들의 나약한 의지로 인해 종종 빚어지는 비극적인 자살 행각은 "과연 어떻게 죽는 것이 의미 있는 죽음인가"에 대해 많은 것을 생각하게 한다. 무엇보다도 우리가 죽음이라는 현상을 두려워하며 피하려고만 한다거나, 반대로 낭만적인 도피수단(자살)으로 생각한다면 '죽음'은 아무것도 아닌

하찮은 일이 될 수밖에 없다. 우리는 죽는다고 절망해서도 안 되고, 죽음을 통해 현실에서 도피할 수 있다고 비약해서도 안 된다. 죽음은 삶의 한 과정이고, 삶은 죽음의 과정일 뿐이다.

죽음만큼 오해를 자주 받는 현상도 없을 것이다. 사람마다 죽는 모습이 천차만별인 것은 결국 죽음을 바르게 이해하지 못하기 때문이다. 죽음이 삶의 과정이라면, 인간답게 삶을 영위하기 위해서라도 먼저 죽음을 바르게 이해해야 하지 않을까.

사람들이 죽음에 대해 어떤 오해를 하고 있는지 살펴보자.

죽음 오해
1 죽음은 터부라고 생각한다.
2 죽음을 부정하는 태도를 보인다.
3 죽음은 절망이고 두려운 것이라고 생각한다.
4 죽으면 모든 게 다 끝난다고 생각한다.

첫째, 죽음은 터부라고 생각한다. 우리는 인간이라면 누구나 죽음을 피할 수 없다는 것도 알고 있고, 또한 실제로 가까운 사람의 부음을 수시로 접하기도 한다. 하지만 그러면서도 죽음을 자기 자신의 문제, 자신에게 언제든지 일어날 수 있는 문제로 심사숙고하는 사람은 찾아보기 어렵다. 자동차 사고나 불치병 등에 대비한 보험을 든다거나 건강을 염려하여 정기 의료검진을 받는다거나 하면서도, 정작 가장 중요한 죽음 자체에 관해서는 아무런 관심을 보이

티베트 라싸 포탈라 궁

지 않는다. 대다수 사람들은 마음의 준비가 전혀 되지 않은 상태로 사랑하는 이의 죽음과 자기 자신의 죽음에 직면한다고 해도 과언이 아니다. 아무리 생각해보아도 이상한 일이다. 우리는 죽음을 일상 대화의 주제로 올리기조차 꺼린다. 죽음을 입에 올리면 재수 없다고 생각하는 사람도 있다. 사람들 사이에 죽음은 알게 모르게 터부가 되어 있는 것이다.

둘째, 죽음을 부정하는 태도를 보인다. 죽는 마지막 순간까지 죽음을 부정하는 사람도 있다. 죽음을 눈앞에 둔 사람이 자신의 죽음을 부정한 나머지 함께 나누었던 삶의 시간에 대해 솔직하게 말할 수 없다면, 어떻게 인간적인 대화가 가능하겠으며 어떻게 인간적인 작별인사를 나눌 수 있겠는가. 어느 누구도 죽음으로부터 벗어날 수는 없으므로, 오히려 죽음을 우리 삶의 일부로 수용해 주위 사람들과 함께 허심탄회하게 논의할 수 있어야 한다.

셋째, 죽음은 절망이고 두려운 것이라고 생각한다. 대다수의 사람들은 죽음을 절망 그 자체라고 단정한다. 하지만 죽음에 대해 사려 깊게 생각하는 사람이라면 이런 식으로 반응하지 않을 것이다. 사실 사람들은 죽음에 대해 충분히 알지 못한다. 알지 못할 뿐만 아니라 거의 백지상태라고 볼 수 있다. 우리는 죽음을 부정적 시각으로 볼 수도 있고 긍정적 시각으로 볼 수도 있다. 사람들은 대부분 '죽음' 하면 절망적인 어떤 순간만을 떠올리곤 한다. 우리가 죽음에 대해서 잘 모른다면 죽음을 굳이 절망 쪽으로만 생각할 필요가 있을까. 오히려 희망 쪽으로 그려보는 것이 훨씬 더 현명한 삶의 지혜가 아닐까.

넷째, 죽으면 모든 게 다 끝난다고 생각한다.* 사람들이 자주 범하는 오해가 바로 "죽으면 다 끝나는 게 아니냐"는 생각이다. "자기 자신만 죽어버리면 되는 게 아닌가" 하는 생각으로 결국 자살에 이르는 사람도 있다. 하지만 우리 시대의 스승 달라이 라마에 따르면, "죽음이란 옷을 갈아입는 과정"일 뿐이다. 즉 죽음은 영혼이 육신의 옷만 벗는 것에 불과하다. 육신의 옷만 벗고 영혼은 새로운 세상으로 떠나는 것이다. 죽으면 끝이라는 오해에는 죽음으로써 삶과

---

* 오진탁, 『죽으면 다 끝나는가?』 제1부 현대인의 죽음 오해, 제2부 생사학의 죽음 이해 참조.

단절하겠다는 기대도 깔려 있다. 하지만 우리의 삶, 죽어가는 과정, 그리고 죽음 이후, 세 가지는 서로 밀접하게 관련되어 있다. 어제의 삶은 사라졌지만, 어제의 삶은 오늘의 삶으로 연결되어 있다. 어제의 삶과 오늘의 삶이 연결되는 것을 전제로 해서 '나'라는 존재가 성립되는 것이다. '나'라는 존재는 죽음 이후에도 어떤 식으로든 남는다는 것이 위대한 영적 전통들의 가르침이다.

죽음, 삶을 비추어주는 거울

우리가 죽음에 대해 깊이 있게 생각하지 못하면 삶과 죽음을 하나로 보지 못한다. 죽음은 오직 한 번뿐인 생방송이다. 수십만 명의 암환자들이 죽음 앞에 내몰리고 있을 만큼 우리 주위에는 매일매일 죽어가는 사람들이 넘쳐난다. 큰 병원의 병실에 자정이 되어도 꺼지지 않는 불빛이 바로 그 증거가 아니겠는가.

기독교와 불교에서는 자신의 삶이 언제나 죽음 앞에 놓여 있다는 사실을 생활 속에 인식하고, 늘 죽음을 생각하면서 삶의 자세를 경건하게 하는 태도가 올바른 신앙인의 자세라고 가르치고 있다. 따라서 자신의 죽음을 경건하고 품위 있게 맞이하기 위한 다양한 준비를 신앙인의 중요한 덕목으로 생각하고 있다. 이를 위해서 우선 살면서 집착을 갖고 있었던 허황된 삶의 태도, 살면서 이룬 것들(명예, 부, 명성, 인간관계 등)에 대한 과도한 집착을 버리라고 가르친다.

삶을 잘 마무리하기 위해서는 세 가지 단순화 작업이 필요하다.

강릉 소나무 (사진 류제원)

첫째, 물질적 단순화. 삶의 마지막 순간에 선 사람들은 물질의 축적으로 안위를 얻으려 하지 말고 "빈손으로 왔다가 빈손으로 간다"는 깨달음으로 물질과 소유를 내려놓는 마지막 작업을 해야 한다는 것이다. 이러한 나누는 삶을 통해 삶의 마지막을 '소유를 지향하는 삶'이 아니라 '존재의 의미를 성찰하는 삶'으로 살아야 한다고 가르치고 있다. 현세에서의 욕심과 물질, 이기심을 버리고 참 가치를 찾아서 무엇이 영원한 것인가를 깊이 생각하는 훈련이 필요하다고 강조하고 있다.

둘째, 인격의 단순화. 적어도 죽음 앞에서만큼은 우리는 거짓된 가면을 벗고 진정한 자아를 찾아야 한다. 왜냐하면 이제야말로 영원한 삶이 시작되기 때문이다. 그것을 위해서 허영과 허식이 없는 솔직담백한 인격을 갖추어야 한다. 언제 어디서나 솔직하고 평화스럽고 누구에게나 고향처럼 느끼게 할 만한 인격적인 성숙이 필요하다. 영혼을 깨끗하고 아름답게 해야 하며 참 지혜를 소유해야 한다.

셋째, 영적인 단순화. 인간의 삶에 빛을 주는 것은 돈이나 물질, 사회적 직위나 명예가 아니라 내면의 은혜와 생명의 빛이 있는 정신적이고 영적인 영역이다. 영적인 버팀목만이 고난의 시기에 든든히 지탱해줄 수가 있다. 그러므로 사랑과 평화와 용서, 온유와 겸손, 그리고 깊은 기쁨이 있는 영혼의 빛, 내면의 빛을 체험해야 한다.

아름다운 마무리를 위한 세 가지 단순화	
물질적 단순화	공수래공수거空手來空手去 빈손으로 왔다가 빈손으로 간다.
인격의 단순화	인격의 성숙 거짓된 가면을 벗고 진정한 자아를 찾는다.
영적인 단순화	삶의 버팀목이 되는 내적인 생명의 빛 기쁨 있는 영혼의 빛

이처럼 현세에서의 마지막 단순화 과정을 통해 영과 육이 홀가분해진 사람들은 거룩한 죽음을 맞이하기 위한 마지막 준비를 해야 한다. 마지막 준비로는 유언 남기기와 영정 사진 찍기, 가족·친구들과 화해하고 용서하기, 진심으로 회개하기, 유산 정리하기, 자서전 쓰기 등이 있다.[*] 이런 준비를 통해 존엄하고 거룩한 마지막 모

---

[*] 설은주, 『아름다운 삶, 거룩한 죽음』, 쿰란출판사, 2005, pp.35~38.

습을 남기라고 권면하고 있다.

사람들은 누구나 편안히 잠드는 것처럼 죽기를 원할 것이다. 하지만 생김새가 저마다 다르듯 사람마다 죽어가는 모습도 다르다. 우리는 천차만별 다양한 죽음의 과정을 보며 "아! 잘 살아야 잘 죽는구나!" 하는 통절한 깨달음을 얻게 된다. 많은 죽음을 보며 이제는 "어떻게 해야 잘 죽을 수 있을까?", "어떻게 사는 것이 잘 사는 것인가?"라는 의문을 가지고 하루의 삶을 늘 챙기게 된다. "오늘 하루 아쉬움이나 후회는 없는가?" 살피며 살게 된다. 진정으로 오늘 하루 잘 사는 것이야말로 아름답고 평화로운 죽음의 근원임을 알았기 때문이다. 죽음이 언제 어디서나 누구에게나 일어날 수 있고, 자신에게 시간이 제한되어 있다는 것을 알고 있다면 내게 주어진 한정된 시간 동안 해야 할 가장 중요한 일이 무엇인지 되묻게 될 것이고, 부질없이 허망한 일들로 자신의 삶을 채우지는 않을 것이다.

한편 우리는 자신뿐 아니라 가족과 친지 등 타인에 대해서도 아름답고 품위 있는 죽음을 맞도록 도울 수 있다. 무의미하고 고통스럽기만 한 연명 치료를 대신하는 '임종 치료'가 그것이다. 토론토 대학 생명윤리센터의 저명한 윤리학자 피터 싱어(Peter Singer)는 죽음을 눈앞에 둔 환자에게 임종 치료를 통해 우리가 해줄 수 있는 것은 다섯 가지라고 말하고 있다.[**]

[**] 데이비드 쿨, 권복규 옮김, 『웰다잉』, 바다출판사, 2005, p.62.

죽음 앞둔 임종자에게 해줄 수 있는 것	
1	불필요하게 임종 순간을 연장하지 않는다.
2	임종자에게 알맞은 최소한의 통증 조절.
3	임종자 자신이 통제력을 유지할 수 있게 돕는다.
4	죽음에 대한 오해와 부담감을 덜어준다.
5	사랑하는 사람들과의 관계를 따뜻하게 마무리 짓는다.

죽음을 앞둔 임종자에게는 그리 많은 시간이 남아 있는 것이 아니다. 하지만 그 짧은 순간에 나누는 인간으로서의 따사로운 유대감은 그가 죽은 후에도 당사자나 남아 있는 사람들에게 강한 기억으로 자리 잡게 된다. 그들에게 남은 시간은 오로지 지금뿐이다. 그래서 그들은 평소에 하지 못했던 말들을 하고, 꼭 하고 싶고 듣고 싶은 말들을 간절한 마음으로 나눠야만 한다. 죽음을 앞둔 당사자가 아버지로서 또는 어머니로서 어떤 사람이었는지, 부모자식 간에 꼭 하고 싶었던 말들이 어떤 말이었는지, 앞으로 살아남은 이들이 어떻게 살기를 바라는지, 가족으로부터 마지막으로 듣고 싶은 말들이 무엇인지를 아무런 거리낌 없이 진솔하게 나눌 수 있는 시간을 가져야 한다. 이런 대화야말로 죽음을 앞둔 당사자와 가족, 친지, 친구들에게 가장 소중한 시간일 것이다.

하지만 이 땅의 수많은 임종자들은 자신이 누구인지, 자신에게 삶은 어떤 의미가 있었는지, 주변 사람들과는 어떠한 정신적인 유대를 나누었는지, 미처 느끼지도 못하는 사이에 안타까운 마지막 순간을 맞곤 한다. 임종자들은 자신이 생각한 것보다 너무 빠르게 병이 진행되고, 몸에 예기치 않던 변화가 밀려옴에 당황한다. 하지만 늦었다고 생각할 때가 가장 빠른 시간이다. 당신이 임종자라면, 그리하여 이제 자신에게 몰려오는 상실감과 가슴 아픈 미련에 대해서 어느 정도 익숙해져 있다면, 임종한 이후에 소중한 사람들이 꺼내볼 수 있도록 마음을 담은 편지나 육성이 담긴 테이프를 남길 수 있을 것이다. 이런 방법이 아니더라도 누군가에게 당신이 하고 싶었던 말들을 남기고 떠날 수도 있다. 이제 우리는 생의 마지막 순간에 스스로가 존엄하고 당당하게 죽는 모습을 자연스럽게 준비하고 뜻깊은 유종의 미를 발휘할 수 있도록 특별히 신경을 써야 한다.

사람이라면 누구나 건강한 삶을 원하듯이, 건강한 죽음을 원할 것이다. 그럼에도 불구하고 대다수 사람들은 마치 불행한 죽음을 바라기라도 하는 것처럼 죽음 앞에서 크게 흔들린다. 우리는 지금까지 어떻게 사느냐 하는 문제만 생각했을 뿐, 어떻게 죽을 것인지에 대해 거의 생각해본 일이 없다. 삶과 죽음은 서로 다르지 않으므로, 어떻게 사느냐 하는 물음은 이제 어떻게 죽을 것인가 하는 질문으로 바뀌어야 한다. 어떻게 살 것인가 하는 물음은 우리를 현실의 세속적인 틀에만 얽매이게 하지만, 어떻게 죽을 것인가 하는 물음은 삶과 죽음에 대한 보다 포괄적이고도 심층적인 문제를 제기하기 때문이다.

더구나 죽음을 맞이하는 방식은 그의 삶을 비추어주는 거울이기도 하다. 죽어가는 방식을 통해, 우리는 그의 삶을 되새겨볼 수 있

다. 만일 어떤 사람이 건강하지 못한 방식으로 삶을 마감했을 경우, 그의 삶 역시 건강하지 못했다고 말할 수밖에 없을 것이다. 죽는 바로 그 순간, 좋든 싫든 우리의 진정한 모습이 드러난다. 우리 삶에는 거짓이 통용될 수도 있지만 죽음의 순간에는 자신 존재의 값어치가 남김없이 드러난다. 죽는 시간을 우리가 선택할 수는 없다. 그러나 죽음이 갑자기 찾아올 때 어떤 태도로 임하느냐, 어떤 식으로 죽을 것인가 하는 것은 자신이 정할 수 있다. 죽음에 대한 효과적 대처는 적절하게 노력하기만 하면 누구든지 할 수 있는 일이다.

3장
죽음을 통해 우리는 무엇을 배우는가

죽음이 삶에게 전하는 선물

죽음을 통해 우리는 무엇을 배우게 될까? 유명작가가 남긴 말이 있다. "우리가 아무렇지도 않게 사는 오늘은, 어제 죽은 사람이 그토록 원했던 눈부신 내일이다." 이 말이 가슴에 와 닿는 건 아마도 죽음이 우리에게 가장 절실한 교훈 한 가지를 던져주고 있기 때문이 아닐까. 고독한 삶의 마지막 순간에 놓인 사람의 간절한 눈에서 우리는 이 지상에서 우리에게 주어진 시간이 그리 많지 않음을 깨닫곤 한다. 그래서 옷깃을 여미고 주위를 돌아보며 '과연 내가 잘 살고 있는지' 자신에게 진지한 물음을 던지게 된다. 죽음은 이렇게 삶을 경건하게 하고, 진지하게 하고, 충만하게 하는 절절한 울림을 우리에게 전해준다. 오늘 내가 한 말이 어쩌면 내가 사랑하는 사람에게 건네는 마지막 말이 된다면 나는 과연 어떤 말을 할 수 있을까?

우리는 모두 죽을 수밖에 없다. 또 죽음은 순서를 기다리지 않는다. 불쑥 고개를 내밀고 매정하게 내 손을 낚아채 건널 수 없는 강을 건너게 만들지도 모른다. 그래서 죽어가는 사람들로부터 배우는 가장 큰 교훈은 '오늘 이 순간이 너무나 소중하다는 것'을 가슴으로 느끼게 되는 것이다. 너무 늦으면 소중하게 가꾸고 싶은 내 삶이 저만치 달아나버릴지도 모른다. 그래서 우리는 '지금 이 순간 어떻게 살아야 하는가' 진지하게 생각하고, '나답게 사는 게 어떤 것인가' 깊이 고민해봐야 한다. 그토록 눈부신 오늘을 그리워하던, 어제 떠난 사람들은 우리에게 지금 이 순간을 가슴 뛰게 살라고, 삶이 나에게 준 사랑과 일, 즐거움, 기쁨, 아픔의 순간순간을 있는 그대로 후회 없이 느끼며 살라고 안타깝게 이야기한다.

　죽음을 염두에 두지 않고 살아갈 때는 사는 게 너무 지루하고 의미 없다고 생각할 수가 있다. 주체할 수 없이 많은 부富를 챙겨도, 세상 모두가 부러워하는 지위에 올라도, 누구도 따라올 수 없는 전문가의 반열에 올라도, 나 자신이 의미를 찾지 못한다면 그렇게 즐겁지가 않다. 그래서 어떤 이들은 지식이나 진리를 추구하거나, 또 어떤 이들은 세상에 단 하나밖에 없는 창조적인 작업에 몰두하면서 인생의 의미를 찾으려고도 한다. 그래도 사람들은 즐겁지 않고, 허무하고 헛되다는 느낌에서 벗어날 수가 없다. 그저 즐겁지 않아도 웃을 수밖에 없고, 진정한 관계가 아니면서도 어쩔 수 없이 관계를 맺고, 정말 이렇게 살고 싶지 않은데도 꾸역꾸역 숟가락을 놓지 않는다.

하지만 죽음의 순간에 이른 사람들을 만나 간절한 바람을 들으면, 우리가 진정 소중하게 느끼며 살아야 할 것들이 무엇인지를 제대로 깨닫게 된다. 죽음의 순간을 맞은 사람들의 가르침은 위대한 성현의 말씀이나 거룩한 종교의 가르침보다도 훨씬 가치 있는 교훈을 전해줄 때가 많다. 그들은 몸소 육성肉聲을 통해서, 살면서 가장 소중한 것이 무엇인가에 대해 우리를 일깨우곤 한다.

우리는 죽음에 직면하는 순간, 지금까지와는 전혀 다른 눈으로 삶을 바라보게 된다. 비록 늦긴 했지만 '소중한 삶'에 대한 인식을 확실히 깨닫게 되는 것이다. 그래서 불치의 병을 앓다가 기적적으로 소생한 사람들이나 죽음의 문턱에서 간신히 살아난 사람들은 그전과는 전혀 다른 '삶의 방식'이나 '베푸는 삶'을 실천에 옮기곤 한다. 그건 바로 기적 따위는 존재하지 않는다고 믿었던 과거의 자신이 스스로 기적을 체험하면서 '사는 게 모두 기적'이라는 놀라운 변화를 이뤄가는 것이기도 하다.*

이런 체험을 하지 않더라도 사는 게 너무나 신기하고 기적 같다고 생각하는 사람들은 순간을 기적처럼 소중하고 충실하게 만들 줄 안다. 하지만 대부분의 평범한 사람들은 '기적 따위는 이 세상에 없다'며 되는 대로 그저 그렇게 자기 앞의 생을 방관하며 살곤 한다. 그렇게 살아온 지난 삶을 후회하는 시간이 오면 때는 너무 늦게 되는 것이다. 누구에게나 주어진 삶은 공평하게 분배되어 있다. 문

---

* 이 책 제4부 참조.

제는 기적 같은 삶을 스스로 가꾸는 가슴 뛰는 삶을 살 것인지, 지금의 삶이 기적 같은 삶인지도 모른 채 무덤덤하게 시간을 죽이며 살 것인지를 선택하는 일이다. "살아도 산 게 아니다"라는 말이 있다. 의미 있는 삶을 영위하지 못할 때 하는 말이다.

그러면 우리는 살면서 어떤 자세로 인생의 의미를 가꾸어 나가야 할까? 해답은 각자의 삶의 태도에 따라 다를 수밖에 없다. 하지만 공통적인 게 있다면 그것은 바로 죽음 직전의 순간을 살아가듯이 삶을 영위하라는 것이다. 우리가 살면서 자꾸만 스스로를 불행하다고 느끼게 되는 것은 자기 삶의 기대치를 충족시키지 못하고 있기 때문일 것이다. 사실 우리 삶이 이렇게 늘 부족하게 여겨지는 것은 죽음을 의식하지 않고 삶만을 생각하는 데 그 이유가 있다. 우리는 사랑한다고 하면서 자신을 다 바쳐 사랑하지 않는다. 우리는 용서한다고 하면서 진심으로 용서하지 않는다. 다만 그렇게 보이도록 흉내를 낼 뿐이다. 그러나 죽음이 목전에 다가와서 살아갈 시간이 얼마 남지 않았을 때도 우리는 여전히 그렇게 살아갈 수 있을까.

사실 우리는 모두 철저하게 외롭고, 아무것도 할 수 없을 만큼 무기력하고, 남 앞에 고개를 들 수 없을 만큼 부끄러운 존재들이다. 하지만 죽음이야말로 이렇게 외롭고, 무기력하고, 부끄러운 우리의 모습을 솔직하게 인정하게 만든다. 죽음이라는 별로 달갑지 않은 상황에 이르러야 비로소 우리는 가장 행복하고 가치 있는 삶의 모습이 어떤 것인지를 깨닫게 된다. 죽음의 순간이 다가왔을 때, 당신이 살아오면서 꼭 하고 싶었던 일은 무엇인가? 당신에게 있었던 일과 여러 사람들과의 관계들을 되돌아보면서 진정으로 당신이 하고 싶었던 말은 무엇이었는가? 당신이 가장 좋아했던 사람이 죽어가고 있을 때 그 사람에게 하고 싶었던 말은 무엇이었는가? 그 사람에게 듣고 싶은 말은 무엇이었는가? 언제 죽을지 모르는 인간으로서, 결국 당신이 살아가고 있는 이 순간이 모여 당신의 삶이 된다. 지금 이 순간을 당신이 자랑스러워하든 부끄러워하든, 이런 순간순간이 모여서 당신의 인생이 된다. "간절히 하고 싶었던 일들을 지금 후회 없이 하면서 살라!" 이것만이 죽음이 삶에게 주는 가장 소중한 부탁이다.

왜 나라고 죽어서는 안 되는가?

문제는 죽음이 아니다. 죽음을 바라보는 우리의 시선, 삶을 살아가는 우리의 방식이 문제다. 삶과 죽음을 바라보는 방식에 문제가 있으면 우리는 죽음으로부터 자유롭지 못하다. 죽음의 방식이 편안하지 못한 것은 바로 삶을 여유 있게 살지 못했기 때문이다. 삶이 이미 종착역에 다다랐음에도 불구하고 더 살아보겠다고 아등바등 안달을 떨어봐야 아무런 소용도 없다. 어차피 떠날 사람이라면, 이젠 헤어져야 할 시간이라면, 죽음은 끝이 아니기에 가벼운 마음으로 먼 여행길 떠날 채비를 하는 것이 훨씬 현명하다.

고통 혹은 죽음을 겪을 경우, 도대체 무엇 때문에 어떤 사람은 한층 성숙해지고, 어떤 사람은 더 초라해지는 것일까? 가장 중요한 차이는 바로 죽음이든 고통이든 그것을 직시하여 있는 그대로 인정하는 지혜를 갖추었는지 여부에 달려 있다. "왜 나만 죽어야 하는가?", "왜 나만 고통을 받아야 하는가?"라고 생각하는 사람은 죽음이나 고통이 바로 삶이 존재하는 방식임을 바르게 이해하지 못하는 사람이다. 자기만 죽는 것도 아니고, 자기만 고통을 당하는 게 아니지 않은가. 누구나 죽을 수밖에 없고, 누구든지 고통을 당하기 마련이다. 하지만 "왜 나만 고통이 없어야 하는가?", "왜 나라고 죽지 말라는 법이 없지 않은가?"라는 반응 속에는 이미 자신의 죽음을 인정하겠다는 결연한 의지와 삶에 대한 달관이 담겨 있다.*

우리가 죽음의 순간을 맞이했을 때 필요 이상으로 깊은 절망과 고뇌에 빠지게 되는 것은 아마도 '죽으면 모든 게 끝'이라는 확인할 수 없는 막막한 상실감 때문일 것이다. 여기에는 '좀 더 살고 싶다'는 인간의 나약한 모습, "죽음 이후의 세계가 어떤 것인지 알 수 없다"는 까닭모를 공포심이 많이 작용한다고 볼 수 있다. 우리는 삶이건 죽음이건 간에 영원할 수 없다는 것만 알 수 있다면 이처럼 뿌리 깊은 절망감에 빠지지는 않을 것이다. 우리는 삶의 끝자락에서 지푸라기라도 잡고 싶은 심정으로 죽음을 되돌리려 안간힘을 쓴다. 하지만 태어날 때도 자신이 원해서 나오지 않았듯이, 가는 것도 자신이 원해서 갈 수는 없다. 그저 헛된 바람만이 죽음을 더욱 초라하게 만들 뿐이다.

---

* 오진탁, 『죽음, 삶이 존재하는 방식』, 청림출판, 2004, pp.218~221.

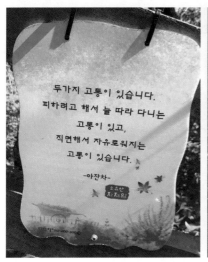

　사후세계에 대한 그릇된 생각과 잘 알지 못하는 정보, 지레짐작으로 빚어지는 헛된 믿음은 죽음을 두려워하게 되는, 또 하나의 왜곡된 시선이다. 우리는 잘못 알고 있고, 제대로 이해하지 못한 상태에서 꾸며낸 진실에 현혹되어 아무런 희망 없이 죽음을 두려워만 하게 된다. 한 번도 가보지 못한 세계이기 때문에 두렵고 당혹스럽긴 하겠지만, 그렇다고 해서 우리가 받아들이는 왜곡된 사후세계에 대한 근거 없는 혼란은 우리를 더욱 초라하고 어지럽게 만든다. 우리는 근거 없는 헛된 미망에 사로잡혀 필요 이상으로 부산스럽게 죽는 건 아닌가?

　우리는 아무런 근거도 없이 죽음 이후의 세계는 엄청난 상실이고 고통이라고 간주한다. 그래서 영속적인 삶에 대한 기대로 영원히 자신 앞에 다가선 죽음을 인정하지 않는다. 영원히 살고자 하는 염

	미성숙한 질문	성숙한 질문
삶의 고통	왜 나만 고통을 받아야 하는가? - 나만 고통을 받지 않겠다. - 고통 거부	왜 나만 고통이 없어야 하는가? - 삶에서 마주치는 고통을 감내하겠다. - 고통 수용
죽음의 고통	왜 나만 죽어야 하는가? - 나만 죽지 않겠다. - 죽음 부정	왜 나만 죽지 않아야 하는가? - 나도 죽음을 담담히 수용하겠다. - 죽음 수용

원은 이 세상을 안전한 현실이라고 애써 믿고 싶고, 죽음은 한사코 외면해버리고 싶은 불확실한 미래라고 생각하는 데서 나온다. 하지만 우리가 삶에서 만나는 여러 변화들처럼 죽음도 처음엔 낯설고 받아들이기 힘든 상황이지만, 자꾸 익숙해지고 깊이 사귀면 삶의 자연스러운 과정에 속하는 일상적인 어떤 계기임을 알 수 있다.

우리는 지금 살고 있는 이승의 삶이 있고, 한편으론 이제껏 경험한 바 없지만 또 다른 세계가 있음을 항상 분명히 의식해야 한다. 이런 확신을 가지지 못할 때 죽음 앞에 선 당사자는 심신이 괴롭고 무서워 필요 이상으로 두려움에 떨곤 한다. 삶의 끝자락을 놓치기 싫어 이리저리 죽음의 순간을 피하다가 결국엔 덧없이 사라져가는 안타까운 모습을 주변에서 수시로 보게 된다. 우리는 자신만은 아닐 거라고, 그런 순간은 나에겐 오지 않을 것처럼 오만하게 욕심만 잔뜩 키우며 산다. '잘 먹고 잘 사는 법'을 아무런 거리낌 없이 주문처럼 외워대는 요즘, 우리는 행복한 삶을 위해서 죽음을 공부하고 이해해야 한다. 그 출발점은 바로 '나는 언제나 어디서나 죽을 수 있다'는 사실을 받아들이는 것이다. 그 순간부터 당신의 삶은 지금

까지와는 전혀 다른 세상이 펼쳐질 것이다.

　내가 곧 죽을 수도 있다면, 아니 지금 몇 분 후 죽을 수밖에 없다면? 그땐 아마도 당신이 움켜쥐고 있었던 탐욕과 재산, 출세와 명예 등 모든 욕망의 실체들을 내려놓고 움츠러들었던 마음을 활짝 펴게 될 것이다. 그리고 자신이 그토록 갈망했던 것들로부터 자유로워질 것이다. 마지막으로 모든 것을 용서할 것이다. 또 자신의 잘못에 대해서도 용서를 구할 수 있을 것이다. 우리 인생을 행복으로 채우기 위해서는 허기진 욕망에 자신의 소중한 마음을 소진하지 말고, 귀하고 아름다운 사랑과 존중의 마음을 주변 사람들에게 베풀어야 한다. 그래야만 이 생을 지나 다음 생에도 더욱 가치 있고 기품 있는 영적인 삶을 살 수 있지 않겠는가.

당신은 죽음을 사랑합니까?

갑자기 고통스러운 상황이 닥쳤을 때 그로부터 도망가고 싶었던 적이 누구에게나 한 번쯤 있을 것이다. 그때 자신에게 닥친 상황을 인정하지 않으면 않을수록 고통의 무게가 한층 더 커지는 경험도 해보았을 것이다. 알코올 중독자가 치유되기 시작하는 시점은 바로 자기가 알코올 중독자라는 사실을 인정할 때부터라고 한다.

죽음도 마찬가지다. 내가 죽을 수 있다는 가능성을 인정할 때 비로소 죽음의 치유 가능성도 열리기 시작한다. 평소에 죽음 준비를 전혀 하지 않다가 갑자기 닥친 죽음을 전혀 인정하지 못한 채 죽는다면, 그보다 더 큰 불행은 없다. 따라서 평소 건강할 때 죽음을 수용해 준비할 수 있다면, 살아 있을 적부터 치유는 이미 시작된 것이라고 말할 수 있다. 그리고 거기서 한발 더 나아가면 죽음은 아예 문젯거리도 되지 않을 수 있다. 사람은 누구나 죽음을 피할 수 없으므로, 진실로 지혜로운 사람의 자세는 바로 '진정으로 죽음을 사랑할 수 있는 사람'이다.

영혼이 성숙하는 마지막 기회

우리가 이 세상에 태어나 살아가는 과정은 곧 영혼을 성숙시키는 과정이라고 말할 수 있다. 그렇게 본다면 고통은 우리의 영적인 성숙을 위해 설정된 기회이며, 죽음은 삶 속에서 얼마나 성숙했는지

시험해보는 관문이다. 그래
서 '죽음은 성숙의 마지막 계
기'라고 말하는 것이다. 죽음
을 수용하지 않는 사람은 죽
음뿐만 아니라 삶으로부터
아무것도 배우지 못한다. 붓
다도 말씀하시지 않았던가.
"인간에게 아무런 어려움도,
아무런 고통도 없다고 한다
면 내적인 강인함과 참고 기
다리는 마음을 키울 수 없고,
성숙한 정신과 미래에 대한
비전도 바랄 수 없다."

　우리가 마음 수행을 하는 이유도 바로 죽음 준비, 즉 삶의 준비에
있다. 어느 날 갑자기 죽음이 찾아오더라도 담담하게 평온한 마음
으로 죽는 것이야말로 우리가 삶에서 이룰 수 있는 최대의 성취이
다. 어떤 수행자가 아무리 열심히 마음 수행을 닦았다 해도 담담하
게 죽지 못한다면, 그는 헛고생했다고 단정해도 된다. 평소 죽음을
삶의 자연스러운 과정으로 수용하고 인간다운 삶과 존엄한 죽음에
대한 성찰을 계속하여 삶과 죽음을 바르게 이해하고, 보다 의미 있
게 삶을 영위하다가 여유 있고 편안하게 죽음을 맞이하는 것, 인간
이라면 누구나 해야 할 일이다.

사실 죽음을 제대로 이해하는 것은 사람들에게 그리 쉬운 일은 아니다. 죽음을 겪어본 사람이 거의 없는데 누구로부터 어떻게 죽음을 배울 수 있을지, 누가 죽음을 제대로 자신 있게 가르칠 수 있을지 의문이 든다. 그러므로 죽음을 이해하는 일은 개인에게만 맡겨둘 일이 아니라 사회적 차원에서 이루어져야 한다. 죽음을 올바르게 이해하고 평소 죽음 준비를 하는 사람이 많을수록 자연히 자살이라는 사회 문제도 줄어든다. 성숙한 죽음문화의 부재가 자살자 증가의 근본원인이다. 그러므로 죽음 준비 교육은 사회적 차원에서 자살 예방에도 큰 기여를 한다.

죽음 준비는 왜 삶의 준비인가?

선진국에서는 삶과 죽음의 질 향상과 자살 예방을 위해 초등학교에서부터 대학교에 이르기까지 죽음 준비 교육을 학생의 성장과정에 맞게 다양한 교과목 안에 포함시켜 가르치고 있다. 죽음 준비 교육은 죽음에만 초점을 맞추지 않는다. '행복한 삶과 아름다운 마무리'를 목표로 한다. 우리가 세속적인 이익에만 초점을 맞추는 것에서 탈피하기 위해서라도 죽음에로 눈을 돌려야 한다. 세속적인 이익과 성취는 죽음 앞에서 아무 의미가 없기 때문이다. 삶의 질 향상, 진정한 의미에서 행복한 삶을 살도록 하기 위해 죽음을 가르쳐야 한다. 또 죽음에 대해 아무것도 모른 채 자살을 감행하는 불행을 막기 위해서도 죽음 준비 교육은 필요하다. 특히 우리의 광적인 교육환경으로 인해 학생들의 자살이 꼬리를 무는 현재의 교육현실을 감안하면 더욱 그렇다. 우리 사회는 행복 만족도가 하위권이고, 자살률은 OECD 가입국 중 1위를 10년 넘게 하고 있지 않은가.

사람들은 죽음 준비라는 말을 잘못 이해하는 경향이 많다. 또한 사람들은 죽음 준비는 노인만 해야 하는 것으로 생각하곤 한다. 그래서 사회생활을 활발하게 하는 상황에서 죽음 준비에 대해 운운하는 것을 쓸데없는 시간낭비라고까지 치부하는 사람들이 많다. 하지만 죽음 준비라는 말에는 깊은 뜻이 담겨 있다. 죽음 준비에는 개인의 삶의 태도, 인생에 대한 사유와 깊이가 그대로 담겨 있다. 죽음 준비는 삶의 차원, 죽음의 차원 두 가지로 나누어 말할 수 있다.

죽음 준비는 왜 삶의 준비인가?	
삶의 차원	삶의 유한성, 삶의 시간 제약성 삶의 시간이 제한되어 있음에 유념하면서 지금 자신이 살아가는 방식을 돌아보고 보다 의미 있는 삶을 영위하라는 뜻이 담겨 있다.
죽음의 차원	죽음의 가능성, 죽음의 임박성 평소에 죽음을 미리 준비하여 갑자기 죽음이 찾아오더라도 편안히 죽음을 맞이할 수 있도록 준비해두라는 의미가 담겨 있다.
죽음 준비 통해 삶을 준비하고, 삶의 준비 통해 죽음 준비를 한다. 그러므로 죽음 준비는 죽음 준비가 아니라 바로 삶의 준비다.	

첫째, 삶의 차원에서 보면, 죽음 준비는 언제 어디서나 죽을 수 있는 삶의 유한성을 생각하면서 자신의 삶을 보다 의미있게 살라는 뜻이다. 둘째, 죽음의 차원에서 보면, 언제 어디서나 죽을 수 있으므로, 평소 죽음을 충분히 준비해서 갑자기 죽게 되더라도 죽음을 당당히 맞이하자는 것이다. 그러므로 죽음 준비를 통해 삶을 준비하는 것이고, 삶의 준비를 통해 죽음을 준비하자는 뜻이다. 따라서 죽음 준비는 삶의 준비라고 말한다.

티베트 할머니가 마니 차를 돌리면서 수행을 하고 있다.

제2부

죽음, 삶의 끝인가, 새로운 시작인가

미국 예일대의 셜리 케이건은 "죽으면 다 끝난다"고 말하면서도, 자신은 죽음을 모른다고 고백한다. 죽으면 다 끝난다는 말은 죽음을 잘 안다는 뜻이 아닌가. 그렇다면 죽음을 알지 못함에도 불구하고 죽으면 다 끝난다고 장담하는 셈이다. 죽으면 다 끝난다, 다시 말해 '죽음을 잘 안다'고 말하면서 또한 '죽음을 모른다'고 말하다니, 이처럼 모순된 말이 어디 있는가? 죽음을 모른다고 말하면서, 왜 죽으면 끝난다고 잘 아는 것처럼 말하는가? 이런 모순된 말을 아무 부끄럼 없이, 어떻게 버젓이 말할 수 있을까? 이렇게 말해도 아무도 비난하지 않기 때문이 아닐까?[*]

케이건처럼 대다수 사람들은 인간은 육체만의 존재이고, 죽으면 다 끝난다는 말에 동의하고 있다. 물리학자 스티브 호킹도 "인간의 뇌는 부속품이 고장 나면 작동을 멈추는 컴퓨터와 같다. 고장 난 컴퓨터를 위해 마련된 천국은 없다"고 말했다.

[*] 오진탁, 『죽으면 다 끝나는가』, pp.5-7

1장
"너 자신을 알라"

과학으로 설명하기 어렵다

죽으면 끝이다, 아무것도 남지 않는다고 생각하는 사람은 자기 생각에 반대하는 사람에게 '그렇지 않다'는 것을 과학적으로 증명해보라고 요구한다. 과연 그것이 가능할까. 아니, 죽음 이후의 세계를 과학적으로 증명한다는 것이 도대체 성립할 수 있을까. 죽음은 과학이 연구대상으로 삼을 수 없는 주제이다. 왜냐하면 과학은 인간이 살아가는 영역에서 살아 있는 인간의 관점으로 연구하고 실험하는 학문이기 때문이다.

죽음 문제는 과학적 연구의 범위를 벗어나 있다. 똑같은 이유에서 '죽으면 끝'이라는 주장도 과학적으로 증명할 수 없기는 마찬가지이다. 죽으면 끝이라는 것을 과학적으로 증명할 수 없음에도 불구하고, 죽음 이후에는 아무것도 없다고 단정내린 사람이 죽은 이

후에 예상하지 못한 새로운 현상을 겪게 될 때 얼마나 당황하게 될까. 인간의 영혼 같은, 보이지 않고 측정하기 힘든 영역의 문제에 접근함에 있어서 현재의 과학적 연구방법은 분명히 한계가 있는 것이 사실이다. 그러나 그 사실을 솔직히 인정하고 새로운 관점과 접근방법의 필요성을 수용하기보다, 관습적으로 익숙한 개념과 별다른 검증 과정 없이 널리 통용되어 오던 이론들이 확증되거나 밝혀진 사실인 양 별 고민 없이 받아들여지고 있다.

인간의 몸과 마음을 현재의 기계론적 사고방식으로 이해하기에는 여러 가지 한계가 많다. 그러다 보니 보이지 않는 영역이랄 수 있는 인간의 정신세계와 정신질환을 해결하기가 쉽지 않다. 현대 과학과 의학은 일반인들이 생각하는 것보다 훨씬 불완전하고 부족한 상태에 머물러 있다. 현대인들은 무조건 실험과 관찰을 통해 자료를 얻어야 하고 그것을 분석해 결론을 내야 과학적 지식이라고 믿기 때문에, 실험과 관찰이 어렵거나 불가능한 영역에서는 누구나 인정할 수 있는 과학적 자료가 나오기란 더욱 쉽지 않은 일이다.[*]

억울하게 죽은 피해자의 영혼을 느끼다

우연히 들은 제보자의 얘기가 발단이 되어 묻힐 뻔한 택시강도 살인사건의 전말이 14년 만에 밝혀졌다. 택시강도사건은 1997년 10월로 거슬러 올라간다. 택시기사인 김 모(당시 52세) 씨는 10월 28일 오후 10시께 전주시 모 광장에서 남성 3명을 태워 목적지인 임실 방면으로 향했다. 택시가 완주군 상관면 부근을 지나자 승객 3명은 강도로 돌변했다. 강도들은 흉기로 위협해 압박붕대로 손과 발을 묶고 입에 재갈을 물린 뒤 현금 10만 원을 빼앗고서 임실군 신평면 용암리로 택시를 몰고 간 후 오원천 대치보에 운전사 김 씨를 빠뜨려 익사시켰다. 이들은 다시 전주로 달린 뒤 전주시 덕진동의 주차장에서 빼앗은 택시를 불태웠다. 경찰은 범인들의 소재파악에 나섰고 그러던 중 10일 뒤인 11월 8일 낮 12시 17분께 오원천에서 주민이 김 씨의 시신을 발견해 신고하면서 살인사건으로 전환되었다. 그러나 택시를 불태웠을 당시 3명의 남성들이 뛰어가는

---

[*]   김영우, 『영혼의 최면치료』, 나무심는사람, 2002, pp.7~8.

      오진탁, 『죽으면 다 끝나는가』, 제2부 1장 '49재, 생사학으로 읽는다' 참조.

모습을 목격했다는 진술만 확인했을 뿐, 수사는 더 이상 진척되지 않았다. 결국 14년간 수사를 벌이다 용의자도 지목하지 못한 채 미제사건으로 남게 되었다. 그렇게 14년이 흐르면서 사건은 미궁 속으로 묻히는 듯했다. 하지만 제보자의 한마디가 사건 해결에 불을 붙였다.

어떤 사람이 지인으로부터 택시강도 살인사건을 전해 듣고서 전주 완산경찰서 형사에게 말해준 것. 제보대로 수개월 간 주변 수사를 한 뒤 김 모(34세) 씨로부터 범행 자백을 받아낸 뒤 공범 김 모(33세) 씨를 검거했다. 나머지 박 모(34세) 씨는 2008년 전주에서 금은방절도를 벌이다 붙잡혀 2011년 당시 전주교도소에서 수감 중이었다. 경찰 조사에서 이들은 진술했다.

"14년 동안 살인 때문에 매일 밤마다 살해당한 택시 운전사의 영혼이 나타나는 악몽에 시달리면서 자살을 매일 밤마다 생각하고, 자수도 하려 했으나 차마 하지 못해 지금까지 고통 속에서 살아왔다."

우연히 듣게 된 14년 전의 사건 이야기로 공소시효 만료와 함께 영원히 미제로 남을 뻔한 사건이 해결된 것이다. 택시강도 살인사건의 공소시효(15년) 만료일은 2012년 10월 8일이었다. 전주 완산경찰서는 택시와 금품을 빼앗고 운전사를 살해한 김 모(34세) 씨 등 3명에 대해 강도 살인 등의 혐의로 2011년 11월 10일 구속영장을 신청했다.* 택시기사는 손님 3명이 갑자기 강도로 돌변해 손과 발이 묶이고 입에 재갈이 물린 채 강물에 빠져 익사 당했으니, 얼마나 억울했겠는가. 육신은 죽임을 당했지만, 한 맺힌 영혼은 14년 동안 꿈속에서 범인을 쫓아다닌 것이다.

죽은 사람의 한을 풀어주다

2009년 2월 서울경찰청 강력계에 근무하던 김도윤(37세) 형사는 평소 알고 지내던 B씨와 식사를 하다가 '누군가 사람을 죽였다'는 이야기를 우연히 전해 듣게 되었다. '사고를 쳤다'는 사람의 신원 정보가 전혀 없었고, 실제 일어난 사건인지 여부조차도 판단하기 어려웠다. 실체가 없던 이 사건은 2011년 10월 서울경찰청 형사과 내에 '장기 미제 강력사건 전담팀'이 만들어지면서 실마리가 풀리기 시작했다.

전담팀에 배치된 김 형사는 "처음에는 너무 뜬구름 잡는 얘기여서 수사 착수조차 자신할 수 없었다. 전담팀 동료 형사들과 함께 첩보를 역추적해 가며 하나하나 실마리를 찾아 나갔다"고 말했다. 사건은 한 달 뒤인 11월 중순 '해남 암매장 사건'이라는 이름으로 세상에 그 전모가 드러났다. 자칫 완전범죄가 될 뻔한 사건이 7년 만에 해결되는 순간이었다. 2004년 5월 초 불법 대출영업을 하던 일

---

* 노컷뉴스, 2011년 11월 11일.

당이 동업자 C씨(사건 당시 22세)와 돈 문제로 다투다 C씨를 목 졸라 살해한 뒤 시신을 전남 해남의 한 과수원 주변에 암매장한 것으로 드러났다. 피해자 C씨는 고아로 양부모 손에서 자랐다. 군 입대 통지서를 받은 C씨가 군대에 가기 싫어 단순 가출한 것으로 생각한 양부모는 실종신고조차 하지 않았다. 때문에 누구도 사라진 C씨의 행방을 찾을 생각을 하지 않아 사건화되지 않은 경우였다.

　잔혹한 범인들도 약한 부분은 있다. 세월이 아무리 흘러도 감출 수 없는 불안감과 죄책감이 그것이다. 이런 심리에서 벗어나기 위해 범인들은 공통적으로 특이한 행동을 보인다. 전담팀 강윤석 반장은 "범인들은 죽은 피해자의 넋을 달랜다는 의미로 천도재를 하거나 제사를 지냈다. 조금이나마 스스로 위안 받고 싶은 심리에서 나온 것"이라고 설명했다. 해남 암매장 사건의 범인은 자신이 시신

을 파묻은 과수원 부근을 밤은 물론이고 낮에도 절대 가지 않았다고 한다. 잔인한 그들도 무서움을 느꼈기 때문이라는 것이다. 전담팀 민병희 강력팀장은 말한다.

"억울하게 죽은 피해자들의 사건을 풀어나가다 보면 영적인 존재가 있다는 생각이 점점 강하게 든다. 오랜 세월 고통 속에서 살아온 피해자 가족들의 한을 풀어주는 일뿐만 아니라 억울하게 죽은 망자의 한을 풀어주는 일이기 때문에 일반 사건보다 훨씬 보람이 크다."[*]

우리는 살다가 억울한 일을 당하면 분해서 잊을 수 없다. 살해당한 사람도 육신은 죽게 되지만, 영혼은 말할 수 없는 분노를 겪게 된다. 그래서 강력반 형사들은 '장기 미제 사건'을 해결해 나가는 과정에서 억울하게 죽은 영혼의 존재를 실감하게 되는 것이다. 살해당한 피해자의 영혼은 왜 살인범의 꿈에 계속 나타나는가? 강력반 형사는 어째서 영혼의 존재를 확신하는가? 죽음이란 과연 무엇을 의미하는가? 죽으면 다 끝나는 것인가? 인간은 육체만의 존재인가? 아니면 육체 이외에 영혼이 있어서 죽는다고 다 끝나는 게 아닌가? 기독교와 불교, 죽음을 어떻게 말하고 있는가? 강력반 형사가 억울하게 죽은 피해자의 영혼을 느끼고 있는 사실을 어떻게

---

[*] 중앙일보, 2012년 10월 13일.

설명할 수 있을까?

죽음 이해, 논증이나 설득의 문제가 아니다

죽음이 끝이 아니라고 말하면, 사람들은 증명해 보이라고 요구한다. 죽음이 끝이 아님을 증명하면 받아들이겠다는 것이다. 하지만 죽음 이해는 A가 B를 설득해야 하는 문제도 아니고 A가 B에게 논증해야 하는 문제도 아니다. 오히려 자기가 자신에게 설득해야 한다. 자기가 스스로 입장을 정해야 한다. 다시 말해 자기가 자신을 어떻게 이해하는가, 자기가 자신을 어떻게 바라보는가, 자기가 자신에게 논증해야 하는 문제다. 자기가 자신을 어떻게 이해하는가 여부에 따라 죽음 이해가 저절로 정해진다는 뜻이다. 죽음은 다른 사람이 말해야 아무 소용이 없다. 죽음은 다른 사람이 자신에게 입증해야 하는 문제가 아니라, 자신이 죽는 문제이기 때문이다. 죽음 이해에 따라 자기 자신에 대한 이해가 정해지는 게 아니라, 자기 존재 이해 방향에 따라 죽음 이해가 정해지기 마련이다. 보다 쉽게 말하면 자기 자신을 육체만의 존재로 이해하는 사람은 죽으면 다 끝난다고 단정하게 된다는 뜻이다.

사람들은 일반적으로 자신을 눈에 보이는 육체만의 존재로 이해하고 있으므로, 죽으면 다 끝난다고 단정한다. 자신을 육체만의 존재라고 단정내리는 사람은, 죽음에 대해 충분히 숙고하고 그렇게 생각하는 것일까? 죽음을 잘 알지 못함에도 불구하고, 죽으면 당연히 다 끝난다고 생각하는 게 아닐까? 죽음이 뭐냐고 묻지 말고 나는 육체만의 존재인지 먼저 물어야 한다. 자기 자신이 육체만의 존재라고 생각하는지 여부에 따라 죽음 이해가 정해지기 때문이다. 따라서 문제의 핵심은 죽음 이해가 아니라 자기 자신에 대한 이해인 것이다. 그러니까 죽음이 무엇인지 묻지 말고, 이제는 자기 자신에 대해 얼마나 알고 있는지 차분히 질문을 스스로에게 던져보자.

서양철학의 출발점, 소크라테스는 "너 자신을 알라(know yourself)"고 문제를 제기했다. 소크라테스가 서양철학의 출발점으로 평가받는 이유가 있다. 소피스트들이 밖으로 우주의 본질에 대해 질문을 계속 던지자, 소크라테스는 시선을 안으로 돌려 "너 자신을 알라"고 문제를 제기했기 때문이다. 죽음에 대해 충분히 알지도 못하면서 죽으면 다 끝난다고 단언하는 우리 자신의 어리석음을 지적했다. 우리가 죽음을 잘 모르는 것은 다름 아니라 자기 자신을 잘 모르기 때문은 아닌지 성찰하라는 것이다. "너 자신을 알라"는 말은 자기 자신에 대해, 또 죽음에 대해 충분히 알지 못한다는 것을 인정하라는 뜻이다.

티베트에선 누구나 천장을 원한다

티베트인이 천장터에 누워 자기 시신을 천장으로 처리하는 것을 기도하고 있다. 티베트어로는 몸을 '뤼lü'라 하는데, 이는 수화물처럼 '당신이 두고 떠난 어떤 것'을 의미한다. '뤼'라고 말할 때마다,

티베트 사람들은 우리가 이 삶과 육신에 잠시 머무는 여행자들일 뿐이라는 사실을 상기하게 된다. 티베트에서는 외적인 환경을 좀 더 편리하게 만들기 위해 번거로운 일들을 벌이거나 그러한 일에 수많은 시간을 소모하지 않는다. 티베트 사람들은 굶주리지 않을 정도의 먹거리, 등을 덮을 정도의 의복, 그리고 머리를 가릴 정도의 지붕만 갖춰지면 만족스러워한다. 지금까지 하던 대로 외적인 환경을 개선하는 데만 골몰한다면, 우리는 머지않아 종말을 맞이하게 되고 끝없는 혼란에 빠져들 것이다. 제정신을 가진 사람이라면 어느 누가 호텔에 투숙할 때마다 호텔 방을 꼼꼼하게 다시 장식하려 하겠는가?*

　티베트에서는 사랑하는 가족이 죽으면 시신을 독수리에게 준다. 티베트 사람들이 죽을 때 ‘조장鳥葬’을 원하는 이유는 무엇인가? 우리 사회는 죽으면 다 끝난다고 생각하지만, 티베트인들은 죽으면 끝이 아니라고 생각한다. 티베트에서는 사람이 죽고 영혼이 시신에서 분리되면, 시신을 메고 독수리들이 기다리고 있는 ‘천장天葬’**터로 간다. 천장사가 시신을 해체하면 독수리들이 몰려들어 시신을 먹는다. 살아생전에 먹거리가 부족해서 야크의 고기를 먹었으므로, 죽으면 천장을 통해 시신을 짐승에게 보시하는 것이다. 천

---

* 　소갈 린포체, 오진탁 옮김, 『죽음으로부터 배우는 삶의 지혜』, 민음사, 2001, pp.29~30.

** 　조장은 독수리에게 시신을 먹게 하므로 조장, 시신을 먹은 독수리와 함께 하늘로 날아가므로 천장이라고 부른다.

티베트 삼예사, 사람이 죽으면 그의 영혼이 삼예사에 들른다고 티베트에서는 말한다.

장은 고산지대라는 티베트의 자연환경, 죽음은 육신의 죽음일 뿐이라는 티베트의 죽음 이해에 알맞은 시신 처리 방식이다.

티베트인은 부모의 시신을 어떻게 독수리에게 줄 수 있을까? 티베트인은 자기가 죽으면, 시신을 천장으로 처리하는 것을 영광으로 생각한다. 사람이 죽어 영혼이 시신에서 분리되면, 시신은 입다가 남겨진 옷에 불과하다고 달라이 라마는 말한다. 사람이 죽고 남겨진 시신은 죽은 그 사람이 아니라, 그가 입었던 옷에 불과하므로, 티베트인은 아무 거리낌 없이 독수리에게 주는 것이다. 죽으면 시신으로부터 영혼이 떠나므로, 죽는다고 끝이 아니라는 것, 또 인간이 육신만의 존재가 아니라는 사실을 티베트에서는 누구나 알고

삼예사, 죽은 사람들의 영혼이 모이는 곳 (좌)
삼예사 인근 천장터 (우)

있다. 티베트인은 단순히 말이나 지식으로만 아는 게 아니라 그렇게 살다가 그렇게 죽는다. 티베트는 평균 해발 4천 미터 고산지대이므로, 먹거리가 부족해 티베트인들은 평소에 야크 고기를 먹는다. 대신 티베트인들은 죽으면 영혼이 시신으로부터 분리되므로, 시신을 독수리 먹이로 보시하는 것이다.

티베트에서는 놀랍게도, 포와 수행법*을 통해 시신에서 영혼이 분리되었는지 직접 확인한다. 사람이 죽으면 시신은 남겨진 옷가지에 불과하므로, 티베트인 누구나 천장으로 자기 장례를 치르기를 바라고 있다. 인간은 육신만의 존재이고, 죽으면 다 끝난다고 알

---

*   소갈 린포체, 오진탁 역, 『티베트의 지혜』, 민음사, 1999, pp.353.

천장터 순례를 위해 가족이 중국 청해성에서 4일 동안 버스를 타고 방문했다. 티베트인은 천장터에 누워 죽으면 천장으로 장례 지낼 것을 서원한다. 티베트에서는 어린이까지 포함해 누구나 천장으로 장례 지내는 것을 영광으로 생각한다. 어린이도 천장터에 누워본다. 죽음 준비 교육을 천장터에서 실시하고 있는 것이다. 천장터에 놓여 있는 사진, 천장으로 시신을 처리했음을 뜻한다.

고 있는 우리 사회와는 얼마나 다른가! 천장으로 장례를 지내는 것은 명예로운 일이라고 티베트인 누구나 자랑스럽게 답한다. 천장터 순례를 통해 죽음 준비와 함께, 삶을 제대로 영위하라는 가르침을 되새기는 삶의 준비를 티베트인은 배우고 있다. 티베트인들은 죽음을 두려워하지 않고, 죽음을 자연스럽게, 당연히 지나가야 할 하나의 과정으로 받아들인다. 사람이 육신만의 존재라고 알고 있는 우리 사회와 티베트의 죽음 이해는 크게 다를 수밖에 없다. 자기 자신을 육신만의 존재로 여기지 않는 티베트 사회에서, 죽으면 천장을 통해 시신을 장례 지내는 것은 모두의 희망사항이다.[*]

* 오진탁, 『죽으면 다 끝나는가』, 자유문고, 2020, pp.269~272.

죽음 이해의 차이: 현대인과 티베트인

	현대인의 죽음 이해	티베트인의 죽음 이해
인간 이해	인간은 육체만의 존재이고, 죽으면 다 끝난다고 생각하므로, 영혼을 인정하지 않는다.	인간은 육체만의 존재가 아니고, 죽는다고 끝나는 게 아니므로, 영혼의 존재를 받아들인다.
죽음 이해	의학에서 말하는 심폐사, 뇌사로 죽음을 이해한다. 심폐사, 뇌사로 죽음을 이해하는 것은, 죽으면 다 끝나는 것을 전제로 한다. 따라서 현대인은 죽음을 두려워하거나 죽음이 찾아오면 절망하게 된다. 이런 죽음 이해가 현대 사회에 널리 확산되어 있다.	육신은 인간이 입는 옷과 같은 것이므로, 죽음은 육신의 옷을 벗는 것으로 여긴다. 따라서 죽음은 끝이 아니라 새로운 시작이다. 죽음은 삶의 과정이고, 삶은 죽음의 과정이므로, 죽음을 두려워하거나 죽는다고 절망하지 않는다.
시신 처리	육신(시신)을 자기 자신이라 여기므로, 천장은 상상할 수 없다.	시신은 낡은 옷에 불과하므로, 죽으면 시신을 독수리에게 주는 천장을 티베트에서는 누구나 원한다.

나는 도대체 누구인가?

우리가 죽음을 잘 알지 못하는 이유는 무엇일까? 다른 무엇보다도, 눈에 잡히는 육신이 전부이고, 육신이 자신인 줄 착각하기 때문이다. 육신을 자기 자신으로 알고 있으니까, 육신이 죽으면 다 끝난다고 착각하는 것이다. 인간이 태어날 때는 순수하다. 성장하면서 아주 미묘하게 에고가 생겨난다. 에고는 늘 육체를 자신과 동일시한다. 그게 바로 '육체의식(Body consciousness)'이다. 그래서 육체가 죽으면 다 끝난다고 착각한다. 자기가 누구인지 모르기 때문이다. 육신을 비롯해 이름, 개인의 일대기, 배우자, 가족, 집, 일, 친구, 신용카드 등은 일시적인 버팀목들일 뿐이다. 이런 것들은 죽으면 바람처럼 흔적도 없이 사라진다. 육신 같은 일시적인 버팀목을 제외하면 내가 진정 누구라고 말할 수 있을까? 우리는 이처럼 허구적인 정체성 아래 살고 있다.

사상누각沙上樓閣, 빌딩을 올리는 쾌감에 정신이 팔려 모래 위에 집을 짓고 이를 자신의 정체성이라고 착각한다. 죽음이 우리를 쫓아낼 때까지 이 세상은 아주 그럴듯하게 여겨질 수 있다. 육신 너머, 또 죽음 너머 보다 깊이 있는 실재에 대한 아무런 단서가 없으므로, 육신이 죽으면 다 끝난다고 생각하게 되는 것이다. 육신이 호흡과 심장박동을 멈추면, 영혼은 3일 반에 걸쳐 육신으로부터 분리된다. 누구든지 자기 자신의 존재를 당연히 전제하고 살아간다. 과연 나라고 부를 것이 도대체 어디에 있는가? 죽어가는 육신이 자기 자신인가?* 누구든지 자기 자신의 존재를 당연히 전제하고 살아간다. 그렇다면 도대체 내가 누구인가? 과연 나라고 부를 것이 도대체 어디에 있는가? 죽어가는 육신이 자기 자신인가? 육신에서 분

---

* "죽은 뒤에 몸뚱이가 화장되면 재가 되고, 땅에 묻으면 다시 흙으로 돌아갑니다. 중생들은 죽은 뒤에도 평소 쓰던 육신에 집착하게 됩니다. …… 몸은 거품같이 한동안 인연 따라 모였다가 인연이 다하면 흩어지게 됩니다. 육신도 지수화풍地水火風 사대四大가 모여 형상을 이루었다가 인연이 다하면 몸은 사라지게 마련입니다."(청화, 『영가천도법어』, 광륜출판사, 2009년, p.32)

리된 영혼이 자기 자신인가? 나는 과연 어디에 있는가? 죽어 화장한 뒤 육신을 자신이라고 말할 수 있는가?

내가 있다면, 화장하고 난 뒤에도 나라고 부를 수 있어야 한다. 우리가 알고 있는 어떤 것이든지 죽음과 함께 사라진다. 자기가 누구인지 모르면서 자기 존재를 전제로 살아가는 중생, 자기 존재를 전제로 살아가는 삶, 이보다 더 어리석을 수 있을까? '부모미생전父母未生前 본래면목本來面目', 부모가 태어나기 전 나는 어디에 있었는가? 태어나기 전 자신의 본래 모습은 무엇인가? 태어나기 이전 우리는 어디에 있었는가? 죽어 화장한 뒤 우리는 어디에 있을까?*

---

* 생사학의 현대적 고전 『티베트의 지혜』의 저자 소걀 린포체의 발언은 시사하는 바가 크다. "죽은 이후 영혼이 있느냐 없느냐 하는 문제는 증명이나 논증의 문제라기보다, 지금 이 삶에서 자기 자신과 인간 존재를 얼마나 깊이 있게 이해하느냐 여부에 달려 있다." 문제 핵심은 죽음이 아니라, 자기가 자신을 제대로 이해하느냐 여부에 달려 있다. 죽음은 다른 사람에게 묻거나 알아듣게 설명해 달라고 요구할 게 아니다. 자기 자신에게 질문을 던지고 스스로 해답을 구하는 게 현명하다. 또 죽으면 다 끝나는가 하는 질문은 인간은 육체만의 존재인가 하는 질문이므로, 죽으면 어떻게 되느냐 하고 다른 사람에게 묻지 말고, 자신은 육체만의 존재인가라는 질문을 자기 자신에게 던지는 게 바람직하다. 죽음 이해는 곧 자기 존재에 대한 이해로 직결되기 때문에, "죽으면 어떻게 되는가?"라는 질문은 다른 사람에게 물을 필요가 없다. 나는 자기 자신을 제대로 이해하고 있는지, 자기에게 질문을 던지는 게 훨씬 바람직하다. 따라서 문제의 핵심은 죽음이 아니라 바로 자기 자신이다. 자기 자신이 자기 존재를 어떻게 이해하고 있느냐 여부에 달려 있는 것이다.

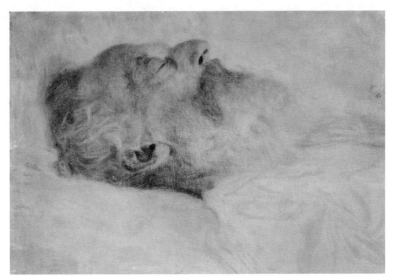

오스트리아의 구스타프 클림트(1862~1918) 작품 '임종 노인'(Alter Mann auf dem Totenbett, 1899년) 조용히 눈을 감은 노인의 얼굴이 평안해 보인다. 비록 얼굴에는 죽음 꽃이 핀 듯 곳곳에 검은 흔적이 있지만, 노인의 죽음에는 품위가 느껴진다. 고된 수고와 긴 삶의 여정을 마치고 모든 삶의 짐을 내려놓은 그런 모습.

(Gary Doore ed., *What survives?*, Tarcher Putnam Book, 1990년, p.203.)

2장

임종 전에 겪는 현상

죽음, 끝이 아닌 근거로 다음 6가지를 제시할 수 있다.

	죽음, 끝이 아닌 6가지 근거
1	임종 전 겪는 현상
2	빙의 현상
3	최면치료
4	『티베트 사자의 서』
5	기독교와 불교
6	임사체험자의 증언

먼저 임종 전 겪는 현상, 죽음과 관련하여 세상을 떠나기 전 허공에서 어떤 형상을 보는 사례가 있다.* 먼저 세상을 떠난 가족이나

---

* 임종 전에 겪는 체험은 섬망 현상과는 다르다. 섬망 현상은 환각으로 보이는 것이지만, 임종 전에 겪는 체험은 죽음이 임박한 임종자에게 먼저 죽은

친지 또는 친구가 임종하는 사람을 마중 나오는 것이다. 혹은 자기가 믿는 종교에 따라 예수, 마리아, 붓다, 보살 등이 나타나기도 한다. 세상을 먼저 떠난 사람이 멀리 떨어진 가족이나 지인 앞에 모습을 나타내는 경우도 있다.

시드니에 거주하는 의사 마이클 바버토는 가까운 일가친척이 사망한 이후 이런 경험담을 수집하여 연구했다. 그의 조사에 의하면 이런 현상을 경험한 사례는 전체의 18% 이상을 차지한다. 어느 경험자는 아버지 영혼이 육신에서 빠져나가는 것을 '보았다'고 증언했다. 그녀는 아버지 임종을 지킨 일은 참으로 멋진 일이었다고 말한다. 육신의 모습만 기억했던 그녀의 어머니는 남편이 죽은 뒤 두 달 동안 크나큰 슬픔에 시달렸다. 그러던 차에 어느 날 밤 완전히 건강한 모습으로 침대 곁에 서서 미소 짓는 남편의 모습을 보고 그녀는 평화와 행복을 느꼈고, 그녀 뇌리에 남아 있던 초췌한 마지막 모습은 다 지워졌다.[**]

임종을 앞둔 사람이 이미 사망한 일가친척의 모습을 보는 일은 드물지 않다. 환자 곁에 있다 보면 환자가 종종 '거기 없는' 누군가와 말을 하거나 쳐다보는 것을 알아차릴 때가 있다. 혼수상태의 한 부인이 갑자기 벌떡 일어나 앉으며 구석의 의자를 향해 '당신이군요'라고 말하고는 다시 혼수상태로 돌아간 적도 있었다. 먼저 죽은

가족이나 친지가 방문해 다른 세상으로 인도하기 위해 나타나는 현상이다.
[**] 로저 콜, 주혜경 역, 『사랑의 사명』, 판미동, 2011, p.64.

마사초(1401~1428)의 '성 삼위일체'(1427년)는 원근법적 구성을 처음으로 사용한 작품이다. 아래 있는 단회색 석관石棺에는 죽은 사람의 전신 뼈대가 정교하게 그려져 있다. 흥미로운 것은 거기에 적힌 글의 내용이다. "Io fu già quel che voi siete, e quel chi son voi anchor sarete."(한때 나는 지금의 당신들이었고, 당신들도 언젠가는 지금의 내가 될 것이다.)

영혼이 최후의 순간을 앞둔 사람을 방문하는 것이다.[*] 영국의 정신 건강 전문의사 피테 펜윅은 "죽음은 스위치가 툭 하고 꺼져 버리는 단순한 일이 아니며 여러 가지 일이 발생하게 된다. 죽어가는 사람이 임종에 임박해 먼저 죽은 가족이나 친지의 방문을 받기도 한다"고 말했다.[**] 임종 2, 3일을 앞둔 환자는 대화하던 중에도 갑자기 허공 쪽으로 시선을 돌린다고 한다. 왜 그러느냐고 물으면 "누가 와 있다", "누구를 보았다"고 말한다. 때로는 천사와 이야기를 나누었다고 말하는 사람도 있다고 한다. 어떤 이는 이미 죽은 사람과 말했다고도 하고, "문밖에 누가 있으니까 들어오라고 하라"고 가족들에게 말한다고도 한다.

"도대체 무엇이 보이니? 아무것도 안 보인다."

골수염으로 오른쪽 다리를 절단했던 이 군은 열일곱 살이었다. 열다섯 살인 중학교 3학년 때 발병해 치료를 받았지만 폐와 뇌에 전이되어 결국 호스피스에 의뢰되었다. 어느 날 성직자와 함께 호스피스 봉사자가 방문했을 때 이 군은 호흡이 곤란한 상태였다. 어머니는 울고 있었고 이 군은 자신을 위해 기도해줄 것을 요청했다. 동

---

[*] 로저 콜, 앞의 책, p.65.
[**] 정현채, 『우리는 왜 죽음을 두려워할 필요가 없는가』, 비아북, 2018, pp. 106~107.

행했던 성직자가 이 군을 안고 기도해주자 잠시 후 이 군은 잠이 들었다. 다음 날 저녁 이 군은 숨을 거두었다.

연락을 받은 호스피스 관계자가 밤늦게 빈소를 방문했더니, 평소에 조그만 일에도 눈물을 보이곤 하던 이 군의 어머니가 전혀 울고 있지 않았다. 이 군의 마지막 모습에 대해 묻자, 미소를 짓고 있던 어머니는 전혀 뜻밖의 대답을 하는 것이었다. 호스피스에서 방문한 다음에 잠을 잘 잤는데 아침부터 이 군이 자꾸 뭔가 보인다며 허공을 쳐다보면서 웃고 놀라워했다는 것이었다. 이 군은 아프다는 소리도 하지 않았고 호흡곤란도 별로 느끼지 못했다. 이 군은 허공을 쳐다보면서 "베드로가 보인다. 그 옆에 빛나는 분은 누구냐?"고 물었다. 그래서 어머니가 "도대체 무엇이 보이니? 엄마는 아무것도 안 보이는데"라고 말했다. 나중에 이 군이 "우리 엄마는 큰일 났다. 나는 천국 가는데 우리 엄마는 지옥 가겠다"고 하면서 엉엉 울더라는 것이었다.

당황한 어머니가 어찌할 수 없어서 아무것도 안 보이지만 아이의 마음을 위로하기 위해서 "아, 저거 말이니? 나도 이젠 보인다"라고 말하자, 환자는 너무 좋아하면서 자기가 보고 있는 광경을 어머니도 보고 있는 줄 알고 하나하나 가리키면서 설명하더라고 어머니가 전했다. 그 후 저녁 무렵에 이 군이 어머니 손을 꼭 잡고 "엄마, 저것 보았지요! 나 먼저 갈 테니까 나중에 오세요"라고 말하면서 숨을 거두었다. 이 현상이 이상하게 들리겠지만, 죽음이 임박한 임종환자들은 죽기 며칠 전부터 이 세상과 저 세상을 동시에 보는 일이 일어나곤 한다. 대부분의 사람들은 죽기 2, 3일 전부터 이런 현상을 경험하지만, 더러는 그보다 훨씬 일찍부터 이런 현상을 경험하기도 한다.*

교회가 어린이들에게 수호천사를 말하는 것은 사실에 근거한 것이라고 퀴블러-로스는 말한다. 출생에서 사망에 이르기까지 모든 인간을 영적 존재가 보호한다는 것이다. 어떤 종교를 믿든 아무 상관이 없다. 임종이 가까워온 어떤 노부인이 퀴블러-로스에게 말했다. "아, 그가 여기 다시 나타났군요. 내가 어린아이였을 때, 그는 항상 내 주위에 있곤 했죠. 하지만 나는 지금까지 그가 주위에 존재했다는 것을 까맣게 잊고 있었어요." 다음 날 자신을 극진히 아껴주는 누군가 자신이 오기를 기다리고 있다는 것을, 노부인은 잘 알기에 즐거운 모습으로 임종했다.**

인간에게 두 눈이 있는 것은 삶과 죽음, 두 세계를 다 잘 보라는 뜻이다. 많은 사람들은 살면서 눈에 보이는 이 세상만 보고 그 세계가 전부인 줄로 착각한다. 영혼이 육체에서 빠져나가려고 할 때 비로소 한 눈으로는 이 세상을, 다른 한 눈으로는 다른 세상을 보게 된다. 이때 옆에 있는 가족들조차도 자신의 눈에 보이지 않는다고 해서 환자가 헛것을 본다고 이상하게 생각하지만, 이것은 임종 과정에서 당사자가 실제로 겪는 엄연한 사실이다.

---

* 　최화숙, 『아름다운 죽음을 위한 안내서』, 월간조선사, 2002, pp.221~222.

** 　퀴블러-로스, 최준식 옮김, 『사후생』, 대화출판사, 1996, p.23.

위암 말기의 70대 여성이 복수가 차서 걸을 수도 없는 상태로 불교 호스피스병동 정토마을을 찾아왔다. 30여 년간 절에 다니면서 염불 수행을 열심히 했던 할머니는 6월 어느 날 새벽, 사력을 다해 염불을 했다. 임종시간이 임박해 3남 1녀 자녀들에게 연락했고 큰아들 내외만 빼고 다른 자녀들은 세 시간 이내로 도착했다. 혈압, 맥박, 신체적 증상은 모두 임종이 임박했음을 말해주었다. 혀도 말려 들어가고 동공도 풀렸다. 그때 작은 아들이 말했다. "형 오고 있는디, 조금만 기다렸다가 보고 가소, 보고 가세요. 형 불효자 만들지 말구요." "할머니! 부처님 어디 계세요?" 할머니가 간신히 손가락을 움직인다. "저-기 구름 타고⋯⋯." "아미타불이세요? 관세음보살이세요?" "아미타불⋯⋯." "혼자 오셨어요?"

할머니는 고개를 좌우로 흔드신다. 팔을 벌려 갑자기 무언가 잡으려 하다가 툭 팔을 떨어뜨린다. 모두 깜짝 놀란다. 그러더니 풀린 동공이 다시 모이고 혈압, 맥박이 모두 정상으로 돌아오고 눈을 다시 떴다. "아이- 이놈아! 부처님 손을 잡으려고 하는데 니가 너그 형 보고 가라고 하는 바람에 부처님이 구름 위에 서서 잠시 있다가 다시 오겠다고 가뿌렸다." 구름 타고 오신 부처님께서 당신 손을 잡으려다가 아들의 애원을 들으시고 잠깐 시간을 허락하셨단다. 마침내 큰아들 내외가 도착했다. "부처님이 니 만나고 오라고 했당께."

48시간이 지난 이틀 뒤 새벽, 다시 맥박이 떨어지고 혈압도 뚝

뚝 떨어지기 시작했다. 연락을 받
은 가족들 가운데 막내가 제일 먼
저 도착했다. "어머니!" "다시는 나
부르지 말거래." "예, 알겠습니다."
"잘들 살거래이." 할머니의 혀가 말
려 들어가고 숨을 몰아쉰다. 그러
더니 지금 달려오고 있는 큰아들을
찾는다. "지금 오고 있어요." "나,
지금 바쁜게." 손가락을 귀에 대는
모습이 큰아들에게 전화통화를 하
고 싶어 하시는 것 같았다. 휴대전
화를 귀에다 대주었다.

"야야, 너는 성질이 급한 게 천천
히 오그래. 그리고 형제지간에 우
애 있게 살고…… 에미는? 에미야,

춘천 봉덕사 미륵불

고맙다. 만이로 고생 많았다. 잘 살아라. 내가 니 사랑하는 거 알
제. 니만 믿고 간대이. 부처님 공부 잘 허구. 천천히 오그라, 천
천히……."

할머니는 눈을 감고 입속으로 염불하시더니 힘없는 손을 모아
합장해 기도한다. 들어간 숨이 더 이상 나오지 않았다. 동공이
풀렸다. 아무도 울 수 없는 기쁨으로 충만한 죽음이었다. 할머니
는 합장한 그 자세로 죽었다. 어디에선가 향기가 진동했다. 여덟

시간 정도 그 향기와 너무나 아름다운 고인의 모습이 거룩하여 얼굴을 덮을 수 없었다.[*]

임종 직전 허공에 누가 보인다고 말한다

죽음의 순간을 접해보지 못한 대부분의 사람들은 앞의 얘기를 들으면 "무슨 말도 안 되는 소리를 하느냐?"며 이상하게 들을지도 모른다. 하지만 죽음이 임박하면 이 세상과 저 세상을 동시에 보는 일은 매우 흔하게 일어난다. 장갑을 끼었다 벗으려면 손이 빠져나오는 데 조금 시간이 걸리는 것처럼, 우리 몸에서 영혼이 빠져나갈 때는 대개 2~3일 또는 수 시간이 소요된다. 그때 잠깐씩 양쪽 세계를 다 보게 되는 것 같다.

앞에서 인용하였듯이, 대부분의 사람들은 죽기 2~3일 전에 이런 현상을 경험하지만 더러는 그보다 훨씬 일찍부터 이런 경험을 하기도 한다. 건강할 때는 움직이는 몸, 눈에 보이는 세계만을 전부로 착각했더라도 막상 임종과정이 시작되어 영혼이 몸에서 빠져나가려 하는 시점이 되면 서로 다른 두 세계가 함께 보이게 된다. 그리고 손이 빠져나간 장갑이 스스로 움직이지 못하듯이 영혼이 빠져나간 몸도 더 이상 움직이지 못하게 된다. 그러면 우리는 그 몸을 '시신'이라 부르면서 수의를 입혀 장례를 치르게 된다. 호스피스 간

---

[*] 능행, 『섭섭하게 그러나 아주 이별이지는 않게』, 도솔, 2005, pp.105~116.

호사는 임종 당사자가 마지막 순간 다른 세상의 존재를 보는 모습을 이렇게 말한다.

"임종 2, 3일 전이 되면 대화 중에도 갑자기 허공 쪽으로 시선을 돌려요. 그리고 그쪽에 관심을 주다가 다시 대화하는 상황으로 돌아와요. 그동안은 제가 했던 말도 듣지 못합니다. 제가 '무얼 하셨어요?' 하고 물으면 누가 와 있다거나 누구를 보았다고 하지요. 그래서 보이지 않는 세계가 있다는 걸 알게 되지요. 천사나 죽은 사람, 보이지 않는 누군가와 얘기를 나누었다는 분도 있답니다. 학부 시절에 실습을 나갔는데 중환자실이었어요. 어느 날 거기 입원해 있던 한 환자의 생명이 거의 다했다는 조짐이 생명보조장치 등을 통해 나타나기 시작했어요. …… 환자는 두 번 급하게 숨을 들이쉬다 잠시 멈춘 뒤 후-욱 하고 내쉬는 체인-스톡 호흡을 끊어질 듯 끊어질 듯 계속하다가, 어느 순간 갑자기 후- 하고 마지막 숨을 내쉬는데, 길게 아주 길게…… 그리고 끝없이…… 그래서 꼭 호흡이 아닌 그 무엇이 함께 나간다는 느낌을 확 받았어요. 그 순간 침대 위의 환자 주위로는 아주 희미한 빛이 감싸져 있다가 사라졌어요."**

** 《월간조선》, 2000년 3월호, pp.96~97.

퀴블러-로스, 아버지가 죽은 할아버지와 말하는 것을 보다

생사학을 창시한 퀴블러-로스도 정신과 의사이므로 과학자로 교육받았는데, 그녀의 관심은 오직 말기 환자의 육체적·정신적 고통을 어떻게 하면 완화시킬 수 있는가에 집중되었다. 하지만 병실 구석에 방치되어 있던 죽어가는 사람들을 보살피면서 그들의 죽음 관련 체험을 듣게 되었고, 또 아버지의 마지막 모습을 직접 보살피던 중 아버지가 갑자기 그녀가 한 번도 본 적이 없는 사람들과 대화를 나누는 모습도 목도하게 되었다. 아버지의 대화 상대자는 할아버지였는데, 할아버지는 그녀가 태어나기 전에 이미 돌아가셨으므로 한 번도 본 적이 없었다. 아버지는 할아버지와 대화를 통해 용서를 구하고 있었다. 할아버지는 말에서 떨어져 목뼈가 부러져서 전신마비 상태로 중증장애인 수용시설에 수용되었다. 가족들은 문병을 가지도 않았고 할아버지는 그곳에서 쓸쓸하게 죽었다. 아버지는 할아버지에게 그 일을 참회하고 있었다. 아버지는 할아버지와 이야기하는 도중에 갑자기 퀴블러-로스를 향해 "엘리자베스, 물한 잔 가져 오렴"이라고 말하더니 대화를 계속했다. 아버지는 죽는 마지막 순간까지 의식이 정상이었다.[*]

퀴블러-로스는 어린이들의 임종을 많이 지켜보았다. 교통사고를 당한 가족이 있었다. 엄마는 현장에서 즉사했고 아들과 딸은 중

---

[*]   다치바나 다카시, 『임사체험(상)』, 청어람미디어, 2003, pp.408~409.

상을 당해 한 병원의 다른 병실에 입원한 상태였다. 딸은 임종시간이 다가오자 "모든 것은 잘되고 있다. 엄마와 남동생 피터가 기다린다"고 말하고 죽었다. 딸은 엄마가 사고 현장에서 죽었다는 사실을 알고 있었지만, 남동생이 죽었다는 사실은 알지 못했다고 퀴블러-로스는 지적했다. 딸이 죽은 직후, 다른 병실에 입원해 있던 남동생이 누나보다 10분 먼저 죽었다는 전화를 받았다. 딸은 죽기 직전 남동생이 자기를 기다리는 것을 본 것이다.**

퀴블러-로스를 감동시킨 아메리칸 인디언 사례가 있다. 젊은 인디언 여인이 고속도로에서 뺑소니차에 치였다. 차를 몰고 지나가던 사람이 그녀를 돕기 위해 멈추었다. 그녀가 그에게 침착하게 말했다. 그가 지금 자신을 위해 할 수 있는 일은 아무것도 없고, 나중에라도 사고 현장에서 700마일 떨어진 그녀의 어머니가 살고 있는 인디언 보호구역 근처에 가게 된다면 소식을 전해달라면서, 그녀는 어머니에게 보낼 소식을 주었다. 소식의 내용은 자신은 괜찮고 먼저 죽은 아버지와 함께 있어서 매우 행복하다는 내용이었다. 인디언 여인은 그의 팔에 안긴 채 죽었는데, 그는 너무 감동 받아 즉시 700마일을 운전해 그녀의 어머니를 방문했다. 인디언 보호구역에 도착했을 때, 그는 희생자의 아버지가 딸이 사고로 죽기 한 시간 전에 죽었다는 이야기를 들었다. 이와 같이 어떤 사람이 죽어가는 시기에, 다른 가족의 죽음이 알려지지 않았거나, 죽어가는 사람이

** 퀴블러-로스, 『사후생』, p.64.

오스트리아의 화가 구스타프 클림트(1862-1918)의 작품, '리아 뭉크의 임종 (1917~18년)'. 따뜻한 느낌의 색감과 평온하게 눈을 감은 모습으로 죽은 여 인을 표현했다. 주변에 그려진 꽃들은 이곳의 분위기를 더욱 화사하게 만든 다. 리아 뭉크의 부모에게서 영정 그림을 부탁받고 클림트가 그린 그림.

그 소식을 듣지 못했을 때에도, 먼저 죽은 가족의 마중을 받았던 사 례들을 퀴블러-로스는 수없이 많이 가지고 있다.[*]

호스피스 의사, 죽은 티건을 만나다

호스피스 의사 로저 콜은 죽은 영혼과의 만남이 아주 인상 깊었다 고 한다. 간호사 트러디의 남편 짐은 40대 중반으로 위암이 진행

---

[*]   같은 책, p.65.

중이었다. 불치병을 선고받은 그는 몸이 마를 대로 말랐다. 로저 콜은 외래상담실에서 부부를 만났다. 상담이 끝난 뒤 전화를 부탁한다는 트러디의 메시지를 받았다. 전화를 걸었더니, 트러디는 머뭇거리며 말을 해야 할지 말아야 할지 자신 없어 하는 눈치였다. 막상 듣고 보니 그녀의 애기는 로저 콜이 전혀 들을 준비가 되어 있지 않은 생소한 내용이었다.

"선생님이 남편과 이야기하기 시작했을 때, 어린 여자아이가 방에 들어왔어요. 예쁘게 생긴 아이였는데 일곱 살쯤 되어 보였죠. 아이는 내내 선생님 주위를 뱅뱅 돌며 춤을 추었는데, 선생님과 특별히 연관된 것 같았어요. 선생님과 가까이 있게 되어 정말 행복해 보였고, 내가 자기를 볼 수 있다는 걸 아주 기뻐하더군요. 그 애는 자기가 행복하고 다시 춤도 출 수 있다고 했어요. 그러면서 그 이야기를 부모에게 전해달라고 부탁했어요. 그 애는 누구일까요?"**

"그 애가 어떻게 생겼던가요? 지금 그 애는 어디 있습니까?" 트러디는 아이의 생김새를 묘사했다. 그녀는 이마 가운데 살짝 내려온 금발 곱슬머리 한 가닥을 특히 강조했다. 아무리 생각해도 로저 콜은 그런 모습에 들어맞는 아이가 생각나지 않았다. 아이가 어디

** 로저 콜, 주혜경 옮김, 『사랑의 사명』, 판미동, 2011, pp.68-70.

있느냐는 질문에 트러디는 "지금 여기 있어요. 바로 제 옆이요"라
고 답했다. 트러디가 워낙 태연히 이런 이야기를 이어갔기에 의아
해서 물어보았다.

"제겐 더러 일어나는 일이에요. 영혼이 저를 찾아와서는 원하는
것을 들어줄 때까지, 아니면 제가 거부할 때까지 머물러 있곤 하
죠. 나쁜 게 아니면 들어줍니다. 나쁜 것일 때는 등을 돌리고 있
으면 가 버리죠. 일 년 전쯤 실제로 그 여자아이를 선생님이 돌
보았다고 하던데요."*

로저 콜이 되짚어보니 한 아이가 떠올랐다.

"아, 티건 샤워리 말이군요. 하지만 말씀하신 모습이 그 애 실제
모습과 달라요."
"맞아요, 그 애예요. 선생님이 자기 이름을 말씀하니까, 이 애가
손뼉을 치면서 위아래로 팔짝팔짝 뛰고 있거든요. 얼마나 기뻐
하는지 몰라요."
로저 콜이 잠시 생각해보고 물었다.
"그럼, 이제 제가 할 일이 뭡니까?"
"아이 엄마한테 전화를 거세요."

---

*   같은 책, pp.70~71.

"농담 마세요. 전화 못합니다. 티건이 죽은 뒤로 그 집안이 어떻게 돌아가는지 전혀 몰라요. 그 애가 정말 티건 샤워리인지도 모르는 판인데."

"일단 전화를 걸어보고 어떻게 되나 보시지 그러세요."**

로저 콜은 전화를 끊고 티건을 생각해보았다. 그는 아이가 생의 거의 막바지에 이르렀을 무렵 단 한 번 찾아가 보았을 뿐이었다. 그 뒤로 어머니, 주치의와는 한동안 전화 연락을 계속했다. 티건은 네 살 때부터 신경조직이 퇴행하는 질병을 앓아 왔다. 그가 아이를 만난 일곱 살 때는 걷지도 못하고 말도 못하는 상태였다. 스스로는 아무것도 못했고 완전히 어머니에게 의존했다. 트러디가 묘사한 모습과 닮은 점이라고는 전혀 없었다. 딜레마는 또 있었다. 아이 어머니에게 이런 이야기를 하면 그녀는 어떻게 반응할까? 또 다른 문제를 일으킬 수도 있었다. 하지만 아이 어머니, 베스와 로저 콜은 공감대가 형성되어 있었고, 그녀는 영적인 면이 강한 편이기도 했다. 그가 생각해보니 연락해서 나쁠 일은 없겠다는 생각이 들었다.

그가 만날 약속을 하려고 베스에게 전화를 걸었다. 그녀는 왜 만나자는 건지, 무슨 일이 있는지 궁금해했다. 할 수 없이 전화로 용건을 말했다. 영적 경험이 있는 간호사를 통해 티건이 그에게 접촉을 원했다는 말로 실마리를 풀었다. 그러고는 무슨 일이 있었는지

** 같은 책, pp.71~72.

말했더니, 베스는 "티건이 많이 아프기 전까지 춤추기를 아주 좋아했어요"라고 말했다. 아이의 모습을 말하자, 베스가 소리쳤다. "그 애 머리를 꼭 그렇게 빗어주곤 했답니다. 이마 위로 한 가닥 내려오게 말입니다. 정말 귀여웠거든요." 이때쯤에는 소름이 돋기 시작했다. 아이가 위아래로 깡충거리며 손뼉을 쳤단 대목에 이르렀을 때 베스가 말했다. "오, 하느님. 행복하거나 흥분하면 티건은 늘 그랬죠. 우리 애가 분명해요."

"티건이 전하는 얘기가 있습니다. 자기는 행복하고 다시 춤을 출 수도 있다는 걸 부모님이 아시길 바란답니다. 더 이상 슬퍼하실 필요가 없다고 하네요."[*]

베스가 트러디와 이야기하고 싶어 하여 그녀의 전화번호를 알려주었다. 이야기를 나눈 두 사람은 티건의 예전 사진을 보고 그 아이가 맞다는 확신을 얻었다. 로저 콜이 어머니 베스와 이야기를 시작한 순간 티건은 트러디를 떠났다. 그 이후로 두 번 다시 접촉을 시도하지 않았다. 티건은 모든 물질의 한계를 초월할 수 있는 가능성을 우리에게 보여주었다. 티건은 트러디에게 물질이 아닌 빛의 형태로 나타났다. 가족에 대한 애착이 남아 있던 티건은 어머니의 슬픔을 덜어주고 싶어 했다.

---

[*]   같은 책, pp.72~73.

죽음이란 '영혼'과 육신의 분리일 뿐이고, 티건의 출현이 사실이었다고 로저 콜은 말한다. 트러디와 로저 콜은 오직 어머니만 아는 그 애의 독특한 모습이나 태도를 몰랐다. 호스피스 의사가 집을 방문했을 때, 티건은 이미 육신이 마비되어 침대에 누워만 지냈기 때문이다. 그 애가 기분 좋았을 때, 어떤 행동하는지도 알 수 없었다. 따라서 티건 출현이 사실이었음을 의심할 수 없었다. 또한 티건은 우리가 단순한 물리적 존재 이상의 무엇이라는 점을 증명해 주었다. 우리는 죽은 뒤에도 존재할 뿐만 아니라 우리의 정체성을 계속해서 지닌다. 이 경험 이후 로저 콜은 죽음 이후에도 삶이 있다는 것을 확신하고, 죽음을 더 이상 현실로 인정하지 않는다. 죽음이란 우리 인식의 한계를 반영할 따름이기 때문이다.**

** 같은 책, pp.74~75.

3장
빙의 현상

죽음이 끝이 아니라는 또 다른 근거로 빙의憑依 현상을 들 수 있다. 빙의란 어떤 영혼이 사람에게 침투해 그 사람에게 자신의 의지와는 상관없이 영향을 끼치는 상태를 말한다. 빙의 현상만큼 사람들로부터 많은 오해를 받고 있는 질병도 없을 것이다. 육신을 잃은 영혼이 갈 곳을 찾지 못하고 떠돌다가 머물기에 적당한 사람이나 장소를 만나게 되면 그곳에 숨게 된다. 그로 인해 영혼이 깃든 장소는 흉가가 되게 마련이고, 그곳에 사는 사람은 귀신에 홀린 상태가 되어 평소와는 전혀 다른 사람으로 돌변하게 된다. 영혼이 사람의 몸에 직접 달라붙게 되면 그 사람은 발작을 하거나 황포荒暴한 성격으로 변하여 폐인이 되기도 한다. 외롭고 차갑고 고통스러운 영혼이 갈 곳 없는 귀신이 되어 인연에 따라 들러붙어 이상한 현상을 일으키는 것을 '빙의'라고 말한다.

탤런트 김수미 씨의 빙의 경험

탤런트 김수미 씨가 자신의 빙의 체험을 공개적으로 밝힌 바 있다. 그 당시 2년간 그녀는 미쳐 있었다. 방송가에서는 그녀에 대한 소문이 끊이지 않았다. "알코올 중독이다, 미쳤다……." 〈전원일기〉의 홈페이지에는 "일용 엄니가 이상해요, 어디가 아픈가요?" 이런 글들이 올라왔다. 불행의 시작은 시어머니의 갑작스런 죽음과 함께 찾아왔다. 그녀의 시어머니는 차에 치여 숨졌다. 사고가 난 아침, 아침식사를 맛있게 먹은 시어머니는, 그녀가 직접 각본을 쓴 모노드라마가 사흘 후 예술의 전당에서 공연될 예정이었기에, 주위 사람들에게 나눠주겠다며 포스터 몇 장을 들고 외출했다.

시어머니가 나간 후 10분이나 지났을까. 전화벨 소리가 울렸다. 기사 아저씨였다. 길 건너 주유소에 있는데 빨리 내려오라는 얘기였다. 주유소에는 사람들이 모여 웅성거리고 있었다. 사람들 속으로 들어가보니 시어머니에게서 흘러나온 피가 바닥을 흥건히 적시고 있었다. 시어머니의 죽음 이후 그녀의 고통은 시작되었다. 제대로 먹지도 못했고 한 끼에 만두 다섯 개씩 하루에 두 번 먹었다고 한다. 한 달째 속옷을 갈아입지 않는다는 말에 남편은 그녀를 병원에 입원시켰지만, 모든 검사를 다 받아 봐도 갱년기 우울증일 뿐 그리 심각할 게 없다고 하여 일주일 만에 퇴원했다.

이상이 없다는 의사의 말에도 그녀의 증상은 나아질 줄 몰랐다. 미국 휴스턴에 있는 사촌오빠는 한국을 빛낸 10명의 위인으로 꼽힐 만큼 한국은 물론 미국에서도 유명한 의사이다. 그녀를 진찰했던 의사로부터 자료를 받아 분석한 사촌오빠는 '포제션(possession)'이라는 판정을 내렸다. 포제션이란 영혼의 영향으로 평소와는 전혀 다른 행동을 하게 되는 질병으로, 그대로 두면 폐인이 되거나 자살을 하게 된다. 아직까지 과학적인 치료방법이 발견되지 않았다는 것이다. 명망 있는 핵의학박사가 현대 의학으로는 못 고친다고 하니 상황은 최악이었다.

김수미 씨는 『빙의』라는 책을 읽고 저자 묘심화 스님을 찾아갔다. 그녀가 자리에 앉자마자 스님은 "눈에 빙의가 아직 안 빠졌네요"라고 말했다. 그녀가 시어머니 사진이 왜 자기를 노려보느냐고 물었다. 스님은 억울하게 죽은 영혼이 이 세상으로부터 완전히 떠나지 못하고 떠돌다가 가장 사랑하는 사람에게 빙의되었기 때문이라고 했다. 시어머니의 영혼을 위로해 편안히 보내드리면 시어머니의 사진이 노려보지 않을 거라고 말했다. 급발진 사고로 인해 억울하게 죽은 시어머니의 영혼이 평소에 가깝게 지냈던 며느리의 몸에 빙의되었던 것이다. 묘심화 스님이 죽은 시어머니의 영혼을 불러낸 뒤 달래서 보내는 퇴마 의식을 행한 이후부터 사진 속 시어머니는 웃고 있었다.[*]

빙의는 일반인의 눈에 보이지도 않고 과학자가 실험하기도 어려

---

[*] 김수미, 『그해 봄 나는 중이 되고 싶었다』, 중앙M&B, 2003, pp.23~27, pp.41~42, pp.56~64.

운 현상이다. 명망 있는 핵의학박사도 김수미 씨의 병이 포제션이라고 판정했지만 현대 의학으로 치료가 불가능하다고 했지 않은가. 빙의가 일어나고 제령 작업이 진행되는 과정을 현대 과학으로서는 설명할 길이 없다. 그러나 그런 현상이 일어난다는 사실 자체를 부인할 수 없다. 시어머니의 영혼이 그녀에게 빙의된 이후 그녀가 비정상적인 행동을 보였다는 점, 묘심화 스님에 의해 시어머니의 영혼이 그녀로부터 분리된 다음 그녀가 다시 예전의 모습을 회복한 점, 이를 주위 사람들이 몇 년 간에 걸쳐 함께 목격한 사실을 우리는 인정하지 않을 수 없다. 그러므로 빙의 현상 역시 사람이 죽으면 끝이라는 편견을 깨뜨려주는 하나의 증거로 제시될 수 있다.**

** 40대 주부 이 씨는 우연히 자신에게 영혼이 실렸다는 것을 알았다. 영혼은 자신의 정체를 드러내지 않으려 했지만, 조사를 통해 10년 전 죽은 시어머니라는 사실이 밝혀졌다. 전문가가 왜 며느리 몸에 들어왔냐고 물었더니, 구천을 헤매다가 갈 데가 없어서 며느리 몸에 들어왔다고 했다. 영혼의 정체가 드러난 순간부터 그녀는 다른 모습이 되었다. 그녀가 춤추는 모습이 어머니와 똑같다고 아들은 증언했다. 제령 작업을 시작했지만, 시어머니는 며느리 몸에서 나가기를 완강히 거부했다. 제령 작업을 시작한 지 한 달 뒤 영혼이 나갔을 때, 이 씨는 무언가 빠져나가는 듯 시원해짐을 느꼈다고 한다. 그때부터 몸도 건강해졌다. 병원에서 다양한 검사를 했더니 특이한 증상이 없어졌다. (SBS 그것이 알고 싶다, '또 다른 영혼 귀신들림이 있는가', 1999년 9월 1일.)

다중인격장애 여성, 갑자기 열일곱 살 소년 목소리로 말하다

또 다른 사례는, 최면치료 전문가 김영우 박사가 어느 다중인격장애 여성을 치료하면서 겪은 경험이다.

다중인격장애 증상을 보이던 여자환자의 최면치료를 막 끝내려 할 때 갑자기 그녀의 목소리가 굵고 거칠게 변하더니 "왜 나하고는 이야기를 안 하는 거예요" 하며 불만스럽게 묻는 게 아닌가. 놀란 김 박사가 "누구냐?" 하고 물었다. 그러자 그 굵은 목소리의 주인공은 "나는 정식이에요. 이 누나가 좋아서 같이 있죠. 아저씨가 다른 사람하고는 얘기를 많이 하면서 나는 안 불러주는 게 화가 나서 직접 나왔어요." 김 박사는 신기하다고 생각해 "몇 살이야?" 하고 물으니 목소리의 주인공은 천연덕스럽게 "열일곱이요. 나도 이제 어른이라구요"라며 낄낄거리고 웃기까지 했다. 그래서 김 박사는 내친 김에 "언제부터 거기 있었어?" 하고 물으니 "히히…… 오래되었어요" 하고 대답하는 게 아닌가. 그래서 김 박사는 정식이라는 영혼과 이런저런 얘기를 나누게 되었다. 정식이는 열일곱 살에 교통사고로 죽었고 갑자기 죽은 사실에 화가 난 채 여기저기 돌아다니다가 우울과 불안이 가득했던 이 환자의 내면으로 들어왔다고 했다. 치료를 끝낼 시간이 다 되어서 김 박사는 그를 다시 환자의 내면으로 들어가 얌전히 있도록 했다. 원래의 모습으로 돌아와 깨어난 그녀는 평소와 다름없이 인사를 나누고 진료실 밖으로 나갔다.

1, 2분이 지나지 않아 간호사가 놀란 얼굴로 뛰어 들어와 말했다.

"원장님, 바깥 환자가 이상해요." 그래서 그 환자를 다시 진료실로 들어오게 했더니, 그녀의 모습은 평소와는 달리 약간 건들거리는 10대 청소년의 걸음걸이와 표정, 몸짓으로 변해 있었다. "아저씨, 미안해요. 저도 모르게 또 나왔어요. 정식이에요. 몸 안으로 들어가 가만히 있으려 했는데 잘 안 되네요." 눈을 껌뻑거리며 10대 청소년처럼 말하는 그녀의 모습은 정말 열일곱 살짜리 남자아이였다. 김 박사는 어쩔 수 없이 다시 한 번 정식이라는 존재를 달래 들여보내고 환자를 원래 모습으로 돌아오게 한 후 치료를 마쳤다.[*]

　인용된 사례는 다중인격장애 환자의 극적인 변화를 보여주는 예이다. 정식이의 주장대로 교통사고로 인해 갑자기 죽은 그의 영혼이 환자에게 씐 것이라면 이 증상은 '빙의' 내지는 '귀신들림'이다. 빙의 현상으로 고통 받는 환자들은 어떤 영적인 힘이 자기 안에 침투하여 생활 전반에 악영향을 주고 특정한 정신적 고통을 일으키고 있다고 말한다. "내 안에 누군가 들어와 있다", "누군가 내 머릿속에서 이래라 저래라 명령한다", "내가 나를 마음대로 할 수 없다"라고 호소하곤 한다. 그러나 대부분의 정신과 의사들은 환자들의 이런 주장을 무시하고 단순한 망상이나 환각으로만 판단해 정신분열증이나 우울증, 조울증의 진단기준에 따라 약물치료만 할 뿐이다.

---

[*]　김영우, 『영혼의 최면치료』, pp.47~48.

4장
최면치료

김영우 박사(정신건강의학 전문의)는 환자의 내면을 건드릴 수 있을 때, 환자는 많은 변화를 하게 된다고 말한다. 환자의 내면을 파고 들어가는 것은 상담치료, 정신분석, 약물치료로는 가능하지 않다. 최면치료는 이러한 보호막을 전부 해제하면서 들어가기 때문에 한 사람의 내면에 도달하기에는 아주 효과적인 방법이다. 김 박사는 지금까지 효과적으로 최면치료를 하기 위해 30,000여 시간 이상 임상경험을 했다. 다양한 치료에 실패한 사람들이 김 박사의 병원을 찾아오면 환자 개개인에게 맞게 디자인해서 치료해왔다. 국내에 최면을 한다는 사람들이 많이 늘어났는데, 최면 하나만을 가지고 치료를 할 수는 없다고 김 박사는 말한다. 보편적인 상담, 분석과 같은 의학적인 틀이 있는 상태에서 최면을 접목시켜야 시너지 효과가 난다는 것이다.

서투른 최면은 환자에게 큰 도움이 되지 않는다. 그 사람의 내면

최면치료 전문가 김영우 박사
(정신건강의학 전문의)

으로 들어가기 위해서는 노하우가 필요하다. 최면치료는 충분한 설명을 통해 환자가 오해하지 않고 편안하게 받아들일 수 있게 해야 한다. 치료는 기술이나 테크닉으로 되는 게 아니다. 최면치료에 필요한 것은 의사와 환자 간의 상호 신뢰, 최면치료에 대한 오해나 두려움 없이 환자가 편안한 마음으로 최면에 들어가야 효과를 볼 수 있다. 또 환자가 원하는 다양한 주제에 대해 열린 마음으로 치료자가 대화할 수 있어야 한다. 그런 의미에서 치료자는 계속 업그레이드되어야 하고 어떤 환자든지 치료할 수 있는 큰 그릇이 되어야 한다고 김 박사는 지적한다.

우리 사회에서는 자살이 현안이라고 말하지만, 그보다 큰 문제가 생사관이나 가치관 부재라는 지적에 김 박사는 동의한다. 상담이나 약물치료 이전에 자살 선택이 왜 잘못이고, 그런 선택을 하면 어떤 결과가 나오는지, 차분히 교육을 할 수 있는 제도적 장치가 필요하다는 것이다. 죽음이 뭔지, 죽은 다음에 어떤 일이 일어나는지, 생명의 본질이 무엇인지, 좀 더 차원 높은 생명교육이 우선적으로 필요하다고 김 박사는 말한다.

죽음의 순간을 현대 정신건강의학의 최면치료에서는 어떻게 말하고 있는지 주목할 필요가 있다. 최면치료를 통해 임종의 순간을 회상하게 할 경우, 어느 나라 사람이든 종교나 신념에 관계없이 똑같은 내용을 증언한다. 죽음 이후의 세계가 존재한다는 사실을 의심하고, 죽음의 공포에 시달리고 있는 내담자를 최면치료한 사례이다.

의사: 어디에 있나?

환자: 침대에 누워 있다. 거의 숨을 쉴 수가 없다.

의사: 죽어가고 있다는 것을 알고 있나?

환자: 생명이 몸에서 빠져나가는 것을 느낀다. …… 고통스러워 못 견디겠다.

의사: 무슨 일이 일어났나?

환자: 죽었다. …… 숨 쉬는 것을 그만두고 육체에서 떠났다.

의사: 지금 당신은 어디에 있나?

환자: 바로 위에서 시체를 내려다보고 있다.*

---

* 　김영우, 『영혼의 최면치료』, pp.240~241.

　　몇 번의 자살 기도를 했던 P군은 마지막 시도에서 경험한 게 있다. 당시 P군은 자기 자신을 싫어했다. 가족의 금전적 상황은 좋지 않았고, 어머니는 집을 나갔고, 아버지 혼자 3남매를 돌봐야 해서 3남매는 큰 이모 집에 신세를 지고 있었다. 고등학교 때 친구들은 그에게 '집도 어미도 없는 자식'이란 꼬

최면치료 과정에서 임종의 순간을 회상하게 할 경우, 많은 이들이 죽은 이후 육체로부터 영혼이 빠져나와 허공에 떠다닌다고 증언한다. 죽음의 순간을 접해 보지 못한 대부분의 사람들은 앞서 얘기를 들으면 "무슨 말도 안 되는 소리를 하느냐?"면서 이상하게 여길지 모른다.

교통사고로 죽은 대학생 아들, 어머니와 만나다[**]

건강하던 자녀가 갑자기 죽었을 때의 충격과 슬픔은 어머니로서 겪을 수 있는 가장 큰 불행일 것이다. 대학 2학년이던 아들이 늦은 밤 친구와 함께 차를 몰고 나갔다가 교통사고로 즉사했다는 50대 후반 정인순 씨는, 슬픔에 잠긴 채 누워서 눈물로 보내는 모습을 보

리표를 붙여줬다. 결국 버티지 못한 P군은 큰 이모 집 화장실에서 자해를 해서 정신을 잃었다. 그때 육신에서 벗어나 마치 제3자인 것처럼 자기 육신을 허공에서 내려다보는 경험을 했다. 큰 이모는 피를 흘린 채 타일에 누워 있는 학생을 보고 울면서 화내고 있었고, 사촌 형은 갑자기 마주친 상황에 당황해서 뭐라 말하기 힘든 표정을 짓고 있었다. 현실로부터 도망치기 위한 선택이었지만, 영혼은 육신에 묶여 떠나가지도 못하는 어정쩡한 상황이었다. 어리석은 선택으로 슬퍼하는 두 명의 모습, P군은 점점 창백해지는 자신의 얼굴을 보고는 무서워 움직일 수 없었고, 자신의 얼굴을 위에서 내려다보는 체험은 곧 끊어졌다. 시간 지나 P군이 다시 깨어난 곳은 병원이었다. 이런 경험을 통해 P군은 죽는다고 다 끝나는 게 아님을 알게 되었다.

[**]   김영우, 『빙의는 없다』, 전나무숲, 2012, pp.274~279.

다 못한 친지의 소개로 김영우 박사의 병원을 찾았다. 그녀는 제대로 못 자고 못 먹은 듯 병색이 완연했다. 그녀는 어디서 들었는지 최면상태에서 죽은 아들의 영혼을 만날 수 있다는 희망을 가지고 있었다. "그날 밤 아들이 집을 나갈 때 내다보지도 못해서 마음이 안됐어요. 그게 마지막이었는데……. 집에서 입던 추리닝 바람에 슬리퍼를 끌고 나가서 그렇게 죽었으니……. 단 한 번만이라도 다시 만나 작별인사를 할 수 있다면 당장 죽어도 여한이 없겠어요."

김 박사: 사고가 있었던 날 어떤 일들이 있었나요?
정 여사: (울먹이면서) 아들이 그날 학교에서 일찍 돌아왔어요. 저녁 먹을 때까지도 나갈 생각을 안 했고 나중에 나갔다는데, 나는 언제 나갔는지도 몰랐어요. 집의 차를 몰고 나갔다고 해서 마음이 좀 불안했어요. (괴롭게 울기 시작하면서) 새벽 2시가 지나서 경찰서에서 연락이 왔어요. 아들이 과속을 해서 차가 도로변을 들이받아 아들은 즉사했고 친구는 중상을 입었다는 거예요.

한밤에 정신없이 달려 나가 병원 영안실에서 싸늘한 시신으로 누워 있는 피투성이 아들을 붙들고 통곡하는 그녀의 모습은 처절했다. 경황없이 2~3일간 사이에 치러진 장례식과 화장이 끝난 뒤 밀려오는 상실감에 그녀는 식음을 전폐하고 드러눕고 말았다. "아들은 정말 착했어요. 늘 엄마 마음을 잘 알고 속을 썩이는 법이 없었

죠. 사고로 죽을 때 얼마나 아팠을까, 그것만 생각하면 가슴이 미어
져요."

김 박사: 아들을 정말 만나기를 원하세요?

정 여사: (강하고 열렬한 목소리로) 네. 아들이 잘 있는지 정말 알고
　　　　싶고, 왜 그렇게 떠났는지 물어보고 싶어요.

김 박사는 그녀의 격앙된 감정이 조금 가라앉기를 기다린 후 죽
은 아들을 만나기를 염원하는 그의 마음을 받아들일 수 있는 적절
한 암시를 주었을 때 치료 작업은 다음과 같이 진행되었다.

김 박사: 지금 옆에 누가 있습니까?

정 여사: (놀랍고 믿을 수 없다는 듯) 그 아이가 왔어요. 내 옆에 서
　　　　서 나를 내려다보고 있어요.

김 박사: 그의 모습이 어때요?

정 여사: (더듬거리며 흥분된 어조로) 집을 나갈 때 입었던 옷을 그
　　　　대로 입고 있어요. 안색도 밝고 몸에 상처 하나 없네요.
　　　　옷도 깨끗하고.

김 박사: 아들과 대화해 보세요. 묻고 싶은 것은 묻고, 아들 말을
　　　　들어보세요.

정 여사: (정신을 집중해 아들과 대화하는 듯 긴장한 상태로 시간이 흐
　　　　른 뒤) 걱정하지 말래요. 자기는 정말 잘 있다고. 혈색도

좋고 정말 그런 것 같네요. 오히려 내 걱정을 하고 있어요. (감격스러운 듯 눈물을 흘리며, 밝고 흥분된 표정으로) 엄마한테 정말 미안하지만 자기는 그렇게 가야 할 것을 알고 있었고, 살면서 해야 할 일을 다 마쳐서 죽은 거래요. 죽을 때 아프지 않았고 죽음이 끝이 아니라고 하네요.

김 박사: 아들에게 하고 싶은 말이 있으면 하세요. 작별인사도 하구요.

정 여사: (뭔가 집중해 얘기하는 듯 잠시 침묵한 뒤에) 이제 가야 한대요. 엄마도 건강하게 살 테니까 아들에게 안심하고 가라고 했어요. 살아 있을 때 엄마가 잘 못해준 것들 미안하다고 했더니, 다 괜찮대요. 나중에 다시 만나자고 약속하고 손을 흔들며 가고 있어요.

잠시 후 최면에서 깨어나 정신 차린 그녀는 완전히 다른 사람으로 보였다. 눈에 생기가 돌고 얼굴은 밝아졌으며 목소리에는 기쁨과 흥분 섞인 떨림이 가득했다. 며칠이 지나 정 여사는 병원으로 전화해 "이제는 지낼 만하니 더 이상 치료를 받을 필요는 없겠다"고 전했다. *

---

* 죽은 영혼을 초혼하는 일은 무속에서도 가능하다. 사고로 갑자기 죽은 20대 아들의 영혼을 무속인을 통해 초혼했더니 아들의 영혼이 말했다. "내가 혼이라니, 웬 말이요?" (오진탁, 『죽으면 다 끝나는가』, pp.238~250 참조)

이공계 엔지니어 K씨는 과학적 사고를 중시하는 사람이지만, 최면치료를 통해 자신이 죽은 모습을 직접 보았다. "영혼의 존재는 마음으로 느끼는 것이다. 최면치료를 통해 죽음을 직접 체험했으므로, 영혼의 존재를 의심하지 않는다. 최면치료는 굉장히 유용한 치료법으로, 이를 통해 문제를 해결했다."**

정아 양, 죽은 아버지가 실리다

앞에서 빙의 현상을 다루었는데, 최면치료를 통해 환자의 몸에 다른 영혼이 실려 있는 사실도 밝혀낼 수 있다. 성남에 사는 정아(24세) 양이 자꾸 엄마를 때리지만, 딸은 하나도 기억나지 않는다고 한다. 딸은 자꾸 이상한 소리도 듣는다. 딸은 술을 자주 마시고, 갑자기 엄마를 힘으로 제압하고 칼을 들고 손목에 자해하기도 한다. 엄마는 밤만 되면 무섭다고 한다. 밤만 되면 모녀가 격렬하게 싸운다고 이웃 주민은 말한다. 딸은 속옷차림으로 거리로 나가기도 한다. 집에 들어와서 어머니를 향해 폭력을 행사한다. 엄마는 말한다.

**   오진탁, 『죽으면 다 끝나는가』, pp.259~262 참조

"딸 때문에 죽으려고 수면제 50알을 먹었는데도 죽지 않아요. 딸이 왜 저러는지 이해할 수 없어요. 딸이 도대체 왜 저러는지 정말 알고 싶어요." 어머니는 딸과 함께 최면치료연구소를 찾았다.

최면전문가: 떠오르는 생각이 있나요?

정아 양: 아빠가 술을 사오래요. 아빠가 엄마를 이제 찾지 말라고 말해요.

최면전문가: 당신 무의식에 묻습니다. 당신 안에 당신 아닌 다른 존재가 있나요? 당신 아닌 다른 존재가 있다면, 엄지손가락이 올라갑니다.

그때 서서히 올라가는 엄지손가락, 최면 도중 아버지의 영혼이 나타났다. 3년 전 간경화로 죽은 아빠는 술만 먹으면 엄마에게 끔찍한 폭행을 가했다. 예전에 남편이 했던 행동과 딸이 하는 행동이 똑같다고 엄마는 말한다.

최면전문가: 아빠 영혼이 그 안에 계시죠? 언제 들어왔나요?

(정아 양 갑자기 몸이 떨리더니, 죽은 아버지 영혼이 나왔다.)

최면전문가: 어디로 들어왔어요?

아빠 영혼: 49재 때, 입속으로 들어왔어요.

최면전문가: 딸에게 어떤 영향을 미치고 있나요?

아빠 영혼: 술 사오게 하고 엄마에게 폭력 휘두르게 하고…….

에드바르 뭉크(1863~1944),
'The Sick Child' 죽음을 앞둔
소녀 옆에서 이모는 슬픔에
젖어 고개를 숙이고 있다.

> 그런데 누구세요? 누구신데 우리 딸 이름을 부르는 거
> 예요?
>
> 최면전문가: 왜 딸의 몸에 들어왔죠?
>
> 아빠 영혼: 저년(부인)에게 복수하기 위해…….*

3년 전 간경화로 죽은 아빠가 49재 때 딸 정아 양 몸에 들어와서
아빠가 생전에 행동했던 대로, 딸에게 술 마시게 하고 엄마에게 폭
력을 행사하게 했던 것이다. 최면을 통해 아빠가 죽었어도 아빠의
영혼이 여전히 남아 있다는 사실, 또 아빠 영혼이 딸에게 빙의된 사
실 역시 밝혀졌다.**

---

*   tvN '엑소시스트', 2009년 9월 14일.
**   오진탁, 『죽으면 다 끝나는가』, pp.251~268에 다양한 최면 사례가 제시되

장례식장에서 죽은 사람의 영혼이 실리다[*]

지방 대도시에 사는 20대 초반의 이지숙(가명) 양은 3년 전부터 갑작스럽게 대인공포 증상이 시작되었고, 오른쪽 어깨에서부터 팔 전체에 이르는 통증과 마비 증상이 찾아왔다. 오른팔 전체가 뭔가에 짓눌리는 듯 무겁고 팔과 손을 제대로 사용할 수 없어 다니던 직장도 그만두고 여러 병원을 돌아다니며 첨단 검사를 받았지만 뚜렷한 원인을 찾을 수 없었다. 팔의 통증과 함께 시작된 불안과 우울 등 증상도 심해져 단순한 외출조차 부담스러워 집에서만 생활하고 있었다. 여러 병원을 다니며 약을 먹고 주사를 맞아도 소용없었다. 혹시 최면치료로 원인을 찾을 수 있지 않을까 하는 실낱같은 희망을 가지고 김영우 박사를 찾아왔다.

"병이 나기 전 집안의 아저씨뻘 되는 분께서 갑자기 돌아가셨어요. 장례식에 참석하려고 시골에서 올라온 친척 몇 가족이 저희 집에서 묵으셨는데, 부모를 따라온 다섯 살짜리 남자아이가 놀다가 차에 치여 죽었어요. 예상치 못한 겹초상을 치르게 되어 정신이 없었죠. 저녁 식사 후 오빠와 같은 방에서 텔레비전을 보았는데 갑자기 방 전체가 검은 연기 같은 기운으로 꽉 차는 듯한

어 있다.

[*] 김영우, 『빙의는 없다』, pp.166~169.

기분이 들면서 견딜 수 없이 무서워져 저도 모르게 비명을 질렀어요. 오빠도 제가 느낀 것과 같은 이상한 기운을 느꼈대요. 그 이후 계속 불안하고 무서워 잠을 제대로 못 잤어요. 여러 가지 악몽에 시달리고 자주 깨면서 불안하고 무서워서 잠을 제대로 못 잤어요. 그때부터 오른쪽 어깨와 팔이 아프기 시작했어요. 이유도 없이 불안하고 두려운 마음이 없어지지 않아 직장도 그만두었어요. 이대로는 정말 살 수 없을 것 같아요."

김 박사는 어린 시절의 성격과 경험, 가정환경과 가족관계에 대해 이 양이 알고 있는 범위 내에는 병의 원인이 될 만한 갈등과 충격적인 사건은 없었고 최면치료를 진행해야 정확한 원인에 대한 진단이 가능할 것으로 판단했다.

김 박사: 자기 몸과 주변을 잘 살펴보세요. 특히 오른팔과 어깨 중심으로 뭔가 이상한 것이 있는지 살펴보세요.

이지숙: (작고 떨리는 목소리로) 그 아저씨예요. 돌아가신 그 아저씨가 보여요.

김 박사: 그 사람이 무엇을 하고 있죠?

이지숙: (놀라고 두려운 듯) 몹시 화가 난 표정이에요. 한 손으로 제 오른팔을 움켜쥐고 있어요. 다른 손으로는 그때 사고로 죽은 남자아이의 손목을 잡고 있고요. (믿기 어려운 듯) 그 아이도 같이 있네요. 아이 얼굴에 자동차 바퀴 자

국이 나 있어요.

김 박사: 그가 왜 화가 났든지, 거기서 뭘 하는지 물어봐요.

이지숙: (흥분한 목소리로) 저를 데려가려고 하는데 선생님 때문에 그렇게 할 수 없게 되었다고 화를 내고 있어요. '왜 자기를 방해하느냐?'면서 무섭게 찡그린 얼굴로 투덜대고 있어요.

김 박사: 어디로 데려가려고 하는 거죠? 왜 데려가려고 하나요?

이지숙: 저 세상이요. (두려운 듯) 제게 무척 화가 나 있어요. 제가 뭔가 자기한테 잘못한 일이 많다고 하네요.

김 박사: 그 사람이 잡고 있어서 오른팔이 아픈가요?

이지숙: (강하게) 네.

김 박사: 불안과 공포도 그 사람 때문인가요?

이지숙: 네.

김 박사: 그에게 이러면 안 된다 말해주고, 빨리 자기가 가야 할 곳으로 가라고 하세요.

이지숙: (잠시 후 밝은 목소리로) 투덜거리면서 가고 있어요.

김 박사: 어디로 가고 있죠?

이지숙: (흥분한 어조로) 그 아이 손을 잡은 채 점점 멀어져 가고 있어요. 하늘로 올라가는 것 같아요. 저한테 미련이 남은 듯 자꾸 뒤돌아보면서.

김 박사: 이제 기분이 어때요?

이지숙: (밝은 목소리로 들뜬 듯) 아주 홀가분해요. 마음도 편하고,

팔도 이젠 전혀 안 아파요.

　최면에서 깨어난 이지숙 양은 그토록 오랫동안 괴롭혔던 팔의 통증이 쉽게 완전히 사라진 사실이 믿기지 않는 듯 어깨와 팔을 몇 번이나 만져보며 신기해했다.

　"정말 믿을 수가 없네요. 팔이 아무렇지도 않아요. 전혀 아프지도 않고 무겁지도 않아요. 가슴이 늘 답답했는데 그것도 없어졌고요. 불안하거나 두렵지도 않아요. 가끔 저 혼자 멍하니 있을 때, 죽은 그 아저씨의 무서운 얼굴 표정이 떠오른 적이 있었는데, 이제 생각해보니 그 아저씨 영혼이 제 몸 안에 들어와서 오른팔을 꽉 잡고 놔주지 않아서 팔이 아팠나 봐요. 선생님이 팔을 놓고 가라고 했을 때, 무척 화를 냈지만 곧 체념하더군요. 어쩔 수 없다는 표정이었어요. 정말 신기해요. 친척 아이의 손을 잡고 점점 멀어지는 장면이 너무 또렷이 보였어요. 어떻게 이럴 수가 있죠?"

영국 루크 필즈의 작품 '의사' (1891년) 의자 두 개를 붙여 만든 임시 침대 위에서 아이는 왼손을 축 늘어뜨린 채 죽어가고 있다. 치료방법을 찾지 못한 의사는 턱에 손을 괴고 근심이 가득한 얼굴로 지켜보고 있다. 의사는 램프의 불빛이 비추는 가운데 뜬눈으로 밤을 새운 것이다. 아이의 엄마는 책상에 얼굴을 파묻고 흐느끼고 있고, 남편은 선 채로 아내의 어깨에 손을 대며 위로한다. 1877년 필즈의 아내가 아들 필립을 낳았지만, 병으로 죽었다. 이때 밤새 고통을 함께해 준 헌신적인 의사 구스타프 머리를 그림으로 표현한 것이다.

5장
『티베트 사자의 서』

『티베트 사자의 서』라는 책은 독특한 내용을 담고 있는 문헌이다. 이 책은 티베트에서 오래 전부터 전해 내려오는 죽음 이후의 상황에 대해서 상세하게 기록한, 일종의 사후세계에 대한 안내서 같은 성격의 책이다. 어떤 사람이 죽어갈 때 또는 죽은 이후에 스승이나 주위 사람이 그를 위해 읽어주는 책이다. 티베트인들은 죽은 사람의 시신 옆에서 그의 귀에 대고 이 책을 읽어준다. 시신이 없으면 죽은 사람이 쓰던 침대나 의자 옆에서 그의 영혼을 불러, 그 영혼이 옆에서 듣고 있다고 상상하면서 읽어준다. 티베트인들은 죽어가는 사람 혹은 이미 죽은 사람이 들을 수 있다는 것을 자명한 사실로서 전제하고, 이 책을 죽어가는 사람에게 들려준다.

우리에게 잘 알려진 『티베트 사자의 서』의 원래 제목은 '바르도 퇴돌 첸모(Bardo Tödrol Chenmo)'이다. "바르도 상태에서 가르침을 들음으로써 위대한 해탈을 성취한다(Great Liberation through

Hearing in the Bardo)"는 뜻이다. '바르도'라는 개념은 티베트인의 생사관에서 매우 중요한 용어이다. '바르도'의 '바르(Bar)'는 '사이'를 뜻하고 '도(Do)'는 '매달린' 혹은 '던져진'이라는 뜻이다. 따라서 '바르도'란 하나의 상황의 완성과 다른 상황의 시작 사이에 걸쳐 있는 '과도기' 혹은 '틈'을 의미한다. 인간은 삶과 죽음 사이에 걸쳐 있는 과정적 존재라는 뜻이다.

삶과 죽음을 포괄하는 4가지 바르도

바르도는 티베트인들이 일반적으로 죽음과 다시 태어남 사이의 중간상태를 가리키는 말로 사용하기도 하지만, 그 속에는 훨씬 깊고 넓은 의미가 담겨 있다. 티베트인들은 바르도를 4단계로 나누어 설명한다. 첫째 삶, 둘째 죽어가는 과정, 셋째 죽음 이후, 넷째 환생이라는 4가지 바르도가 그것이다.*

티베트어 바르도 개념은 우리가 알고 있는 삶, 그리고 죽음의 범위에 한정되지 않는다. 우리는 자신의 삶만 알고 있을 뿐, 죽음의 과정이라든가 죽음 이후에 대해 말할 수 없다. 그러나 바르도 개념은 우리가 살고 있는 바로 지금의 이 삶만이 아니라 죽어가는 과정, 죽음 이후, 다시 태어나는 바르도까지 포함해 말하고 있다. 4가지 바르도 개념에 비추어볼 때 죽음이 끝이 아니라는 말은 더 이상 재

---

* 소걀 린포체, 『티베트의 지혜』, pp.179~182.

티베트의 4가지 바르도	
1 '지금 삶이라는 일상적인 바르도'	태어난 이후 죽을 때까지 기간, 바로 우리가 살아가고 있는 지금을 가리킨다. 일반적으로 우리가 알고 있는 바르도는 이것뿐이고, 나머지 세 가지 바르도는 우리가 잘 알지 못한다.
2 '죽어가는 고통스러운 바르도'	죽어가는 과정이 시작된 직후부터 '내적인 호흡'이 끝날 때까지 지속. 이 바르도는 죽음의 순간에 '근원적 광명'이라 불리는 마음의 본성이 떠오르면서 절정에 달하게 된다.
3 '다르마타라 일컬어지는 밝게 빛나는 바르도'	마음의 본성이 밝게 빛을 내기 시작하는 죽음 이후 모든 경험을 포함한다. '밝은 빛'은 소리, 색채, 빛깔을 지닌다.
4 '업에 따라 다시 생성되는 바르도'	우리가 환생하는 순간까지 지속되는 시간을 말한다.

론할 필요조차 없다. 따라서 티베트에서는 죽는다고 다 끝나는 게 아니라는 사실을 누구나 상식으로 받아들이고 있다. 티베트인들은 이처럼 삶과 죽음에 대한 확고한 생사관을 통해 죽음을 끝이 아니라고 보기 때문에 전혀 죽음을 두려워하지 않는다. 죽음을 자연스럽게, 당연히 지나가야 할 하나의 과정으로 받아들인다.[**]

[**] 오진탁, 『죽으면 다 끝나는가』 제2부 2장 '죽음을 알면 삶에 보다 충실할 수 있다' 참조.

죽어가는 사람에게 읽어주는 『티베트 사자의 서』

티베트인들은 죽어가는 임종과정이 거의 끝날 무렵 임종자의 귀에 대고 다음과 같이 말해준다. 임종하는 사람의 귀에 가까이 대고 분명하고 정확하게 반복해서 말해준다.

"그대의 마음이 흐트러지지 않도록 의식을 집중하라. 죽음이라 불리는 것이 이제 그대에게 다가왔다. 그러니 이와 같이 결심해라. '아, 지금은 죽음의 때로구나. 나는 이 죽음을 이용해 허공처럼 많은 생명을 가진 모든 것에게 사랑과 자비의 마음을 가지리라. 그리고 완전한 깨달음을 얻기 위해 노력하리라. 비록 내가 깨달음을 이루지 못하더라도 사후세계만은 정확하게 지각하리라. 사후세계에서 존재의 근원과 하나가 되리라.'"*

티베트인들은 이 문구를 임종자에게 들려줌으로써 임종자의 마음이 단 한순간이라도 흐트러지지 않도록 확실한 인상을 심어주어야 한다고 믿고 있다. 사자死者는 생명이 끊어져 영혼이 몸 밖에 나왔을 때 '자기가 살아 있는 것인지, 죽은 것인지' 반문하게 된다. 죽은 당사자는 자기가 어떤 상태에 있는지 확신하지 못한다. 왜냐하

---

* 　파드마삼바바, 류시화 옮김, 『티벳 사자의 서』, 정신세계사, 1995. pp.245~ 247.

면 사자는 살아 있을 때와 마찬가지로 가족과 친구들을 여전히 볼 수 있기 때문이다. 사자는 그들을 볼 수도 있고 그들의 말을 들을 수도 있다. 하지만 가족과 친구들은 사자를 볼 수도 없고 사자의 말을 들을 수도 없기 때문에 죽은 자는 실망하게 된다. 이때 그의 귀에 대고 다음 내용의 『티베트 사자의 서』를 읽어준다.

"이제 죽음이 그대에게 찾아왔다. 그대는 이 세상으로부터 벗어나고 있다. 하지만 그대만이 유일하게 이 세상으로부터 떠나는 것은 아니다. 죽음은 누구에게나 찾아온다. 이 세상의 삶에 애착을 갖거나 집착하지 말라. 그대가 마음이 약해져서 이 세상에 남겨둔 것에 아무리 집착할지라도 그대는 이제 여기에 머물 힘을 잃었다. 그대가 이 세상에 대한 집착을 버리지 않는다면, 그대는 윤회의 수레바퀴 아래에서 헤매는 것밖에 아무것도 얻을 게 없다. 그러니 마음을 약하게 먹지 마라. 다만 진리, 진리를 깨달은 자, 그를 따르는 구도자들을 기억하라.

그대의 마음과 육체가 분리되어 있는 이때, 당황하거나 두려워하거나 무서워하지 마라. 아! 고귀하게 태어난 자여, 지난 사흘 반 동안 그대는 기절상태에 있었다. 기절상태에서 깨어나자마자 그대는 '나에게 무슨 일이 일어난 것일까?' 생각할 것이다. 그대는 지금 사후세계에 있다. 지금 그대의 눈에 보이는 모습들은 모두 빛의 몸을 하고 있고 천신들의 형상을 하고 있을 것이다."*

티베트의 바르도 가르침은 우리가 미리 죽음을 준비할 때 일어나는 것과, 아무런 대비도 하지 않을 때 닥치는 것의 차이를 명확하

---

* 『티벳 사자의 서』, pp.263~269.
티베트 불교에서는 수행이 원만한 수행자가 사망하면, 의식이 한동안 육신에 머물며 삼매에 드는 현상이 있다. 미세한 의식이 육신에 머무는 동안 의학적으로 사망했더라도, 사망의 징후가 보이지 않는다. 2020년 12월 11일 외신은 사후삼매에 든 티베트 스님에 대해 특별 보도했다. 11월 21일, 남인도 티베트 망명촌에 소재한 간댄사원에서 게쎼 땐빠 다르곌 스님이 세수 87세, 법랍 67세를 일기로 입적했다. 간댄사원 측은 "다르곌 스님은 티베트 망명 1세대로, 동부티베트 따우 지역 출신의 게쎼(한국식으로 하면 불교학박사)이다. 살아생전 많은 제자들을 키우신 학승이다. 바쁜 일정 속에서도 매일 명상과 간경을 쉬지 않으신 스승"이라고 전했다. 살아생전 머물던 요사채에서 입적한 스님의 법구는 장례준비를 위해 입적한 장소에서 그 상태 그

게 제시해준다. 만일 우리가 아직 살아 있는 지금, 죽음을 받아들이지 않는다면 우리는 삶을 통해, 죽음의 과정에, 그리고 죽은 이후에 값비싼 대가를 치르게 된다. 바로 지금 이 삶에서 죽음을 받아들이지 않을 경우 지금의 삶과 앞으로 다가올 모든 삶은 황폐해지고 우리는 삶을 온전하게 살 수 없게 된다. 우리는 죽어야만 하는 우리 자신, 바로 그 상태에 갇혀버리고 만다. 이러한 무지로 인해 우리는 끝없는 환상의 나락, 생사의 끝없는 순환, 붓다가 윤회라고 일컬은

대로 모셔졌다. 방에는 특별한 냉방시설이 없었으며 시신 역시 부패방지처리 등 인위적인 조치가 취해지지 않았다. 그러나 장례준비와 기도를 위해 법구를 확인한 스님들에 의해 스님이 사후삼매에 든 것으로 확인되었다. 티베트 불교에서 사후삼매는 '툭담'이라고 불리며 '마음이 삼매에 들었다'는 뜻이다. 육신은 의학적으로 사망선고를 받았으나, 수행자의 의식이 아직 몸 안에 남아 깊은 삼매에 들어 있는 상태를 말한다. 이 경우 시신에는 사후 경직, 부패 등의 사망 징후가 보이지 않고 며칠, 혹은 몇 주 동안 보존 처리하지 않아도 생전과 동일한 모습을 유지한다. 스님이 입적한 남인도의 간댄사원은 현재 평균 20도 이상의 온도가 유지되며 한 낮에는 30도 가까이 올라간다. 그러나 현재 스님의 법구는 20일 넘게 사후삼매 상태를 보이고 있으며 사후 경직이나 부패의 증상이 발견되지 않고 있다. 스님의 사후삼매가 지속됨에 따라 2020년 12월 10일 간댄사원은 공식적으로 스님의 삼매상태를 인정하고 공표하였다. 또 티베트 불교계에선 2020년 3월과 7월에 티베트와 대만에서 각각 비구니 스님과 비구 스님이 사후삼매에 든 사례가 보고되었다. 3월 티베트에서 입적한 비구니 스님의 법구는 그 크기가 생전의 3분의 1로 줄어들었고, 대만에서 입적한 스님은 28일간 사후삼매에 들어 있었다.(현대불교신문, 2020. 12. 22)

고통의 바다에 떨어지게 된다.

　　그러나 바르도 가르침의 근본 메시지는 우리가 죽음을 제대로 준
비한다면 삶과 죽음 모두에 커다란 희망이 아직 남아 있다는 것을
명확하게 전해준다. 바르도 가르침은 우리에게 지금 살고 있는 이
곳에서 놀랍고도 영원한 자유를 얻을 수 있는 방법을 제시해준다.
그런 자유는 우리의 준비 여하에 따라 우리 자신의 것이 될 수도 있
다. 죽음도 선택할 수 있고 삶 역시 선택할 수 있는 그런 자유를 성
취할 수 있다. 죽음을 준비하고 수행을 닦은 사람에게 죽음은 패배
가 아니라 승리, 삶의 가장 영광스러운 성취의 순간이다.[*]

---

[*]　　소걀 린포체, 『티베트의 지혜』, p.36.

6장

기독교와 불교

마티스 그뤼네발트(1470~1528), '작은 그리스도 십자가상'

종교에서는 죽음 이후에 대해 다양하게 이야기하고 있다. 기독교에 의하면 영원한 생명은 이 세상에서부터 이미 시작되었다고 한다. 이 세상의 생명과 사후의 생명은, 예를 들어 서양 고전음악에서 서곡序曲과 그에 이어지는 오페라처럼 밀접한 관계가 있다고 생각된다. 기독교인에게 있어서 죽음이란 다시 되돌릴 수 없는 종말이 아니라 새 생명의 시작이다.

예수 그리스도가 십자가에 못 박혀 죽임을 당했지만 그 죽음으로부터 초월해 부활한 것처럼, 사후에 천국에서 먼저 죽은 사랑하는 사람들과 다시 만나고, 다 함께 신의 무한한 사랑에 감싸인 채 삶을 계속 이어가리라는 희망이 기독교 신앙의 근저에 있다. 따라서 성경은 죽음에 관해 체념하는 식의 가라앉은 말이 아닌, 기쁨으로 충만한 표현을 쓰면서 사람들에게 말을 전한다. "나는 부활이요, 생명이니라. 나를 믿는 자는 죽더라도 살 것이요, 살아서 나를 믿는 자, 누구든지 영원히 죽지 않을 것이다."* 예수의 이 말은 죽음에 임하는 기독교인들에게 있어서 위안으로 가득 찬 메아리로 울려 퍼지리라고 생각된다.

---

* 『성경』,「요한복음」 11:25.

"죽음이란 육신의 죽음일 뿐이지 영혼은 계속 유지됩니다."

인도의 거리에서 죽어가는 사람들을 위해 '니르말 흐리다이'('순결한 마음의 장소'라는 뜻으로, 죽어가는 사람들을 위한 집)를 짓기도 했던 마더 테레사 수녀는 사람들이 죽는 모습을 누구보다 많이 보신 분이다. 테레사 수녀는 그들을 보며 무엇을 생각했을까? 수녀에게 죽음이란 무엇일까?

"죽음은 고향으로 가는 것입니다. 사람들은 죽으면 어떻게 될지 두렵기 때문에 죽기 싫어합니다. 죽음이 무엇인지 안다면 죽음을 두려워하지 않을 것입니다. 죽어가는 사람은 '좀 더 좋은 일을 했어야 하는데'라는 식의 자책도 있습니다. 우리가 살아왔던 방식 그대로 죽어가는 사례를 보게 되기도 합니다. 죽음은 삶의 계속이고 완성입니다. 죽음이란 육신의 죽음일 뿐이지 영혼은 계속 유지됩니다. 사람은 결코 죽지 않습니다. 종교마다 내세를 말하고 있습니다. 현세가 마지막이라고 믿는 사람은 죽음을 두려워합니다. 죽음은 고향으로 하느님을 찾아가는 것임을 올바로 이해하기만 한다면 죽음에 대한 두려움은 사라질 것입니다."**

테레사 수녀에게 있어서 죽음이란 고향으로 하느님을 찾아가는

** 　신홍범, 『마더 테레사: 그 사랑의 생애와 영혼의 메시지』, 두레, 1997. p.96.

마티스 그뤼네발트, '부활'

것이다. 죽으면 어떻게 될지 사람들은 잘 모르지만, 죽음이란 육신의 죽음일 뿐이지 영혼은 계속된다는 것을 분명하게 안다면, 죽음에 대한 두려움은 사라질 것이라는 것이다.

정진석 추기경에게 '죽음'과 '부활'에 담긴 뜻을 물었다.

"성탄은 시작이고 부활은 완성이므로, 부활절의 의미가 더 깊다. 예수의 부활은 육신의 부활이 아니다. 예수의 부활은 영혼의 부활이다. 육신은 물질이므로 흙으로 돌아간다. 그러나 부활한 영혼의 육신은 비물질이다. 현세의 육신과는 다른 차원이다. 하느님은 사람들이 육신과 영혼이 결합한 상태로 세상에 존재하게 했다. 죽음은 영혼이 육신을 떠나는 것이다. 우리 육신은 썩어 다시 물질세계로 돌아간다. 부활한 생명은 다시는 죽지 않는다. 그러니 부활한 육신은 현세의 육신과 다르다. 물질은 변화가 있고, 영원은 변화가 없다. 그래서 영혼도 비물질이고, 부활한 영혼이 결합하는 육신도 비물질이다."*

기독교에 따르면 죽음은 삶의 끝이 아니라 새로운 생명, 영원한 생명의 시작을 의미한다. 시작의 의미는 우리가 온 곳으로 다시 돌아간다는 뜻이다. 종교마다 영혼이나 죽음에 대해 이해와 해석은 조금씩 차이가 나기는 하지만, 불교도 "죽음은 끝이 아니다"고 말

---

* 중앙일보, 2010년 4월 1일.

하고 있으므로, 죽음으로 모든 게 끝나는 것은 아니라는 점에서는 일치된다.

불교는 흔히 죽음이란 육신이 낡아서 옷을 갈아입는 것이라고 설명한다. 죽음은 육신의 죽음일 뿐이고 영혼은 다른 세상으로 떠난다는 것을 전제로 불교 49재는 성립된다. 불교의 49재는 죽은 영혼에 초점이 맞추어져 있다. 죽음으로 다 끝난다면 49재를 지낼 이유가 없다. 육체가 죽으면 영혼은 시신에서 벗어나 다른 세상으로 떠나므로, 49재를 지내는 것이다. 49재는 죽는다고 다 끝나는 게 아니고 죽은 이후 영혼이 남는다는 불교의 죽음 이해를 반영하고 있다. 불교의 49재는 다음 5가지 과정으로 진행된다. 1) 죽은 영혼을 맞이한다, 2) 영혼의 업을 정화시킨다, 3) 영혼의 극락왕생을 기원한다, 4) 영혼에게 불교 가르침을 전한다, 5) 영혼을 다른 세상으로 떠나보낸다.[*]

법정 스님이 임종하기 전날 말했다. "지금 내 소원이 뭔지 알아? 사람들에게 폐 끼치지 않고 하루 빨리 다비장 장작불에 올라가는 거야!", "생명의 기능이 나가버린 육신은 보기 흉하고 이웃에게 짐이 되므로, 조금도 지체할 것 없이 화장해주면 고맙겠다. 육신은 내가 벗어버린 헌 옷이나 다름없다. 아무데서나 다비해도 무방하다." 스님이 죽고 난 뒤에 관을 만들지 말고, 사리도 수습하지 말고, 만장도 만들지 말고, 영결식도 못하게 유언한 것도 같은 맥락이다. 불

---

[*] 오진탁, 『죽으면 다 끝나는가』 제2부 1장 '49재, 생사학으로 읽다' 참조.

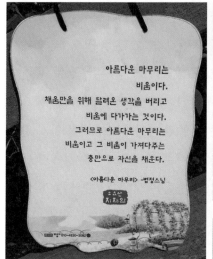

아름다운 마무리는
비움이다.
채움만을 위해 달려온 생각을 버리고
비움에 다가가는 것이다.
그러므로 아름다운 마무리는
비움이고 그 비움이 가져다주는
충만으로 자신을 채운다.

<아름다운 마무리> -법정스님

아름다운 마무리는
살아온 날들에 대해
찬사를 보내는 것,
타인의 상처를 치유하고
잃어버렸던 나를 찾는 것
그리고 수많은 의존과 타성적인
관계에서 벗어나 홀로 서는 것이다.

<아름다운 마무리> -법정스님

법정 스님의 다비식

교의 고향, 인도에서 하던 대로 육신을 바람에 날려 보내도록 했다.

　스님은 관도, 수의도 없이 평소에 입던 가사 그대로 걸치고 좁은 평상에 누운 채로 다비의 불길에 들어갔다. 그 흔한 꽃도, 만장도, 추모사도, 임종게臨終偈도, 아무것도 없었다. 스님은 '무소유'를 평생 설파했고, 마지막 가는 길에서도 그 길을 좇았다. "우리는 필요에 의해서 물건을 갖지만, 때로는 그 물건 때문에 마음이 쓰이게 된다. 따라서 무언가를 갖는다는 것은 다른 한편으로 무언가에 얽매인다는 것, 그러므로 많이 갖고 있다는 것은 그만큼 많이 얽혀 있다는 뜻이다." 소유하지 않는 것이 무소유가 아니라, 불필요한 것으로부터 자유로워지는 것이 무소유라고 스님은 말했다. 스님이 남긴 무소유, 그 텅 빈 충만은 신선하고 활기 있는 큰 울림으로 우리 곁에 남아 있다.

"영혼은 우리 눈에 보이지 않아도 분명히 존재하는 생명입니다."

청화(清華, 1923~2003) 스님은 '영혼이 어디 있을까?' 의심하게 되는 이유는 사람의 눈에 보이지 않기 때문이라면서, 영혼이 우리 중생의 제한된 육안肉眼에는 보이지 않아도 천안天眼, 불안佛眼, 법안法眼으로 본다면 분명 존재하는 하나의 생명이라고 말한다. 우리는 살았을 때 '자기 육신'에 집착하지만, 사람이 죽어 법당에서 관욕灌浴을 할 때 영혼이 분명히 몸을 완전히 벗어버린 것을 스님은 직접 느꼈다고 말한다.

"지금 우리 중생의 눈에는 안 보인다 하더라도, 영혼들은 지금 이 자리에 오셔서 천도법어를 듣고 계십니다. 인연 따라 과거에 지은 업의 힘으로 인해 한동안 사람의 몸을 받았다 해도 인연이 다하면 사람 모양이 사라집니다. 사람 몸이 사라진다 해도 생명 자체가 죽는 것은 아닙니다. 지금 천도 받는 영혼들이시여! 금생에 인연 따라 사람으로 태어나셨다가 인연이 다해 다시 저승길로 가신 것입니다. 저 저승길은 어두운 세계입니다. 사람도 어두운 밤길을 갈 때에는 등불이 없거나 안내인이 없으면 헤매기도 합니다. 죽음의 길도 그와 똑같아서 한 번 죽어서 갈 길을 모르면 굉장히 괴롭습니다. 몇 십 년 동안 그 몸을 아껴왔으나 죽은 뒤에 몸뚱어리가 화장되면 재가 되고, 땅에 묻으면 다시 흙으로 돌아갑니다. 번뇌를 벗어나지 못하고 지혜가 밝지 못한 중생은 죽은 뒤에도 평소에 쓰던 육신에 집착하게 됩니다. 그러나 영혼들이 쓰시던 마음은 육신과 함께 죽는 게 아닙니다. 마음은 참다운 생명입니다. 몸은 뜬구름 같고 거품같이 한동안 인연 따라 모였다가 인연이 다하면 흩어지게 됩니다. 집을 지을 때 나무, 흙이것저것 다 모아서 집을 짓습니다. 시간이 흘러 집이 파괴되면 집은 흔적도 찾을 수 없습니다. 마찬가지로 사람의 육신도 지수화풍地水火風 사대四大가 모여 형상을 이루었다가 인연이 다하면 몸은 사라지게 마련입니다."[*]

---

[*] 청화, 『영가천도법어』, 광륜출판사, 2009, p.138.

성전 스님은 "도인을 모시고 싶다면 곡성 태안사로 가라"는 말을 듣고 1988년 태안사로 갔다. "태안사 도착해 청화 스님께 인사드렸다. 그렇게 맑고 밝은 눈빛을 가진 사람은 처음 보았다. 마른 체구였지만 스님의 몸과 눈에서 빛의 입자가 떨어졌다. 스님의 눈과 마주치는데 신비함과 함께 환희심이 솟아났다."*

성전 스님은 출가해 태안사에서 행자생활을 했다. 당시 태안사에는 많은 사람들이 모여들었다. 수많은 재를 준비하는 것도 당연히 행자의 몫이었다. 떡도 직접 만들었는데 어느 날 청화 스님이 대중들을 불러 모았다. "자네들 눈에는 안 보일지 모르지만, 내 눈에는 보이네. 굶주리고 힘들어하는 영가靈駕들이 눈에 보인다네. 우리가 영가들을 소홀히 대접하면 안 된다네. 신심으로 정성껏 음식을 준비하소." 청화 스님 말씀을 듣는 순간, 성전 스님은 머리가 땅했다.

---

* 청화 스님을 직접 친견한 사람들의 증언. "'눈 푸른 납자'(碧眼衲子)라는 말이 있다. 진짜 눈 푸른 납자를 보았다. 청화 스님의 눈에서 푸른빛이 나오고 있었다. 말 그대로 형형했다. 그 빛나던 순간을 잊을 수 없다." "온 얼굴에서 깨끗한 빛이 나는 것을 처음 목격했다." "1989년 태안사에 도착해 스님이 주석한 토굴로 갔다. 스님께서 문을 열고 나오는데 모습 전체가 '황홀함' 그 자체였다. 아주 짧은 순간 나를 바라보는 눈빛이 바위를 뚫고 나갈 것 같았다. 부드러우면서도 강한 그런 눈빛은 처음이었다. 지금 생각하면, 그때 스님께서는 내 모든 것을 보셨던 것 같다. … 짧은 시간에 정말 여러 생각이 들었다. '저렇게 아름다운 사람이 있구나. 도인이 실제로 있구나' 하는 것을 느꼈다." (유철주, 『위대한 스승, 청화 큰스님』, 상상출판, 2017, pp.155, 226, 254~255)

죽비로 한 대 맞은 것 같았다. 도인의 눈에는 우리가 보지 못하는 것을 본다는 생각을 했다. 눈에 보이는 것이 전부가 아니라는 사실을 확인한 것이다.**

** 유철주,『위대한 스승, 청화 큰스님』, pp.154~158.
청화스님은 곡성 태안사에 1985년부터 10여년 주석했다. 태안사 계곡은 전쟁 때 사람이 많이 희생된 곳이었는데, 스님은 아군과 적군 모든 영혼들의 극락왕생을 기원했다. 사람 눈에는 보이지 않지만, 영혼들이 많다면서, 죽어서 갈 곳을 찾지 못하고 구천을 헤매는 불쌍한 중생들을 위해 천도를 많이 해야 한다고 했다.

7장
임사체험자의 증언

임사체험자들이 증언하는 죽음 이후의 세계가 최근 새롭게 관심을 끌고 있다. 영어로 'Near-Death Experiences'라고 부르는 임사체험臨死體驗은 한마디로 임상적으로 죽음 판정을 받았다가, 얼마 뒤 알 수 없는 이유로 다시 되살아나 그 기간 동안 겪은 경험을 말한다. 임사체험 연구는 서양에서 50여 년 전부터 시작되어 전 세계에 수천만 건에 이르는 다양한 체험 사례가 수집되었고, 국제임사체험학회까지 결성되어 활동을 하고 있다. 1975년 미국의 레이몬드 무디 교수가 『삶 이후의 삶(*Life After Life*)』을 출간한 이후 많은 전문가가 연구 작업을 진행하고 있다.*

퀴블러-로스에게 임사체험을 증언했던 첫 번째 사례는 슈바르츠

---

* 레이먼드 A. 무디, 서민수 옮김, 『삶 이후의 삶』, 시공사, 1995.

부인이었다.** 슈바르츠 부인은 위독한 상태에서 미국 인디애나주 지방병원 응급실에 입원했을 때 임사체험을 했다. 개인 병실에 입원한 그녀는 막내아들을 위해 남편과 한 번 더 싸워야 할지, 아니면 베개에 등을 대고 이 껍질(육신)을 벗어버릴지 생각하고 있을 때, 간호사가 병실에 들어와 그녀를 한번 바라보고 나가는 것을 보았다. 바로 그 순간 그녀는 차분하고 평온하게 침대 위로 날아올라 육체 주위를 떠돌고 있는 자신을 발견했다. 그녀는 경외감과 놀라움을 느꼈지만 두렵거나 불안하지는 않았다. 그녀는 병실로 들어오는 환자 소생팀을 지켜보았는데, 맨 처음 들어온 사람과 마지막에 들어온 사람이 누구인지 소상히 알고 있었다. 그녀는 그들이 하는 생각과 대화를 완전하게 알 수 있었다. 그때 그녀가 갖고 있던 유일한 바람은, 자신은 괜찮으니 걱정하지 말고 휴식을 취하라는 것이었다. 그러나 그녀가 그들에게 필사적으로 자기의 뜻을 전하려 하면 할수록, 그들은 더욱 열심히 그녀의 육신을 회복시키려 했다. 그들이 소생을 시도한 지 45분 후 그녀는 사망선고를 받았다. 그러나 얼마 지나 그녀는 다시 소생해 병원 관계자들을 놀라게 했다. 다시 살아난 이후 1년 반 더 살았던 그녀는 퀴블러-로스의 세미나에서 임사체험 경험을 들려주기도 했다.***

** 슈바르츠 부인은 죽은 이후 다시 퀴블러-로스 앞에 나타났다. 본서 아래 8장 "슈바르츠 부인이 다시 찾아오다" 참고. (퀴블러-로스, 『사후생』, p.55)

*** 퀴블러-로스, 『사후생』, p.56.

히에로니무스 보스(네덜란드, 1450~1516), '최후의 심판'. 아랫부분은 지
상의 삶을 그렸고, 중앙에는 임사체험자가 증언하는 터널이 보인다. 터널
안에는 천사들이 보이고, 터널 안은 밝은 빛으로 감싸여 있다.

의학적으로 죽은 상태에서 임사체험을 경험하다

임사체험에 부정적인 의견을 피력하는 과학자들은 임사체험이 뇌 안에서 일어난 현상이라고 말한다. 현대 과학이나 의학은 "뇌가 의식을 만든다"는 의견을 갖고 있다. 뇌의 활동이 멈추면 무언가를 보고 듣는 의식 활동은 있을 수 없다는 뜻이다. 그러니까 임사체험도 뇌 안에서 발생한다고 주장한다. 뇌의 측두엽에 전기 자극을 가하면 환자가 빛을 보기도 하고, 저산소증의 경우 혹은 마취제나 환각제를 투여할 경우에도 임사체험을 한다고 주장한다. 수잔 블랙모어(심리학자, 생리학자)는 임사체험과 유체이탈은 뇌의 기능 중 하나일 뿐 몸 밖에서 자신을 본다는 것은 환상으로, 임사체험은 뇌 기능과 화학 현상으로 설명이 가능하다고 주장한다.

그러나 지금까지 뇌가 기억과 의식을 만들어낸다고 간주했지만, 네덜란드의 핌 반 롬멜 박사(신장 전문의학자, 뇌 전문가)는 임사체험 연구를 하면서, 뇌의 기능이 정지된 이후에도 영혼이 살아 있다는 결과를 제시하고 있다. 정신과 의사 피터 팬윅 박사도 말한다. "심장마비가 발생하면 뇌의 기능이 곧 멈춘다. 뇌가 멈추면 경험도 없어진다. 하지만 경험이 없어지지 않으면 뇌와 마음은 일치하지 않는 것이다."

그러면 뇌가 기능을 멈춘 상황에서 임사체험을 경함한 사례는 없는가. 팸 레이놀즈는 수술실에 들어간 기억이 나지 않는다. 담당의사 스페츨러 박사도 기억나지 않는다. 전혀 기억이 없다. 팸 레이놀

즈는 뇌수술 중 심장이 정지된 상태의 의학적 사망상태였기 때문이다. 그러던 중 갑자기 불쾌한 소리가 나며 몸 밖으로 튕겨져 나가면서 육신에서 벗어나는 체험을 했다.* 아래를 내려다 보았더니 육신이 보였다. 그는 의사 어깨에도 앉아 있었고 의사 손에 있던 수술도구도 보았다. 수술을 받는 동안 수술진이 나눈 대화, 수술실에 틀어 놓았던 음악, 수술기구 등을 정확하게 기억했다. 그는 톱이라는 말을 들었다. 의사가 톱으로 두개골을 절개하려는 것 같았다.

심장내과 전문의 마이클 세봄 박사는 팸의 임사체험 사례를 조사하기 위해 스페츨러 박사를 인터뷰하러 갔다. 수술기록을 보고 실제로 팸이 유체이탈 중에 본 것이 실제로 일어난 일과 정확히 일치한다는 사실을 알았다. 자신의 두개골을 절개한 절단기도 팸은 기억하고 있었다. 팸은 수술 중 의료진의 대화를 들었는데 대화 내용을 정확히 기억하고 있었다. 당시 수술실에서 무슨 일이 있었는지, 팸이 심장이 정지된 상태에서 정확하게 들었다는 것은 유체이탈이 존재한다는 뜻이다. 기본적인 삶과 죽음의 징후들이 의학적으로 철저히 모니터링 되는 순간에 일어난 전형적인 임사체험이다. 의학적인 죽음상태에서 일관된 인지와 기억을 유지한 것은 마음과

---

* "작은 불빛이 보였다. 그 빛이 몸을 잡아당겼다. 빛을 향해 나아갔다. 빛에 가까이 갔더니, 먼저 죽은 할머니가 불렀다. 39살 때 죽은 삼촌도 만났다. 삼촌은 살았을 때 그녀에게 기타를 가르쳐주었다. …… 그때 돌아갈 시간이라는 것을 알았다. 삼촌이 그녀에게 돌아가라고 했다. 돌아가기 싫었지만 삼촌이 그녀를 밀었다." BBC 'The day I died', 2004년.

뇌가 분리될 수 있음을 암시한다. 팸의 임사체험이 심장이 정지되고 뇌파도 없는 상태에서 일어났다는 사실은 당시 모니터 기록으로도 확인되었다.**

시각장애인이 임사체험을 하는 동안 빛과 색을 감지하는 사례도 매우 흥미롭다. 2004년 영국 BBC에서 제작한 다큐 '내가 죽던 그 날'은 시각장애인 메기 노라투크의 임사체험을 소개한다. 그녀는 선천적 시각장애인으로 빛이나 그림자를 본 적이 없다. 그녀는 20대 초반 교통사고로 심한 부상을 입어 응급실에서 심폐소생술을 받는 도중 육신에서 벗어나게 되었다.

"정신을 잃고 병원에 실려 갔을 때, 결혼반지와 머리 모양을 본 순간 '저건 나잖아? 내가 죽은 건가?' 하는 생각이 들었다. 의사들이 내 심장이 멈추었다고 필사적으로 애를 쓰는 동안 육신에서 분리되는 느낌이 들었다. 그 순간 천장을 통해 밖으로 나갔다. 벽에 부딪칠 걱정도 없고 몸이 자유롭게 움직여서 좋았다. 그곳에는 나무와 새, 사람 몇 명이 있었다. 그들의 몸은 놀랍게도 빛나고 있었다. 너무 아름다운 광경에 압도당했다. 전에는 빛이 어떤 건지 상상도 못했다. 그동안 눈이 안 보여 궁금했던 모든 것을 해소할 수 있었다. 다시 육신 안으로 들어오자 극심한 고통이 느껴졌고 몸이 무겁고 굉장히 아팠다."**

**   BBC 'The day I died', 2004년.

선천적으로 시각장애인이었던 그녀는 어떤 색이나 빛을 본 적이 없지만, 임사체험을 하는 동안 빛을 보고 아름다운 광경을 눈으로 직접 보았다는 것이다. 육신에서 벗어나면 영혼은 원래의 감각 기능을 회복하게 된다. BBC의 다큐 '내가 죽던 그 날'은 눈과 뇌가 시각 정보를 제공하지 않아도 마음은 활동할 수 있다는 것을 보여준다.

하버드 의대 의사, 뇌사상태에서 죽은 여동생 만나다

미국 하버드 의대 의사 이븐 알렉산더는 신경외과 의사로 많은 성취를 했다. 1976년 노스캐롤라이나 대학에서 화학 전공으로 졸업했고, 1980년 듀크 대학교 의과대학원에서 의학박사 학위를 받았다. 매사추세츠 종합병원과 하버드 메디칼 스쿨에서 11년 동안 신경내분비학에 집중했다. 영국에서 뇌혈관 신경외과 분야의 연구조교를 마친 후 15년간 하버드 메디컬 스쿨에서 신경외과 전문의사로서 외과 부교수를 지냈다.[**] 신경외과 의사는 뇌가 의식을 만든다고 말한다. 알렉산더 역시 마찬가지였다. 그가 임사체험을 한 것은 그가 갑자기 희귀한 질병에 걸려 뇌사상태에 빠진 2008년 11월 10일이었다. 뇌가 작동하지 않으면 우리는 의식할 수 없다. 그

---

[*]   BBC 'The day I died', 2004년.
[**]   이븐 알렉산더, 고미라 옮김, 『나는 천국을 보았다』, 김영사, 2013, p.17.

윌리엄 유진 스미스, '낙원의 정원에 이르는 길'(1946년). 어린아이가 새로운 세상을 걸어 나가는 사진. 아이들은 바로 윌리엄 유진 스미스의 아들과 딸. 제2차 세계대전 때 종군기자로 활동하다가 부상을 입고 회복 중이던 스미스가 아이들의 뒷모습을 보고 신들린 듯 셔터를 눌렀다. 이 사진은, 전쟁이 끝나고 어둡고 긴 터널을 지나 희망이 비치는 곳으로 떠나는 인간의 모습을 담았다.

가 혼수상태였을 때 뇌가 제대로 작동하지 않은 것이 아니라 전혀 작동하지 않았다. 그때 그는 물리적 뇌의 한계에서 벗어나 완전히 독립적으로 존재하는 영혼에 직면하게 되었다. 뇌가 꺼진 상태였다. 그럼에도 불구하고 그는 살아 있었다.*

일주일 동안 뇌사상태에 있을 때, 처음 보는 한 소녀의 안내를 받았다. 일주일이 지나 다시 살아난 뒤, 소녀가 수년 전 죽은 자신의 여동생이라는 사실을 알게 되었다. 양부모에게 입양된 이후 친부모를 만날 수 없었던 그는 여동생의 존재를 모르고 있었다.** 자신이 직접 임사체험을 했던 알렉산더는 뇌가 죽어도 영혼은 엄연히 존재한다는 사실을 알게 되었다. 그는 육신은 죽었지만 영혼은 살아 있었다고 말한다. 임사체험을 한 그는 신경외과 의사를 그만두고 단체를 만들어 영성을 고양시키는 활동을 하고 있다. 우리의 삶이 육체나 뇌의 죽음과 더불어 끝나는 것이 아님을 새롭게 이해하게 된 그는 육신 너머 보게 된 것에 대해 사람들에게 알리는 것을

---

*   같은 책, pp.18~19, p.175.
**   같은 책, pp.218~227.
     퀴블러-로스의 『사후생』에 열두 살 소녀의 이야기가 나온다. 그녀는 자신이 겪은 임사체험을 부모에게 알리지 않았다. 혼자서만 간직할 수 없어서 결국 아버지에게 털어놓았다. 아름다운 경관에서 여행을 하고, 오빠를 만나 위안을 받았다고 말했다. 소녀가 아버지에게 말했다. "나는 원래 오빠가 없잖아요." 그러자 아버지 눈에 눈물이 고였다. 그는 딸에게 사실은 오빠가 있었는데, 그녀가 태어나기 석 달 전에 죽었다고 말했다.

자기 소명으로 생각한다.***

스위스의 정신과 의사이며 분석심리학자인 칼 구스타프 융(Carl Gustav Jung, 1875~1961)이 그의 전 생애를 구술해 기록하고 정리한 책이 바로 그의 『자서전』이다. 그는 1944년 발에 골절상을 입었고 연이어 심근경색을 일으켰는데, 이때 그는 의식의 소실상태에서 임사체험을 경험했다. 책에는 융이 죽음의 위험 속을 헤매고 있을 때의 경험이 비교적 상세하게 기록되어 있다.

"나는 마치 우주 공간 안의 높은 곳에서 부유하는 것 같았다. 내 아래 아득한 저 밑에는 원형의 세계가 멋진 푸른빛 속에서 떠올라 있었다. 나는 진한 청색 빛깔과도 같은 바다와 대륙을 보았다. …… 내가 지구로부터 멀어져 감을 의식하고 있다는 것을 나는 알았다. …… 이 높이에서 지구를 바라보는 경험은 내가 지금까지 경험했던 것 가운데 가장 장엄했고, 가장 불가사의했다."

그는 임사체험 당시 지상에서 경험했던 과거의 일들과 기억들이 영화의 파노라마처럼 떠올랐다가 필름의 끝자락처럼 아스라이 사라지는 것을 체험했다. 임사체험 당시 융은 전 생애 동안 지상에서 경험한 것들과 주변에서 일어난 기억들이 한순간에 중첩된 그림 같은 심상으로 다시 회상하게 되는 것을 체험하게 되었고, 그것

*** 같은 책, p.20.

은 자신이 살아오는 동안 성취했던 모든 것의 '집합체'였다는 것을 깨달았다. 그는 이 경험을 통합해 "의식으로부터 점점 멀어지면 멀어질수록 절대성인 무시간성, 무공간성에 다다르게 되는 것 같다"고 말했다. 융은 실제로 죽은 영혼을 만나기도 했고, 대화를 나누기도 했다. 어느 날 융은 밤중에 깨어 전날 장례를 치른 친구를 곰곰이 생각하고 있었다. 문득 융은 죽은 친구가 방안에 있는 듯한 느낌을 받았다. 친구는 수백 미터 떨어진 자신의 집으로 융을 데려갔다. 친구는 서재에서 적색 표지의 책 한 권을 가리켰다. 융은 다음 날 아침 죽은 친구의 서재를 직접 찾아가서, 그가 지난 밤 가리킨 책의 제목을 확인해 보았다. 책 제목은『죽은 자의 유산』이었다.

융은 실제로『죽은 자를 위한 일곱 가지 이야기』를 1941년에 출판했다. 이 책은 죽은 자들이 질문을 하고 융이 대답하는 형식으로 되어 있다. 이 문헌의 전체적인 내용으로 미루어보아 융은 죽은 사람과 직접 대화를 했으리라 추정된다. 이 문헌은 융이 죽기 바로 직전에 어렵게 세상에 공개되었다. 이 책을 통해 융은 눈에 보이는 세상이 전부가 아님을 말하고 있다. 융은 사후 생명의 존재를 믿는 편이 정신위생상 중요한 역할을 한다고 지적한다. 죽음에서 희망을 읽을 수 없다 하더라도, 가능한 한 희망을 유지하는 편이 훨씬 바람직하다는 것이다. "나는 죽음을 지향하는 목표를 설정하는 것이 정신위생상 유익하다고 본다. 죽음을 불길한 것으로 여기는 것은 인생의 후반기를 무의미하게 만들어버릴 수도 있다는 점에서 건강하지 못하고 병적이다. 특히 인간의 '이성'은 지극히 불완전하기 때문

칼 구스타프 융(1875~1961)

에, 우리의 이성으로는 마음의 전체를 파악할 수 없다. 비판적 이성이 지배하면 할수록 인생은 그만큼 빈곤해진다. 그러나 무의식과 신화를 우리가 의식하면 의식할수록 우리는 더 많은 삶을 통합할 수 있다."*

'죽음 이후의 삶'을 입증하는 9가지 증거

미국의 종양학 전문의 제프리 롱은 1984년 의학저널에서 '임사체험'이란 용어를 처음 접했고, 몇 년 후 친구 부인의 임사체험 증언을 직접 들었다. 다시 10여 년이 지난 1998년 임사체험 연구재단(Near-Death Research Foundation)을 설립해 웹사이트 NRF.org를 운

---

* 칼 융, 이경식 옮김, 『칼융 자서전』, 범조사, 1985.

영했다. 웹사이트 운영목적은 의사로서 과학적인 조사 방법으로 설문지를 통해 최대한 많은 임사체험 사례를 수집하고 '객관적인 연구 기준'을 분명히 하기 위한 것이었다. 전 세계에서 무려 1,300명이 넘는 임사체험자들이 100여 개가 넘는 상세한 설문에 응답해 주었다. 그는 1,300개 이상의 사례들을 연구하면서 '죽음 이후의 삶'을 입증하는 9가지 증거를 다음과 같이 도출했다.[*]

1	죽음체험은 임사체험자가 의식이 없거나 의학적으로 사망한 상태에서 일어난다. 그럼에도 불구하고 임사체험 중에는 의식과 주의력이 평소보다 더 고조되었다. 임사체험의 요소들은 대체로 일관적이고 논리적인 순서로 일어난다.
2	임사체험자들은 유체이탈 상태에서 보고 들을 수 있으며, 그 내용은 나중에 대부분 사실로 판정된다.
3	시력이 크게 손상되었거나, 심지어는 선천적인 시각장애인들조차 임사체험 중에는 정상적인 시각능력을 갖추게 된다.
4	전신마취 중이라 신체의 모든 활동뿐 아니라 의식 역시 잠들어 있는데도, 죽음을 체험하면서 또렷하게 의식이 활동하는 전형적인 체험 과정을 겪는다.
5	임사체험 중에서 Life Review, 자기 삶을 회상할 때 그의 삶에서 실제로 일어난 사건들이 그대로 재생된다.
6	임사체험 중에 현재 삶에서 알고 있던 사람을 만나는 경우, 그들은 전부 죽은 사람들(사랑했던 사람과 가족이나 친척)이었다.
7	주변의 가치관이나 정보로부터 영향을 받지 않은 어린아이들의 임사체험도 성인의 그것과 놀라울 정도로 흡사하다.

---

[*] 제프리 롱, 폴 베리, 한상석 옮김, 『죽음, 그 후』, 에이미팩토리, 2010, pp.9~10.

| 8 | 임사체험의 내용과 구성요소들은 전 세계 어느 문화권에서든 거의 일관될 정도로 동일하다. |
| 9 | 임사체험자들은 그 체험의 잔존효과로서 '그 이후의 삶'이 크게 변화된다. 임사체험의 효과는 아주 강력하며 오래 지속된다. 임사체험자의 삶의 변화를 살펴보면, '죽음 이후의 세계'가 전하는 삶의 의미와 죽음의 의미, 어떤 삶이 가치 있는 삶인지에 대해 시사하는 바가 있다. |

다양한 임사체험자들의 체험담을 통해 우리는 죽음 이후의 세계에 대해서 어렴풋이나마 희미한 윤곽을 잡을 수 있게 되었다. 또한 죽으면 아무것도 없다고 주장하는 사람들의 단정은, 임사체험자들의 증언 이후 그리 믿을 게 못 된다는 주장이 설득력 있게 제기되고 있다. 임사체험자들의 증언이 설득력을 갖는 또 다른 이유는, 이들의 주장이 믿어지지 않을 정도로 공통점이 많고, 하나같이 임사체험 이후에 현재의 삶을 한층 소중히 여기며 이전과는 다르게 사랑을 실천하면서 헌신적으로 봉사에 전념하는 등 전혀 다른 삶을 살고 있기 때문이다. 임사체험자의 증언은 조금씩 차이를 보이고 있지만, 대체로 다음과 같이 여섯 가지 단계로 정리될 수 있다.

임사체험의 6단계

첫째, 영혼이 육신에서 벗어난다.

임사체험자는 육신으로부터 영혼이 벗어나 자기의 육신을 허공에서 내려다본다. 의식은 분명하고 생생하게 깨어 있다. 자기가 죽

임사체험의 6단계	
1단계	영혼이 육신에서 벗어난다.
2단계	터널을 지나 다른 세상을 만난다.
3단계	빛의 존재를 만난다.
4단계	파노라마처럼 자기 삶을 되돌아본다.
5단계	어떤 경계선에 도달해 이 세상과 육신에 돌아온다.
6단계	임사체험 이후 이전과는 전혀 다른 삶을 영위한다.

었다는 의사의 판정을 직접 듣기도 한다. 체험자는 죽음이 끝이 아니고 단지 육신과 영혼이 분리되는 것임을 경험한다. 살아 있을 때와는 전혀 다른 느낌으로 아무런 고통도 없는 평온함과 행복감을 느끼게 된다. 임사체험자는 자신의 육신과 주위 환경을 볼 수 있다.

"마취제가 몸에 닿고 이어서 공중을 떠돌다가 침대 위에서 나의 시신을 내려다보면서 내 몸에서 빠져나온 나 자신을 발견한 기억이 있다. 나는 단지 머리와 눈만 있었던 것으로 의식되고 몸을 가졌던 기억은 나지 않는다."*

"나는 저 공간 위에 떠 있는 듯했고 단지 내 마음만 움직였다. 몸

---

* Margot Grey, *Return from death: An exploration of the near-death experience*, Arkana, 1985, p.35

에 대한 감각이 없었고 내 머리 같은 것만 공간에 떠 있었다. 나는 오직 마음뿐이었다. 아무런 중력도 느끼지 않았고 아무것도 지닌 게 없었다."**

"내가 기억하는 것 가운데 가장 중요한 것은, 어머니에게 나는 괜찮다고 아무리 말해도 내 뜻을 전할 수가 없어서 크게 슬펐다는 사실이다. 어쨌든 나는 괜찮은 줄 알았지만 어머니에게 알릴 방법이 없었다."***

춘천의 정주연 씨는 폭우가 쏟아지던 1986년 추석날 포항에 살고 있는 시누이집에 가는 도중 교통사고를 당했다. 당시 장 파열이 일어났고, 혼란스러운 상태에서 택시로 옮겨진 것까지 기억한다. 포항의 성모병원에서 정신이 들었을 때는 '여기서 죽겠구나!' 하는 생각이 들었다. 다시 의식이 돌아왔을 때는 응급실로 이동 중이었다. 간호사는 그녀가 정신을 잃지 않게 하기 위해 나이가 몇 살인지, 또 딸에 관해 계속해서 묻고 또 물었다. 당시, 문득 예수님 생각이 났고 예수의 죽음이 얼마나 고독했을까 생각하며 안타까워 눈물을 흘렸다. 수술실의 의사로 보이는 사람들이 장세척하는 모습이 빨래를 깨끗이 씻어내고 있는 것처럼 보였다. 빨래를 일사분란

**　　Kenneth Ring, *Life at Death*, Quill, 1982. p.45.

***　Michael Sabom, *Recollections of Death*, Corgi, 1982, p.37.

하게 정성스럽고 깨끗하게 하는 것처럼 느껴져 만족스러웠다. 그는 깨어난 후 밝은 빛을 봤다.

"중환자실 병상에 누워 있는 나를 위에서 내려다본 것이 기억난다. 밝은 빛을 봄과 동시에 깨어나게 되었다. 몸을 움직일 수 없었다. 수술 중에 봤던 사람들이 병실로 들어왔다. 내가 당신들을 봤다고 하자 의사는 놀라워했다. 수술 중에 세 번의 쇼크가 있었고, 회복 가능성이 반반이었다. 장세척으로 제대로 먹지 못했지만 입원 기간 동안 난 행복했다. 내가 회복될 것이라고 믿었기 때문에 웃을 수 있었다. 퇴원 후 감사인사를 드리러 의사를 찾아갔더니, 당시 내 상황은 매우 심각한 상태였다면서 의사는 내게 '기적의 아주머니'라고 했다."*

---

* 그녀는 매사에 부정적인 시선과 두려움이 있었는데, 임사체험 후 생각이 바뀌었다. 수술 후에 안정감이 생겼고 두려움은 헛된 그림자에 불과하고, 세상에 어떤 형태로 존재해도 기쁘게 살 수 있을 거라는 생각이 들었다. 성경 가르침에 따르면 죽음은 또 다른 삶의 시작이라고 했다. 그러한 생명을 자기 스스로 해친다는 것은 끔찍한 실수라고 그녀는 생각한다. 그 이후로 삶이 아주 긍정적으로 바뀌었다. 죽음이 더 이상 두려운 것이 아니라는 사실이 가장 큰 깨달음이다. 전에 호스피스 봉사활동할 때 난소암을 선고받은 여자 분을 만난 적이 있다. 당시 굉장히 예민해져 있던 그 여자 분을 만나 그녀가 겪은 죽음체험에 관해 설명해 주었더니 편안해졌다고 한다. (춘천 MBC '자살, 한국사회를 만나다', 2011년 6월 21일)

죽은 사람은 살아 있는 가족을 볼 수 있고 그들의 말을 들을 수도 있다. 하지만 슬퍼하고 있는 가족에게 자기는 괜찮다고 말을 건넬 수가 없어서 좌절감을 느끼게 된다. 미국 플로리다 출신의 어느 여성은 심장병 전문의 마이클 세봄에게 자신이 병실 천장 근처에서 자기 어머니를 내려다보았던 경험을 말했다. 임사체험자들은 자기가 죽었다고 판정을 내리는 의사의 말을 듣기도 하고, 공중에 뜬 상태에서 방 안 저 아래에서 슬퍼하고 있는 가족들을 보기도 한다.

둘째, 터널을 통과해 다른 세상을 만난다.

죽었다는 판정을 받은 임사체험자는 칠흑같이 어두운 터널 같은 곳을 통과하는 듯 캄캄한 어둠 속을 지나 삶과는 다른 현실, 다른 세계를 만난다. 어둠 속으로 들어가기도 하고 차원 없는 공간을 떠다니기도 하고 급속도로 터널을 지나기도 한다. 흔히 '저승'이라고 불리는 세계로, 살아 있을 때에는 전혀 의식하지 못했던 다른 세상이다.

"나는 외계의 공간 같은 곳에 있었다. 그곳은 절대적으로 깜깜한 곳으로, 나는 터널의 끝에 있는 출구 같은 곳을 향해 끌려가는 듯한 느낌을 받았다. 나는 저 끝에 있는 빛을 볼 수 있었기 때문에 이런 식으로 내가 놓인 위치와 움직임을 추측할 수 있었다. 나는 수직으로 세워져 출구를 향해 끌어당겨지고 있었다. 꿈이 아니라는 것을 나는 알았다. 꿈은 그런 식으로 꾸어지지 않는다."[*]

히에로니무스 보스, '승천'. 임사체험자가 터널을 통해 밝게 비추는 다른 세상으로 올라가는 모습을 그렸다.

셋째, 빛의 존재를 만난다.

임사체험자는 빛의 존재를 만난다. 체험자마다 빛의 존재를 예수, 붓다, 보살, 마리아 등 다양하게 증언하지만, 체험자의 종교나 문화적 상황에 따라 서로 다르게 표현한 것일 뿐이다. 임사체험자는 사랑으로 감싸는 빛의 존재와 함께 있으면서 온몸으로 축복을 가득 느낀다. 빛의 존재와 나누는 대화는 말이 아니라, 이심전심의 마음으로 의사소통한다. 어린이의 임사체험을 집중 연구한 멜빈 모어스에 따르면, 임사체험을 한 거의 모든 어린이의 체험에 빛의 존재가 등장한다. 육신에서 벗어난 이후 또는 터널 쪽으로 여행한 다음, 임사

[*]   Margot Grey, 앞의 책. p.42.

체험의 마지막 단계에 빛이 나타난다고 그들은 거의 예외 없이 증언한다.

"그러고 나서 점차 저 멀리, 측정하기 어려울 만큼 멀리 떨어져 있는 길을 발견하게 돼요. 그 흰빛을 볼 수 있을 때쯤에는 터널의 끝에 도달할 거예요. 이 빛은 터널 끝을 가득 채우고 있죠. 점차 빛을 향해 엄청난 속도로 나아감에 따라 그 빛은 갈수록 커져요. 지극히 밝은 빛으로 근접할수록 터널의 끝이란 느낌은 없고 빛에 더욱 빠져들게 돼요. 이제, 터널은 뒤에 있고 앞엔 거대하고 아름다운 파랗고 하얀 빛이 있어요. 너무 밝아서 단숨에 눈이 멀어버릴 것 같지만 결코 눈을 해치지 않았어요."**

"그 빛은 우리가 상상할 수 있는 어떤 것보다도 밝아요. 빛을 만났을 때, 왜 그런지 모르지만 전 행복했어요. 또 그 빛은 전혀 눈이 부시지도 않았고요. 그 빛과 분리된 기분이 들지 않더라고요. 제가 바로 그 빛이었고 빛과 하나였어요."***

넷째, 파노라마처럼 자기 삶을 되돌아본다.
임사체험자들의 다양한 증언에도 불구하고 공통된 또 하나의 특

** 　Margot Grey, 앞의 책. p.47.
*** 　Margot Grey, 앞의 책. p.46

징은 '파노라마처럼 자기 삶을 되돌아보는 일'이다. 갑자기 등장한 빛의 존재와 함께 체험자는 자기 삶에서 일생 동안 겪었던 다양한 일들을 영상 이미지를 통해 아주 짧은 시간 동안 되돌아본다. 자기 삶이 있는 그대로 드러나는 이런 회상을 통해 자기 삶에 대한 평가가 저절로 내려진다.

"내 삶에서 일어났던 모든 일이 한 순간에 되살아났다. 내가 행한 수많은 일들이 부끄럽게 생각되었다. 내가 행한 일뿐만 아니라 내가 다른 사람에게 준 영향마저도 전혀 다른 의미를 지니고 있었다."[*]

"내 눈앞에 나의 삶이 펼쳐졌다. 내가 살면서 느꼈던 모든 감정 하나하나가 다시 느껴졌다. 그러한 감정들이 내 삶에 어떤 영향을 미쳤는지 내 눈으로 직접 보았다. 또 내가 행했던 것들이 다른 사람에게 어떤 영향을 끼쳤는지 직접 보았다."[**]

다섯째, 어떤 경계선을 만난다.
돌연 어떤 장벽이나 경계선 같은 것에 도달한다. 몇몇은 먼저 죽은 친척이나 친구와 만나기도 한다. 임사체험자들은 가족을 돌보

---

[*]   Raymond Moody, *Reflections on Life after Life*, Corgi, 1978, p.35.
[**]   Kenneth Ring, *Heading toward omega*, Quill, 1985, p.71.

기 위해, 때로는 아직 성취하지 못한 삶의 목적을 위해, 때로는 사명감이나 봉사정신으로 자기 육신과 이승의 삶으로 되돌아와 복귀한다.

여섯째, 이전과는 다른 방식으로 삶을 살게 된다.

의학적으로 죽었다가 임사체험을 겪고 알 수 없는 이유로 다시 살아난 체험자들은 이전의 삶과는 크게 다른 방식으로 삶을 영위한다. 대다수가 그런 정도가 아니라 '모든' 임사체험자들이 크게 바뀐다. 체험자들은 죽음에 대한 두려움에서 벗어나게 되고, 죽음이 끝이 아님을 확신하게 된다. 또 체험 이전보다 훨씬 관대해지고 주변에 사랑을 베풀며 영혼이나 영성에 대해 큰 관심을 보이는 등 삶과 죽음을 보는 방식이 이전과는 크게 달라지게 된다. 죽음에 대한 공포와 두려움이 현격하게 줄어들고 죽음을 한층 깊이 받아들이게 되는 것이다. 또 다른 사람을 돕는 일에 더욱 많은 관심을 갖게 되고 사랑의 중요성을 좀 더 진지하게 생각하는가 하면, 물질적 향락을 덜 추구하고 영적인 차원과 영적인 의미에 대한 확신은 증대되는 경향을 보인다.

"이제, 나는 죽음 이후의 삶이 있다는 것을 전혀 의심하지 않는다. 나는 이제 죽는 게 두렵지 않다. 나는 결코 두렵지 않다. 내가 아는 많은 사람들은 죽음을 두려워하고 죽을까 봐 겁을 먹는다. 사람들이 죽음 이후의 삶이 있을까 의심하거나 '죽어버리면 모

든 게 끝이야'라고 말할 때마다 나는 속으로 미소 짓곤 한다. 그
리고 마음속으로 생각한다. '사람들은 정말 아무것도 모르고 있
구나.' 그 당시 일어났던 것은 전에 내가 전혀 겪어보지 못했던
아주 이상한 경험이었다. 그 체험을 통해 나는 죽음 이후에도 삶
이 있다는 사실을 알게 되었다."*

"나는 죽음 이후에도 삶이 있다는 것을 알았다! 어떤 사람도 나
의 이런 확신을 뒤흔들 수 없다. 나는 그것을 전혀 의심하지 않
는다. 그곳은 평화로웠고 두렵지 않았다. 내가 경험한 그 세계
너머에 무엇이 있는지 나는 알 수 없다. 그러나 그 세계만 하더

---

* Raymond Moody, *Life after Life*, A Bantam Book, 1975. p.94.

현대 사회에는 거의 알려지지 않았지만, 티베트인에게 친숙한 현상이 바로
'데록(delok)'이다. 데록은 '죽음으로부터 되돌아오다'라는 뜻이다. 데록이
란 죽음의 바르도 영역 안으로 여행한 사람을 의미한다. 데록은 지옥을 방
문해서 죽은 사람에 대한 심판과 지옥의 고통을 목격하고, 때로는 천국과
붓다의 세계를 찾아가기도 한다. 일주일쯤 지나면 영적인 수행을 강조하는
'죽음의 군주'가 살아 있는 사람들에게 보내는 메시지와 함께 데록은 육신
으로 되돌려 보내진다. 데록이 전하는 내용은 『티베트 사자의 서』 같은 바
르도 가르침뿐만 아니라 임사체험과도 상통하는 점이 많다. 데록의 이런 전
통은 티베트의 히말라야 지역에서 오늘날에도 계속되고 있다. 지극히 평범
한 사람, 종종 여성으로서 매우 헌신적이고 믿음이 돈독한 사람이 데록 역
할을 수행하게 된다. 그들은 특별한 날 몇 시간 동안 '죽는다.' 데록의 주요
한 기능은 산 사람과 죽은 자 사이의 메신저 역할을 하는 것이다. (소걀 린포
체, 『티베트의 지혜』, pp.530~533)

라도 내게 너무 많은 것을 보여주었다. 모든 사람이 이 세계에 대해 한두 번쯤 곰곰이 생각해본 적이 있을 것이다. 나는 이 체험을 통해 답을 얻었다. 그렇다, 죽음 이후의 삶은 존재한다! 게다가 그곳은 우리가 상상할 수 있는 것보다 훨씬 아름답다. 당신이 그곳을 알기만 하면 그곳에 비견될 수 있는 곳이 어디에도 없음을 알게 된다. 당신도 반드시 알아야 한다."**

임사체험자, 웰다잉 교육의 실시를 주장하다

임사체험을 했던 변성식 마음건강연구소 소장은 50여 년 전에 죽음을 경험했다. 자신의 죽음 주변에 일어난 일을 그는 생생히 기억한다. 꿈인가 의심을 가졌지만 사실로 밝혀지면서 그는 죽음이 끝이 아니라는 확신을 가지게 되었다. 이것은 죽음을 경험해보지 못한 사람들은 이해할 수 없다. 그는 죽음 체험을 얘기하기가 꺼려진다고 한다. 하지만 죽음은 끝이 아니며 죽음 이후의 삶이 자신에게 큰 영향을 끼침을 알게 되면, 현재의 삶에서 부정적인 생각을 버리고 자살을 생각할 수 없게 될 것이라고 말한다. 어린 시절 공사장에서 일을 하던 그는 5층에서 미끄러져 아래로 떨어졌다. 한 달 동안 의식이 없었지만, 병원에서 자신의 육신을 내려다보았던 기억이 생생하다고 한다.

**   Kennneth Ring, *Heading toward omega*, Quill, 1985, p.156.

변성식 마음건강 연구소 소장

"사람이 살아가다가 죽으면 끝이라 말하지만, 이것은 아니다. 이 사실을 사람들이 많이 알았으면 좋겠다. 죽음 이후에도 삶은 이어진다. 죽음 이후 다른 세상에서 깃털 같은 가벼움을 경험했다. 자유스러우며 평온함과 따뜻함을 느꼈다. 무게감을 전혀 느끼지 못한 평화 그 자체다. 특히 중요한 것은 다른 세계가 아닌, 살아 있는 사람들 사이에 같이 있다는 사실이다. 그러나 사람들은 믿지 않는다."

죽음 이후의 세계는 증명할 수 없는 세계라고 그는 강조한다. 죽음은 끝이 아니라 삶의 연속으로, 육체를 이 세상에 놓아두고 다른 세상으로 옮겨가는 것이다. 그는 의사로서 사람들을 치료하면서 질병치료에 있어서 의학만으로는 부족하다는 사실을 깨달았다. 마음의 병이 자연스레 육체의 병으로 번지는 경우를 많이 보았기 때문이다. 현대 사회는 마음의 건강이 아닌, 외적으로 보이는 육체의 건강을 추구하는 시대이다. 그래서 마음의 중요성을 이야기하고 싶어 마음건강에 대해서 얘기하고 다닌다. 호주에서 의사로 활동하면서 자신과 같이 임사체험을 경험한 사람을 만났는데, 그도 이런 경험을 통해서 삶이 바뀌었다. 삶의 시간이 소중함을 알게 되고, 현재의 삶에서 평온한 생활을 영위하면서 다른 사람에게 사랑을 전하는 삶을 살아가게 되었다.

"미국만 봐도 고등학교 정규 과정에 웰다잉 교육이 있어 미리 준비함을 엿볼 수 있다. 현대 사회는 죽음에 대해 쉬쉬하고 죽음에 대해 이야기하기를 꺼려한다. 우리는 현재의 삶이 영원할 것같이 여기면서 살아가고 있다. 죽음을 진지하게 성찰해 자기 삶의 시간이 제한되어 있음을 깨닫게 된다면 남은 시간을 소중하게 여겨 매 순간 진지하게 살 것이라고 생각한다. 죽음 준비 교육을 최소한 중·고등학교에서부터 실시해야 한다. 현대 사회가 고도로 발전하고 고령화되다 보니 죽음에 대해서 생각하지 않게 되었다. 최근 우리 사회에 고독사가 많이 발생하고 있는데, 이를 예방하기 위해 가장 효율적인 것은 웰다잉 교육이다. 웰다잉 교육은 전 국민에게 실시하고 어린 청소년에게도 실시하게 되면 죽음이 뭔지 알게 되고 어떻게 사는 게 바람직한지 생각하게 될 것이다."*

---

* 춘천 MBC '자살, 한국사회를 만나다', 2011년 6월 21일.

8장
죽음의 순간 누구나 알게 된다

"영혼의 존재 증명은 무의미하다. 인간 자체가 영혼이기 때문이다. 인간은 육체와 영혼의 집합체이다. 영혼의 존재는 굳이 증명하려 애쓰지 않아도 세월이 지나면 저절로 알게 되는 것이다. 구태여 얘기하고 증명하지 않아도 되는 존재, 그것이 바로 영혼이다."[*]

자기가 자신에게 자신의 존재를 증명할 필요가 있을까? 자기의 존재는 자기 자신에게 이미 분명할 텐데, 굳이 자신의 존재를 증명할 필요가 있겠는가? 또 자기가 자신의 존재를 자기 자신에게 어떻게 증명할 수 있을까? 인간 자체가 바로 영적인 존재이므로, 자기가 자기를 굳이 증명할 필요가 없지 않을까? 물론 자기가 자신에게 분명하지 않은 사람은 영혼의 존재 증명이 필요하다. 그런 사람은

---

[*] 차길진, 『영혼을 팔아먹는 남자 이야기』, 후암, 1999, p.233.

자기 자신에게 영혼의 존재를 증명할 수 없을 것이다. 또 자기 자신의 존재가 자기 자신에게 분명한 사람이 애써 설명한다 해도, 자기가 자신에게 애매모호한 사람이 알아들을 수도 없을 것이다.

죽음이 끝이 아니라 새로운 시작이라는 사실, 또 인간이 영적인 존재라는 사실을 죽음의 순간 누구나 알게 된다. 그러나 죽음의 순간에 알게 되면 너무 늦은 것이다. 보다 깊이 있게 삶을 영위할 기회는 이미 지나가버렸기 때문이다. 그때 후회해도 소용이 없다. 그러니까 영혼의 존재를 증명해 달라고 말하지 말고, 또 알아듣게 설명해 달라고 강변하기보다, 자신이 왜 이해하지 못하는지 자기 자신에게 물어보는 게 현명한 처사일 것이다. 죽음문제는 제3자의 설명에 의해 이해되는 그런 문제가 아니다. 살아 있을 때 죽음을 제대로 이해하기 위해 스스로 노력하는 게 바람직하다.

과학은 눈에 드러나는 현상계의 지식을 추구한다. 과학은 인간이 현상계 속에서 지식을 형성하고 지식을 찾아나간다. 지금까지의 성과만으로도 과학은 그 가치를 충분히 인정받아야 하지만, 과학이 인간의 삶과 죽음 전체를 규정할 수는 없다. 과학은 실험과 증명에 의해서 논리적으로 확인되는 지식만을 받아들인다. 이것은 과학의 최대 강점인 동시에 또한 한계이기도 하다. 과학은 문학과 예술, 종교와 같이 추상적이고 확인되지 않으며 논리적 비약이 인정되는 진리를 부정한다.**

** 디팩 쵸프라는 육체적 생명을 끝내는 것이 곧 죽음이라는 식으로 죽음을 정

"인간의 생명에는 두 가지 차원이 있다. 하나는 살아 있는 것이요, 하나는 죽은 것이다. 인간은 실제 두 가지 영역을 왔다 갔다 할 뿐이다. 부모의 사랑으로 생명을 받고 태어나 삶의 세계에 속하게 되고, 늙거나 사고를 당해 육체의 기능을 상실하면 죽음의 세계에 속하게 된다. 인간은 생물학적으로 죽어도 영혼은 남는다. 살아 있는 순간 영혼은 육체와 함께 존재하고 있다. 영혼이 죽음에 이르면 육체와 분리되어 현상계, 곧 물리적인 3차원의 세계와 다른 존재 법칙에 의해 지배받게 된다."[*]

보통사람들이 죽음의 세계를 아무것도 없는 '끝'이라고 단정하는 것과는 달리, 늘 죽음을 곁에 두고 생활하고 있는 호스피스 봉사자들이나 죽음의 세계를 직접 체험했던 임사체험자들, 불치병을 극복하고 새 삶을 얻은 사람들은 한결같이 죽음은 '끝'이 아님을 증언하고 있다. 티베트에서는 죽음이 끝이 아니라는 것이 상식으로 통한다. 지금까지 살았던 세계와는 또 다른 세계가 당신을 기다리고 있다는 것은 특히 수많은 증언들이 확실하게 뒷받침하고 있다. 그

의하는 것은 분명 문제가 있다고 지적한다. "우리는 의식의 영역을 보다 확장시켜야 우리 자신뿐만 아니라 죽음을 보다 잘 이해할 수 있다. 죽음이 우리 삶의 목적이며 그 완성이라는 증거를 보기 위해서는, 우리의 의식경계를 확장시켜야만 한다. 그렇지 않고서는 우리 자신과 죽음을 제대로 이해할 수 없다."
[*] 차길진, 같은 책, p.296.

세계는 현재의 우리가 사는 세계만큼이나 명확하게 존재하고 있는 세계이며, 그 실체를 본 사람들은 남들과는 다른 특별한 체험을 한 후에 오히려 순간을 영원처럼 소중하게 헌신하면서 살아야 한다고 역설한다. 죽음 이후의 세계를 경험한 사람들의 한결같고 생생한 증언이야말로 우리로 하여금 죽음에 대해 지금까지와는 다른 태도를 취할 것을 요구하고 있다는 점만은 말해두고 싶다.

겨울비가 내리던 날, 친척 아주머니는 얼굴이 새파랗게 질려서 어떤 법사의 집으로 허겁지겁 들어왔다. "아무래도 영혼을 본 것 같아요." 집에서 청소를 하던 친척 아주머니는 초인종이 울리자 나가봤다. "누구세요?" 그러나 초인종만 울릴 뿐 대답이 없었다. 이상하다 싶어 대문을 열었더니 동네 살던 친구의 아들이 모자를 푹 눌러쓰고 서 있었다. "네가 웬일이니?" 그 말을 하는 순간 아주머니의 몸은 얼어붙었다. 석 달 전 사고로 죽은 애였기 때문이다.

세월이 흘러 그날 새벽도 겨울비가 내리고 있었다. 집에 덩그러니 혼자 있던 법사는 서재에서 조용히 책을 읽고 있었다. 오랜만에 즐기는 호젓한 시간이었다. 그런데 누가 노크를 했다. "똑똑똑, 똑똑똑." 한 번도 아니고 두 번이었다. 방문을 노크할 사람이 없기에 당연히 이상했다. 직감적으로 사람이 아니란 느낌이었다. 그래도 문은 열어봐야 했기에 떨리는 마음으로 조용히 문을 열었다. 역시나 밖에는 아무도 없었다. 그런데 빈 공기에서 온몸이 쭈뼛쭈뼛 전기처럼 서는 느낌이 선명했다. 뭔가 있었다. 누구였지? 더 이상 아무 기척도 느끼지 못했다. 날이 밝자 한 통의 전화가 걸려왔다. "법

사님, 그 친구 급성 간경화로 조용히 눈을 감았습니다." 비로소 방
문을 두드린 정체를 확인하게 되었다.

이 소식이 전해지자 그를 잘 아는 지인은 고개를 끄덕이며 눈가
에 눈물이 맺혔다. "얼마 전 그 친구와 죽음에 대해 농담을 하게 되
었는데요, 제가 '죽으면 아무것도 없다, 무無가 된다'고 했더니 그
친구가 웃으면서 자신이 죽으면 정말 무가 되는지, 아무것도 없는
지 확인하겠다고 했어요. 그게 유언이 될 줄 몰랐습니다." 영혼이
있음을 알려주고 싶었던 것일까, 그는 삶을 마감하자마자 법사를
찾아왔던 것이다. 떠나기 전 마지막 인사를 하기 위해, 차마 불쑥
들어오지 못하고 조용히 노크를 했던 것이다. 나중에 알고 보니 아
는 사람들도 비슷한 경험을 했다고 한다. 죽으면 끝이 아니란 걸 증

명해 보이고 싶었던 모양이다.*

어느 의사의 고백

어느 의사가 진주에서 인턴으로 근무할 때 이야기다. 공사장에서
추락사고로 뇌를 다친 스물여섯 살의 젊은이가 새벽에 응급실로

---

* 일간스포츠, 2008년 12월 24일.

  폐결핵으로 시한부 인생을 살았다가 건강을 회복한 법사는 20대에 잠깐 목
  욕탕 때밀이로 일했다. 6.25때 부산 국제시장에서 크게 성공한 사업가가
  단골손님이었다. 하루는 때를 미는데 느낌이 이상했다. 그는 사지가 뒤틀
  려 있는 것이 꼭 기가 빠진 사람 같았다. "오늘은 목욕하고 바로 집에 가셔
  서 푹 쉬세요." 그러자 그는 "안 돼. 이따가 상가집에 가야 해. 나와 아주 친
  한 형님이 돌아가셨다"라고 말했다. 법사는 말렸다. "장지에 가면 큰일 납니
  다." 그것이 마지막이었다. 얼마 후 그 분의 부고가 들려왔다. 그 날 장지에
  쫓아갔다가 '상문살喪門煞'을 맞고 죽었다. 그렇게 40여년이 흘렀을까. 50대
  남자가 법사를 찾아와 돌아가신 아버지를 위한 구명시식을 올리고 싶다고
  했다. 막상 구명시식을 시작하자 법사는 깜짝 놀랐다. 50대 남자가 초혼한
  아버지 영가는 바로 그 단골손님이었다. 상황이 하도 기가 막혀 조용히 물
  었다. "아버지께서 평안도 분이시죠? 부친은 부산 국제시장에서 장사로 성
  공하신 거상이셨지만, 친한 형님의 장지에 쫓아가셨다가 급사하셨죠?" 이
  쯤 되자 아들의 얼굴은 하얗게 질렸다. 법사도 정말 꿈만 같았다. 40여년 만
  에 단골손님을 구명시식에서 다시 뵙게 되다니. '그때 자네 말을 들었어야
  했는데 후회막급일세.' 영가는 믿기지 않는다는 듯 법사 주위를 맴돌았다.
  영가의 세계를 절대 믿지 않았다는 아들은 "세상에 영혼이 정말 있군요"라
  고 몇 번이나 중얼거렸다. (일간스포츠, 2011년 4월 22일)

실려 왔다. 이미 그의 얼굴과 머리는 심하게 손상되어 원래의 모습을 전혀 알아볼 수 없었다. 서둘러 최대한 응급조치를 했으나 살아날 가망성은 없는 것 같았다. 심전도를 체크하는 기계 쪽으로 시선을 돌리는 순간 그의 가슴은 무겁게 가라앉았다. 규칙적이고 정상적인 심장박동을 나타내던 ECG(심전도) 곡선이 갑자기 웨이브 파동으로 바뀌었던 것이다. 힘차고 반복적인, 정상적인 인간의 심장박동에서 점차 약해지며 그 힘을 잃어가고 있음을 나타내고 있었다. 그것은 곧 죽음이 다가오고 있음을 의미했다. 보통 이러한 ECG 곡선이 나타난 이후 10분 이상을 살아 있는 사람을 그는 본 적이 없었다.

그의 운명이 목전에 다가왔음을 느낀 의사는 중환자실을 나와서 기다리고 있는 가족들에게 환자가 운명할 때가 되었으니, 임종을 지켜보라고 했다. 이미 가족들은 환자에 대한 어떤 조치(응급소생술)도 포기한 채 그의 죽음을 기정사실로 받아들이고 있었던 상황이었다. 젊은이의 부모님과 친척인 듯한 몇몇 사람들이 슬피 울며 이미 시체나 다름없이 누워 있던 그에게 마지막 작별인사를 고하는 모습을 보며 그는 무거운 마음으로 중환자실을 나왔다. 간호사에게는 심전도 박동이 멈추면 곧바로 영안실로 옮기라고 말했다. 다른 환자를 보고 잠시 후 그 중환자실을 지나면서 의사는 깜짝 놀라지 않을 수 없었다. 한 시간이 지난 아직도 그의 심장박동이 느린 웨이브 파동의 ECG를 그리면서 여전히 살아 있는 것이었다. 이런 사례를 그는 그 이전에도 그 이후에도 본 적이 없었다. 정말 신기한 일이어서 쉽게 믿을 수가 없었다. 그날 쏟아지는 응급환자들을 돌보느라 더 이상 그에 대해 생각할 겨를이 없었다. 응급실은 매일 전쟁터의 야전병원 같은 분위기였다. 피곤한 몸을 이끌고 자는 둥 마는 둥 그렇게 그날 밤을 보냈다.

다음 날 아침, 의사는 계속해서 그에 대한 생각이 머릿속에서 떠나지 않아 갑자기 중환자실을 찾아가 보았다. 물론 지금쯤은 아무도 누워 있지 않은 빈 침대이거나 다른 환자가 누워 있으리란 생각으로 그 침대를 찾아갔다. 방에 들어선 순간 그는 다시 한 번 눈을 의심하지 않을 수 없었다. 아직도 그가 누워 있었기 때문이다. 아주 미약하지만, 여전히 끊어지지 않는 ECG 곡선을 그리며 그의 영혼은 아직 그 육신을 떠나지 않고 있었던 것이다.

미약하게 움직이는 ECG 곡선을 본 의사는 무언가를 느꼈다. 왠지 그가 이 세상에서 쉽게 떠나지 못할 어떤 이유라도 있는 것이 아닐까. 이것은 과학적, 의학적 상식으로 납득이 가지 않는 사례였다. 의학적 지식으로는 설명할 수 없는, 그 이상의 어떤 존재를 그 순간 무의식중에 감지한 것 같았다. 하루가 그렇게 지나고 그의 심전도가 미약한 웨이브 파동을 그린 지 이틀이나 지났다. 다음 날 아침, 의사는 다시 중환자실에 가보았다. 그의 신체는 죽은 것이나 다름없었지만, 영혼은 어떤 이유인지는 몰라도, 아직까지도 아주 미약하게 이 세상에 머물고 있었다. 심전도를 나타내는 모니터 화면이 그 상황을 보여주고 있었고, 의사의 느낌 역시 이 상황을 뒷받침해 주고 있었다.

그때 갑자기 젊은 여인이 중환자실로 들어왔다. 이제까지 보호자 중에 없었던 여성이었다. 마치 멀리서 갑자기 연락을 받고 급하게 달려온 듯했다. 그녀는 젊은 환자의 부인인 듯했는데, 마치 넋이 나간 사람처럼 환자를 제대로 쳐다보지도 못했다. 창백한 얼굴로 금방이라도 바닥에 쓰러질 것 같았다. 환자의 곁으로 가까이 다가갈 수 있게 의사는 옆으로 비켜 주었다. 젊은 여인은 말없이 눈물을 흘리며 가까스로 침대 옆에 섰다. 바로 그 순간, 갑자기 그의 심전도 파동이 멈추었다. 모니터 화면에서 끊임없이 지속되던 웨이브 파동이 한순간 사라지고 마치 전원이 꺼진 것처럼 한 줄기 직선만이 화면에 나타났다. 이틀간 미약하게나마 뛰어왔던 그의 심장이 바로 그 순간 멈춘 것이었다. 의사의 가슴은 철렁 서늘해졌다. 이젠 정말 이 세상을 떠난 환자, 바로 그의 곁에 있는 젊은 여성을 남겨두고 중환자실에서 나왔다.

의사는 보호자들에게 그의 임종 소식을 전하고 그녀가 누구인지 물어보았다. 그녀가 그의 삶을 오늘까지, 정말 믿기지 않을 정도로 심장박동을 연장시켰을 것으로 여겨졌기 때문이다. 그녀는 결혼한 지 겨우 3개월에 접어드는 그의 부인이었고, 그의 아기를 임신하고 있었다고 한다. 의사의 마음속 깊이 형용할 수 없는 감정의 파도가 밀려왔다. 그 순간 의사인 그가 해야 할 행동이 무엇인지 알아차렸다. 그녀가 중환자실에서 나오기를 기다렸다가 그녀에게 다가갔다. 그가 세상을 떠나기 전, 당신과 뱃속 아기를 만나기 위해 삶과 죽음의 경계선에서 그가 얼마나 사투를 벌이면서 기다렸는지, 얼

마나 힘겹고 가슴 아픈 영혼의 기다림이
었는지 전해주었다. 그리고 그것은 부인
과 아기에게 전하는 그의 마지막 메시지
였고, 바로 사랑의 작별인사였다.

　의사의 말을 듣고 있던 그녀의 눈에서
눈물이 흘러넘치는 것을 바라보면서, 그
는 두려움과 함께 어떤 경외심마저 느끼
지 않을 수 없었다. 그것은 애절하고 아름
다운 사랑을 간직한 영혼이 바로 우리 곁
을 떠나는 순간이었다. 이후 의사는 영혼
의 존재를 믿게 되었다. 영혼의 존재를 믿
을 뿐만 아니라 영혼의 존재를 생생히 느
꼈고 경험했다. 그리고 영혼의 존재를 이

테이야르 드 샤르댕(1881~1955)
은 프랑스 출신의 가톨릭 신부이
자 철학자, 고생물학자, 지질학
자이다. "우리는 영적 체험을 하
는 인간이 아니라 인간 체험을
하고 있는 영적인 존재이다."

끌어주는 가장 큰 힘이 인간의 사랑이라는 것 역시 알았다. 우리에
게 절대적으로 없어서는 안 될 영혼, 사랑의 소중함을 일깨워주기
위해 의사의 길에 들어서는 후배들에게 그는 요즘도 이 이야기를
자주 들려준다.*

　60대 남성이 뇌출혈과 심한 폐렴 증상이 있고, 신장과 간 기능이
많이 떨어져 위독한 상태로 며칠 버티기 어려운 상황이었다. 딸

---

* 　유튜브 동영상 '어느 의사의 고백, 나는 영혼을 믿는다'

의 부탁을 받은 최면치료 전문가 김영우 박사(정신건강의학 전문의)는 병원 중환자실을 찾아 천천히 한 마디씩 분명하게 말했다. "사람에게 영혼이 있다고 믿으신다면, 지금의 이 상황도 받아들일 수 있을 겁니다. 육체의 죽음 이후에도 소멸되지 않는 영혼이 진정한 자신의 모습이라는 것을 기억하셔야 합니다. 제 말에 공감할 수 있고 어떤 결과도 수용할 수 있다면 다시 한 번 눈을 떴다 감아보세요."

김 박사의 말에 환자는 다시 한 번 눈을 가늘게 떴다 감았다. 3일 뒤 환자가 운명했다는 연락을 받았다. 김 박사가 다녀간 이후 훨씬 안정된 모습으로 지냈다고 한다.[*]

죽음에서 희망을 읽는다

죽음에서 희망을 읽느냐, 절망을 읽느냐 하는 차이는 곧 삶에서 희망을 읽느냐, 절망을 읽느냐 하는 문제와 직결된다. 삶은 죽음과 나뉘져 있는 것이 아니라 불이不二의 관계에 있기 때문이다. 사람이 죽어가는 마지막 모습은 그가 삶을 어떻게 살았는가 하는 자기 존재의 가치를 거짓 없이 드러내는 거울이라고 말할 수 있다. 삶에서 가장 중요한 과제가 무엇일까? 사람마다 각양각색으로 답하겠지만, 죽음에 임하는 마지막 순간까지 희망을 잃지 않으면서 자연스

---

[*]   김영우, 『영혼의 최면치료』, pp.238~241.

럽게 밝은 모습을 유지하는 것보다 중요한 과제는 없을 것이다.

서양에서 생사학을 창시한 퀴블러-로스 박사는 어린아이들에게 죽음을 설명할 때 자주 나비의 유충인 번데기 모양의 인형을 사용한다. 번데기 모양의 인형은 그가 직접 만든 것이다. 번데기의 배에 달린 지퍼를 열자 그 속에서 예쁜 나비 인형이 나온다. 그는 소아암 등으로 죽음에 직면하고 있는 어린아이를 향하여 말한다. "여러분의 몸은 헝겊으로 만든 번데기와 마찬가지입니다. 죽음에 의해 여러분의 영혼은 이 육신으로부터 벗어나 저 나비처럼 예쁘게 날아서 천국으로 올라가는 것입니다. 죽음은 결코 끝이 아닙니다."[**] 그는 이렇게 쉽게 설명함으로써 어린아이를 안심시킨다. 그도 2004년 우주로 여행을 떠난다고 말하고 세상을 떠났다.

교황 요한 바오로 2세도 "내가 죽어도 전부 없어지는 것은 아니다. 내 안에 소멸될 수 없는 것이 있다"고 말했다. 교황에 따르면 죽음이란 어둡거나 모호한 것이 아니고 모든 것이 사라지는 것도 아니다. 죽음은 사람에게 최후로 찾아오는 명백함, 눈부신 빛이다.[***] 티베트의 달라이 라마는 죽음을 한마디로 "옷을 벗는 과정"이라고 말한다. 우리가 매일 옷을 갈아입을 때 아무런 두려움을 느끼지 않듯이, 죽음도 영혼이 육신의 옷을 벗는 과정이므로 죽음에 대해 절망감을

[**] 소갈 린포체, 『티베트의 지혜』, p.36.

[***] 요한 바오로 2세, 『내 안에 그대 안식처 있으니』, 따뜻한 손, 2003, p.53, p.55, p.63.

괴테(1749~1832). 오늘, 즉 현재의 삶은 과거와 미래를 잇는 소중한 기회.

지닐 필요가 없다. 죽음은 육신의 죽음일 뿐이고 영혼은 죽음을 통해 이 세상의 삶을 마감하고 새로운 삶을 위해 여행을 떠난다.[*]

만일 죽음에 의해 모든 것이 무無로 귀결된다면, 우리가 이 세상의 삶을 영위하는 것도 결국 부조리라는 결론을 피할 수 없다. 죽음에 아무런 의미도 없고 죽음에 의해 모든 것이 종결된다면, 확실히 산다는 것 또한 무의미하게 되고 만다. 죽음을 통해 새로운 삶으로 들어간다고 생각한다면, 지금 삶의 고통도 결코 쓸데없는 것은 아니게 된다. 죽음은 끝이 아니고 영적 성숙의 마지막 단계이므로, 우리가 죽음의 고통을 겪는 것도 나름대로 의미가 있을 것이다. 그래도 여전히 죽음이 끝이 아니라는 사실을 믿을 수 없다고 반신반의하는

---

[*]　소갈 린포체, 앞의 책, pp.7~10.

사람이 있을 수 있다. 사실 죽음이 끝이냐 아니냐 하는 문제는 제삼자에 의해 설명되거나 설득되는 문제라기보다는, 많은 시간을 두고 스스로 사색해보고 노력해서 얻는 어떤 결론이라고 말할 수 있다. 스스로 확신하게 되기까지는 나름대로의 시간이 필요하다고 본다.

퀴블러-로스는 "죽음이 끝이 아니라는 것은 종교나 믿음의 문제가 아니라 앎의 문제, 사실의 문제"라고 말한다. 사후의 삶이 존재한다는 것은 종교적 신앙이 있느냐 없느냐 하는 믿음의 문제가 아니라, 죽음 이후에 대해 바른 지식을 통해 제대로 알고 있느냐 잘못 알고 있느냐 하는 지식의 문제라는 뜻이다. 독일의 문호 괴테도 영혼의 불멸을 말한다. "죽음이란 해가 지는 것과 마찬가지이다. 우리의 눈으로부터 벗어나 볼 수 없게 되더라도 태양은 지평선을 향해 조금도 변함없이 빛나고 있다. 우리의 생명 또한 마찬가지로 죽은 뒤에도 변함없이 계속 존재한다. 내세에 대한 희망을 지니지 못한 사람은 이미 이 세상에서 죽어 있는 셈이다."**

파스칼의 도박 비유

죽으면 끝인지, 끝이 아닌지 여부는 각자 판단할 일이지, 제삼자가 정해준다고 따를 일도 아니다. 어떤 식으로 결정을 내리든지 각자

** 알폰스 데켄, 오진탁 옮김, 『죽음을 어떻게 맞이할 것인가』, 궁리, 2002, p.234, p.239.

의 몫이다. 그 결정에 따른 책임 역시 각자의 몫이다. 필자가 하고 싶은 말은 '죽으면 끝'이라고 섣부르게 단정하지 말라는 것이다. 죽음을 잘 모르겠다, 더 알아봐야겠다고 신중하게 생각하는 게 바람직하다. 자기의 삶과 죽음 전부가 달린 문제가 아닌가. 죽음을 어떻게 판단하고 이해하느냐 하는 문제는 중요하다. 우리 삶에서 가장 중요한 결정이다. 어떤 선택을 하느냐에 따라 인간, 삶, 그리고 죽음의 이해와 방식이 크게 달라지기 때문이다.

여전히 죽음은 끝이 아니라는 사실을 믿을 수 없는 사람들을 위해 마지막으로 파스칼의 도박 비유를 얘기해주고 싶다. 17세기 프랑스의 과학자 블레즈 파스칼은 수학과 자연과학의 연구 성과와 함께, 인간을 '생각하는 갈대'라고 표현한 독창적인 저술 『팡세』를 쓴 인물로 유명하다. 파스칼은 인간의 불멸성과 사후의 생명에 대해 신앙을 전제로 하지 않은 채 독자적으로 사색했다. 그는 우선 '사후의 생명을 믿는가, 믿지 않는가?'라는 결단을 하나의 도박으로 보는 것이 가능하다고 말한다.

"만일 어느 누가 사후 생명의 존재를 믿었는데 실제로 존재하지 않는다 하더라도, 그가 특별히 손해 본 것은 없다. 그러나 사후 생명이 존재함에도 불구하고, 이를 믿지 않았기 때문에 손에 넣을 수 있었던 것을 넣을 수 없었다면, 그는 다시는 복원할 수 없는 커다란 손해를 본 것이다. 그는 영원히 모든 것을 잃게 된다. 사후 생명을 믿으면 모든 것을 손에 넣는 것이 가능하다. 사후에 생명이 존재하지 않는다 할지라도, 잃게 되는 것은 아무것도 없기 때문에, 사후의 영원의 생명을 믿는 쪽에 도박을 걸어야 한다."*

파스칼의 도박 비유를 알기 쉽게 정리해보자. 누구든지 '죽으면 끝'이라 생각할 수도 있고, '죽음, 끝이 아니다'고 생각할 수도 있다. 실제로 죽은 이후 우리가 직면하는 경우의 수 또한 두 가지뿐이고, 다른 선택지는 없다. '죽으면 끝'이라고 생각한 사람이 죽은 이후 실제로 직면하는 경우 역시 '죽으면 끝', 아니면 '죽음, 끝이 아니다' 두 가지 경우가 있다. '죽음, 끝이 아니다'라고 생각한 사람이 죽은 이후 실제로 직면하는 경우 역시 '죽으면 끝', 아니면 '죽음, 끝이 아니다' 두 가지 경우가 있다.

파스칼의 도박 비유		
개인의 판단	죽음 이후 실제 상황	
죽음, 끝이다	1 죽음, 끝이다	△
	2 죽음, 끝이 아니다	×
죽음, 끝이 아니다	3 죽음, 끝이다	△
	4 죽음, 끝이 아니다	○

---

* 알폰스 데켄, 앞의 책, p.234, p.239.

네 가지 경우의 수에서 '죽으면 끝'이라고 생각한 사람이 죽었을 때, 실제로 그렇다면 아무 문제될 게 없다. 그러나 '죽으면 끝'이라고 생각한 사람이 죽었더니, 끝이 아닐 경우 크게 당황하게 된다. 파스칼의 말대로, "사후 생명이 존재함에도 불구하고, 이를 믿지 않았기 때문에 손에 넣을 수 있었던 것을 넣을 수 없었다면, 그는 다시는 복원할 수 없는 커다란 손해를 본 것이다. 그는 영원히 모든 것을 잃게 된다." '죽으면 끝'이라고 생각하는 사람은 삶도 그런 가정 아래 살았을 것이므로, 죽음만이 아니라 삶마저도 잘못 산 셈이다.

또한 '죽음, 끝이 아니다'라고 생각한 사람이 실제로 죽은 이후 끝일 경우, 별 문제가 되지는 않는다. 파스칼이 말했듯이 "만일 어느 누가 사후 생명의 존재를 믿었는데 실제로 존재하지 않았다 하더라도 그가 특별히 손해 본 것은 없다." 또 '죽음, 끝이 아니다'라고 생각한 사람이 죽었더니, 실제로 끝이 아니라면, 그는 끝이 아니라는 판단 아래 삶을 살다가 죽었으니까, 평소에 죽음 준비를 충실히 했을 것이다. 그래서 파스칼이 말했다. "사후 생명을 믿으면 모든 것을 손에 넣는 것이 가능하다. 사후에 생명이 실제로 존재하지 않는다 할지라도, 잃게 되는 것은 아무것도 없기 때문에, 사후의 영원의 생명을 믿는 쪽에 도박을 걸어야 한다."

인생이라는 길이 너무나 막막해 허무하다고만 느껴진다면, 인생의 여행은 목적을 잃게 된다. 인생이 목적을 잃는다는 것, 그것은 생각만 해도 두려운 일이다. 그러나 죽음에 의미가 있다면, 고통이 많은 인생길도 깊은 의미를 가지게 된다. 결국 영원한 생명이란 미래와 관련된 문제만이 아니라 지금 바로 이곳에서의 삶 전체와 관련된 문제이기 때문에 더 중요하다. 사후의 삶에 대한 믿음이 현재의 삶에도 상당한 영향을 미친다는 것은 생사학이나 영적인 지도자들이 내리는 한결같은 결론이다.

죽은 슈바르츠 부인이 다시 찾아오다

슈바르츠 부인은 아들이 성년이 된 지 2주일 지나 죽었다. 퀴블러-로스의 환자 중 한 명이었던 그녀는 땅속에 묻혔고, 그녀가 다시 퀴블러-로스를 방문하지 않는 한 퀴블러-로스는 그녀를 잊어버렸을 것이다. 그녀가 죽어 땅에 묻힌 지 대략 열 달 지나, 퀴블러-로스는 곤란한 상황에 빠졌다. 죽어가는 임종환자들을 보살피고 '죽음과 임종' 세미나를 진행하면서 병원 운영진과 동료 의사들이 계속 반대해서 항상 곤란하기는 했지만, 그때의 상황은 좀 심각했다. 퀴블러-로스가 주재하는 '죽음과 임종'에 관한 세미나의 사정이 나빠지기 시작했다. 퀴블러-로스가 끔찍이 좋아하고 함께 일하던 목사가 떠나버린 것이다.

새로 온 목사는 대외평판을 무척 의식했다. 퀴블러-로스는 목사와 매주 똑같은 문제를 두고 입씨름했다. 그것은 전혀 가치 없는 일이었고 피곤한 일이었다고 퀴블러-로스는 말한다. 이런 가치 없는 입씨름을 멈출 수 있는 유일한 방법은 자신이 대학 병원을 떠나는 일이라고 퀴블러-로스는 생각했다. 퀴블러-로스는 진정으로 죽음

존 마틴, 지옥의 수도 '팬더모니움'. 1841년(사진 Stephane Magnenat)

을 연구하고 세미나 하는 일을 사랑하고 있었기 때문에 당연히 가
슴은 아팠지만 다른 방법이 없었다. 그래서 단호한 결정을 내렸다.
'그래, 나는 시카고 대학을 떠난다. 오늘 죽음과 임종 세미나를 마
치고 이 사실을 즉시 통보하겠다.'*

세미나를 마치고 엘리베이터로 가면서 목사에게 세 번이나 떠날
것이라고 퀴블러-로스는 말했다. 목사는 말을 듣지 않았다. 퀴블
러-로스는 좌절했다. 엘리베이터가 도착하기 전에 퀴블러-로스가
말했다. "당신은 계속 이곳에 머무르겠지요. 나는 매우 중요한 결정
을 했어요. 그것이 무엇을 의미하는지 당신이 알았으면 좋겠어요."

---

* 엘리자베스 퀴블러-로스, 『사후생』, p.43.

그는 아무 말도 하지 않았다. 그 순간 엘리베이터 앞에 한 여자가 나타났다. 퀴블러-로스가 목사에게 말했다. "오! 하나님, 저 사람이 누구죠? 나를 바라보고 있어요. 저 사람은 당신이 엘리베이터에 들어갈 때까지 기다렸다가 이쪽으로 올 모양이에요."

퀴블러-로스는 그 여자가 누구인가를 골똘히 생각한 나머지 목사의 팔을 잡고 있다는 것도 잊어버렸다. 그 여자는 그것을 그만두게 했다. 그 여자는 투명했다.** 그가 엘리베이터를 타자, 그 여자는 퀴블러-로스를 향해 곧장 걸어와서 말했다. "로스 박사님, 저는 다시 이 세상으로 돌아와야 했어요. 제가 당신 사무실까지 함께 걸어가도 될까요? 한 2분이면 족합니다."***

그녀가 퀴블러-로스의 사무실이 있는 곳을 알고 있었고, 퀴블러-로스의 이름도 알고 있었기 때문에 퀴블러-로스는 일종의 안도감을 느꼈다. 그녀가 누구인지 모른다고 말하지 않아도 괜찮을 거라고 퀴블러-로스는 느꼈다. 그때 퀴블러-로스는 자기 삶에서 가장 길다고 느낀 걸음을 걸었다. 정신과 의사인 퀴블러-로스는 줄

** 육체에서 벗어난 영혼은 아무런 형체가 없으므로, "그 여자는 투명했다"고 퀴블러-로스는 말했다. 임사체험자는 증언한다. "나는 저 공간 위에 떠 있는 듯했고 단지 내 마음만 움직였다. 몸에 대한 감각이 없었고 내 머리 같은 것만 공간에 떠 있었다. 나는 오직 마음뿐이었다. 아무런 중력도 느끼지 않았고 아무것도 지닌 게 없었다." 7장 '임사체험자의 증언'에서 임사체험 1단계 참조.

*** 같은 책, p.44.

곧 정신병 환자들과 일했고, 그들이 헛것을 보면 퀴블러-로스는 "당신이 벽에서 마리아를 보고 있다는 것을 알지만 나는 볼 수가 없네요."라고 했다. 하지만 이제 자신에게 이렇게 말했다. '로스 박사, 이 여자를 보고 있지만, 그녀는 이미 죽었으니까, 이건 사실일 수 없어.'

엘리베이터에서 사무실까지 걸으면서 죽었던 여자가 다시 살아나 자신 앞에 있는 지금 이 상황이 실제 현실인지를 생각해보았다. '나는 지쳤어. 휴가가 필요해. 너무 많은 정신병 환자들을 보아 와서 헛것이 보이기 시작하는 것이야. 그녀가 진짜인지 확인하기 위해 그녀를 만져야 해.' 그녀의 살갗이 차가운지 따뜻한지, 또 그녀의 피부를 만지면 사라져버리지 않는지를 알아보기 위해, 퀴블러-로스는 정말로 그녀의 살갗을 만져보았다. 이미 죽은 슈바르츠 부인이 자신 앞에 다시 나타난 것은 퀴블러-로스가 겪은 일 중 가장 믿을 수 없는 일이었고, 자기 앞에서 무슨 일이 일어나고 있는지도 알 수가 없었다. 자기가 무엇을 하고 있는지, 이미 죽은 그녀가 어떻게 다시 자신 앞에 나타날 수 있는지 도무지 알 수 없었다. 심지어 퀴블러-로스는 이 사람이 정말로 수개월 전에 죽어서 묻혔던 슈바르츠 부인일 거라는 생각마저 억눌러버렸다. 둘이 문 앞에 이르렀을 때 그녀는 부드럽게 문을 열고 말했다.

"로스 박사님, 저는 두 가지 이유에서 이 세상에 되돌아와야만 했어요. 첫 번째로 박사님과 게인즈 목사님에게 고마움을 나타내기 위해서입니다.* 두 분이 제게 해주신 일에 감사드리기 위해서였죠. 두 번째로 제가 돌아와야 했던 또 다른 이유는, 당신이 하고 있는 '죽음과 임종'에 관한 세미나를 아직 끝내서는 안 된다는 것을 알리기 위해서입니다."**

퀴블러-로스는 그녀를 바라보았다. 슈바르츠 부인은 열 달 전에 죽어서 땅에 묻혔다. 지금 눈 앞에 보이는 슈바르츠 부인이 어떻게 다시 나타나게 되었는지 퀴블러-로스는 믿을 수 없었다. 퀴블러-로스는 책상으로 가서 손에 닿는 물건들을 만져보았다. 펜, 책상, 의자도 만져보았다. 퀴블러-로스는 그녀가 사라져 주기를 바라고 있었다. 하지만 그녀는 사라지지 않았다. 그녀는 여전히 고집스러우면서도 다정하게 말했다. "로스 박사님, 제 말 알아들으시겠어요? 박사님의 일은 끝나지 않았어요. 우리는 박사님을 도울 겁니다. 박사님은 지금 그만두시면 안 돼요, 약속하시죠?"***

퀴블러-로스는 생각했다. '지금 내가 이 사람과 이야기했다는 것은 아무도 믿지 않을 것이다.' 나중에 퀴블러-로스가 수백 명의 사람들에게 지금 자신이 겪은 경험을 말하게 되리라고는 상상할 수

---

* 게인즈 목사는 퀴블러-로스와 함께 '죽음과 임종'에 관한 세미나를 하던 사람으로, 퀴블러-로스가 아주 이상적인 공동생활의 파트너로 여겼던 멋진 흑인 목사였다.
** 같은 책, p.45.
*** 같은 책, p.46.

없었다. 그때 퀴블러-로스는 과학자 기질을 발휘해 그녀에게 말했다. "게인즈 목사님은* 지금 쿠바 아바나에 있어요. 그는 당신에게서 짧은 글이라도 받고 싶어 할 거예요, 어때요?" 죽은 사람을 다시 만났다는 과학적 물증이 필요했던 퀴블러-로스는 그녀에게 종이와 연필을 주었다. 가장 인간적이면서도, 결코 살아 있는 인간이 아닌 이 여인은 퀴블러-로스의 생각을 잘 알고 있는 듯, 미소를 지으면서 종이에 글을 썼다. 그러고 나서 그녀는 '이제 만족하십니까?' 하는 눈빛으로 퀴블러-로스를 바라보았다.

퀴블러-로스는 그녀를 바라보며 슈바르츠 부인과의 만남에 대해 어느 누구하고도 이야기를 나눌 수 없을 테지만, 이 체험을 소중하게 간직하게 될 것이라고 생각했다. 그녀는 일어나서 떠날 준비를 하면서 반복하여 계속 말했다. "로스 박사님, 약속하신 거예요?"라는 그녀의 말은 퀴블러-로스가 아직 이 일을 포기할 때가 아니라는 것을 암시하고 있었다. 퀴블러-로스는 "약속할 게요"라고 말했다. 퀴블러-로스가 이 말을 하자마자, 그녀는 순식간에 사라져 버렸다. 퀴블러-로스는 그녀가 쓴 짧은 글을 평생 지니고 있었다. 퀴블러-로스의 실질적인 사명은 "죽음은 끝이 아니다", "죽음이란 존재하지 않는다"는 사실을 사람들에게 널리 알리는 것이다. 인류가 이것

---

* 게인즈 목사는 쿠바 아바나에 있는 교회를 인계받아 퀴블러-로스 박사와 함께하는 일을 계속할 수 없었다.

을 아는 것은 매우 중요한 일이기 때문이다.**

　퀴블러-로스는 항상 환자들과 무척 가깝게 지냈으며 깊은 사랑의 관계를 유지했다. 환자들은 퀴블러-로스와 친숙한 관계를 맺었다. 환자가 죽은 뒤 몇 분만 지나면, 죽은 그들의 육신은 봄이 되어 더 이상 필요 없어져 벗어던진 겨울 외투와 비슷해 보였다. 그래서 퀴블러-로스는 환자의 육신은 껍질이라 생각했고 환자는 더 이상 그 껍질 안에 있지 않다는 것을 알았다. 과학자로서 퀴블러-로스는 이것을 설명할 수 없었지만, 죽었던 슈바르츠 부인이 다시 퀴블러-로스 앞에 나타나지 않았다면, '죽음과 임종'에 관한 세미나와 연구를 중도에 멈추고 말았을 것이다.***

** 　같은 책, p.47.
*** 　같은 책, p.56.

제3부

죽음 앞의 인간, 9가지 유형

"마지막 죽음의 순간이 찾아오면 죽음의 과정이 자연스럽게 이루어지기를 바란다. 나는 병원이 아니고 집에서 죽기를 바란다. 죽음이 다가오면 음식을 끊고, 마시는 것도 끊고자 한다. 나는 죽음이 진행되는 과정을 하나하나 예민하게 느끼고 싶다. 내가 죽어가는 자리에 참여한 사람들은 마음과 행동에 조용함, 위엄, 기쁨과 평화를 갖추고 죽음의 경험을 함께하기 바란다. 죽음은 광대한 경험의 영역이다. 나는 최선을 다해 삶을 살아왔으므로, 기쁘게 또 희망찬 마음으로 죽음을 맞이하고자 한다. 죽음은 다른 세계로 옮겨가는 것, 혹은 깨어남이다. 삶의 다양한 전개와 마찬가지로 죽음 역시 우리는 흔쾌히 받아들여야 한다. 화장이 끝난 뒤 재를 거두어 우리 땅의 나무 아래에 뿌려 주기 바란다."

- 스코트 니어링, 「주위 사람들에게 드리는 말씀」[*]

[*] 헬렌 니어링, 이석태 옮김, 『아름다운 삶, 사랑 그리고 마무리』, 보리, 1997,
 pp.221~223.

1장
죽음 앞에서 누구나 평등하다

사람들은 왜 그렇게 '죽는다'는 것을 두려워하는 것일까? 그건 아마도 '살고 싶다'는 욕망이 본능적으로 우리를 감싸고 있기 때문이고, 살면서 친숙하게 대했던 모든 것이 죽으면 한꺼번에 끝장나고 만다는 근본적인 상실감도 겹쳐 있기 때문일 것이다. 무엇보다 인간에게는 아직 경험해보지 못한 세계에 대한 원초적인 두려움이 있다. 여기에 또 하나, 죽으면 전혀 알 수 없는 낯선 환경에 뚝 떨어져 길을 잃고 헤매게 될지도 모른다는 막막한 심정도 죽음의 공포를 더욱 부채질하는 요인이 되고 있다.

우리가 그토록 죽음을 두려워하는 이유는 무엇일까? '자신'이 누구인지 잘 알지 못한다는 데 있지 않을까? 우리는 자신만이 갖고 있는 독특한 정체감으로 남과 다른 '자신'을 특징짓는다. 그렇다면 그 정체감이란 구체적으로 무엇일까? 이름 석 자, 성장 일대기, 나의 배우자, 내 일, 내 가족, 내 친구들…… 하지만 이런 것들도 가만

히 생각해보면 나를 지키고 나를 안전하게 해주는 일시적인 주변 환경일 뿐이다. 쉽게 깨질 수 있고, 내가 필요로 하지 않으면 금방 멀어질 수도 있는 위험천만한 환경들. 그렇다면 진짜 '나'는 누구란 말인가? 죽음의 순간이 오면 이러한 버팀목이나 주변 환경에 의해 비춰진 내가 아닌, 평생을 두고 애지중지해왔지만 실은 자신도 잘 몰랐던 맨몸의 벌거벗은 '나'를 만나게 된다.

태어나서 죽을 때까지 인간의 일생이란 어쩌면 '진정한 나'를 알고 만나러 가는 길에 다름 아닐 것이다. 이처럼 근본적인 존재를 만나러 가는 길에서 평생 동안 살아왔던 '내'가 낯선 '내'가 되지 않기 위해서는, 우리는 삶의 하찮고 사소한 날들마저 진지하게 성찰하고 배움으로써 아름다운 나를 가꾸어가야 하지 않을까.

4가지 평등과 9가지 차등

우리는 죽음과 관련해서 최소한 4가지 진리는 분명하게 알고 있다. 1) 누구나 죽는다는 것, 2) 언제나 죽을 수 있다는 것, 3) 어디서나 죽을 수 있다는 것, 4) 누가 언제 어디서 어떻게 죽을지는 아무것도 정해져 있지 않다는 것. 이처럼 인간은 죽음 앞에서 누구나 평등하다. 하지만 죽음 자체는 누구에게나 공평하다 해도 사람이 죽어가는 마지막 모습은 똑같지 않다. 바로 여기에 죽음 준비 교육의 필요성이 제기되는 것이다. 즉 죽음에 임했을 때 올바른 태도를 가지는가 아닌가에 따라 그 사람의 죽음은 값진 죽음이 될 수도 무의미한 죽음이 될 수도 있다. 하지만 안타깝게도 아직까지 우리는 죽어가는 사람이 어떤 심리상태를 거치면서 죽어가는지 별로 생각해보지 않았다.

죽음 앞의 인간 : 4가지 평등	
1	사람의 평등 – 누구나 죽는다.
2	시간의 평등 – 언제나 죽을 수 있다.
3	장소의 평등 – 어디서나 죽을 수 있다.
4	아직은 미정 – 누가 언제 어디서 죽을지 모른다.

죽어가는 사람의 모습은 대개 9가지 유형으로 나눠진다. 첫째 두려움 혹은 절망, 둘째 부정, 셋째 분노, 넷째 슬픔, 다섯째 삶의 마무리, 여섯째 수용, 일곱째 희망, 여덟째 마음의 여유, 아홉째 밝은 죽

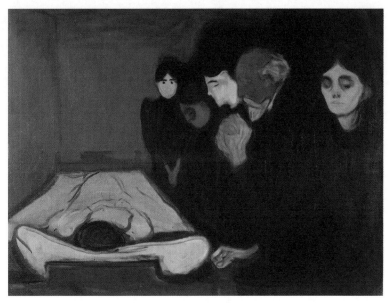

에드바르 뭉크, 'The Death Bed' 1895년

음의 순으로 죽음을 받아들이는 과정이 전개된다. 물론 이런 과정
이 꼭 순서대로 진행되는 것은 아니다. 대부분의 사람들은 죽음을
두려운 현상 혹은 절망으로 여기지만, 처음부터 죽음을 기꺼이 수
용해 밝은 모습으로 미소 지으며 죽음을 맞이하는 사람도 있다.

사람이 죽어가는 모습은 동물의 죽음과는 또 다르다. 동물은 육
체적으로 쇠약해지다가 죽게 되지만, 인간은 육체적으로는 쇠약해
져도 정신적으로는 성숙을 계속할 수 있다. 누구나 나이가 들면 육
체적으로 노쇠해가면서 정신마저도 나약해지기 십상이다. 그러나
육체의 기능이 쇠약해져 심신이 지쳐간다고 해서 마음마저 반드시
함께 늙어갈 이유는 없다. 시간의 흐름과 더불어 인간은 정신적, 인

9가지 죽음의 유형	
1. 절망과 두려움	죽으면 끝이라는 생각에 절망하고 두려워한다.
2. 부정	자신에게 임박한 죽음을 받아들이지 않는다.
3. 분노	왜 내가 죽어야 하는가, 의사나 가족에게 화를 낸다.
4. 슬픔	죽음 예감을 통해 슬픔을 느낀다.
5. 삶의 마무리	주변을 정리하고 삶을 마무리하는 기회.
6. 수용	자신에게 임박한 죽음을 받아들인다.
7. 희망	죽음에 직면해 희망을 유지한다.
8. 마음의 여유	죽음에 임해 마음의 평정과 여유.
9. 밝은 죽음	진리의 빛으로 죽음을 밝게 비춘다.

격적으로 성숙을 거듭할 수 있다. 이런 의미에서 '죽음은 성숙의 마지막 단계'라고 말한다. 죽음을 준비해 밝은 모습으로 여유 있게 죽음을 맞이하는 것이야말로 우리가 이 세상에서 할 수 있는 가장 값진 행위가 아닐까.

사람은 죽는 순간 좋든 싫든 진정한 자기만의 모습을 드러낸다. 삶에서는 거짓이 통용되지만, 죽는 순간만큼은 자기 존재의 값어치를 남김없이 드러내기 마련이다. 죽는 시간을 마음대로 선택할수는 없지만, 죽음이 갑자기 찾아올 때 어떤 태도로 임하느냐, 어떤식으로 죽을 것인가 하는 것은 자신이 정할 수 있다. 죽음을 인생의 도전이자 자극으로 즐기면서 여유 있게 맞이하는 것은 적절하게 노력하기만 하면 누구든지 할 수 있는 일이다.

2장
죽음의 첫 번째 유형: 절망과 두려움

죽어가는 사람이 보여주는 첫 번째 반응은 바로 절망과 두려움이다. 죽으면 아무것도 없다고 생각하는 사람은 어떻게 해서든지 삶의 시간을 연장하려고만 한다. 결국 두 눈을 부릅뜬 채 공포와 두려움에 가득 찬 표정으로 죽음을 맞이하는 모습은 가족에게 안타까움만 남길 뿐이다. 사람들은 현재의 삶을 인생의 모든 것으로 여길 만큼 영혼이 메말라 있다. 삶 이후의 삶에 대한 어떤 실제적이거나 근거 있는 신념도 없이 대부분의 사람들은 궁극적인 의미를 상실한 채 자신의 삶을 이어가고 있을 뿐이다. 우리는 살면서 한 번도 어떻게 죽어야 하는지, 죽은 뒤 무슨 일이 일어나는지에 대해서 제대로 배워본 적이 없다. 그러다 보니 죽음에 대해 어떤 희망도 사람들에게 분명하게 제시된 적이 없다. 삶과 죽음의 의미에 대해서 알아야 할 꼭 필요한 교육은 외면한 채, 그렇게 많은 교과목을 청소년들에게 가르치고 있는 우리의 교육현실이 너무나 안타까울 뿐이다.

　카르마(karma)는 '업業' 또는 '인과응보'를 가리키는 산스크리트
어. '카르마의 비전'이란 비슷한 카르마를 지닌 존재가 주변 세계
에 대해 일련의 지각방식을 공유하는 것을 일컫는다. 비슷한 업이
나 인과관계에 매여 있는 존재라면 세상을 인식하는 방식도 유사
할 수밖에 없다. 예를 들어 인간은 강을 물로 보지만, 물고기는 자
기가 사는 집, 신은 은총을 가져다주는 감로수, 아귀는 고름이나 썩
은 피, 지옥에 빠진 존재는 끓어오르는 용암, 아수라는 무기로 간주
한다. 동일한 강물임에도 전혀 다른 방식으로, 심지어 서로 모순된
방식으로 지각한다. 이처럼 동일한 대상도 카르마에 따라 다양하
게 지각하고 있으므로, 결국 '카르마의 비전'이란 환상에 지나지 않
는다. 심지어 똑같은 인간이라 해도 사람마다 각자 고유한 카르마
를 지니고 있으므로, 각자 자기만의 방식으로 사물을 바라볼 수밖
에 없다.

탐욕으로부터
근심이 생기고
탐욕으로부터
두려움이 생긴다
탐욕이 없는곳에
근심이 없나니
어찌
두려움이 있으랴
- 법구경 -

　사람들이 죽음을 절망 혹은 희망으
로 너무나 다르게 보는 것도 바로 '카
르마의 비전' 때문이다. 죽음을 절망으
로 이해하는 사람은 자신만의 고유한
'카르마의 비전'이 죽음을 절망으로
보게 하기 때문이다. 마찬가지로 죽음
을 밝은 희망의 근원으로 볼 수 있는
것도 역시 '카르마의 비전'이 그렇게

보게 하기 때문이다. 아무리 과학만능의 시대를 살고 있는 현대인이라지만 죽음에 대해서까지 "눈으로 볼 수 있는 것만 믿을 수 있다"고 말한다면, 그것은 지나친 교만에 빠져 자신조차 제대로 보지 못하는 어리석은 태도일 것이다. '카르마의 비전'에 의해 볼 수 있는 것만 볼 뿐인 우리가 어떻게 감히 죽으면 끝이라고 단정할 수 있겠는가? 자기가 붙어 있는 나뭇잎 하나를 세상 전체라고 보는 벌레의 소견과 무엇이 다른가? 사랑, 자비, 영혼, 진리, 생명, 의미 등 우리에게는 눈으로 볼 수 없지만 너무나 고귀한 현상들도 무수하게 많다. 붓다도 "형상이나 소리에서 붓다를 찾지 말라"고 『금강경』에서 말씀하신 바 있지 않은가?

'죽으면 끝이다', '아무것도 없는 절망일 뿐'이라고 생각하는 사람은 죽음 이후에 대해 과학적으로 증명해보라고 요구한다. 하지만 인간의 영혼 같은 보이지 않는 영역에 대한 접근과 이해에 있어서 과학적 연구방법은 너무나 불완전하다. 사실 현대 과학과 의학은 일반인들이 생각하는 것보다 훨씬 불완전하다. 죽으면 끝인가, 끝이 아닌가 하는 문제는 과학적으로 증명할 수 있는 그런 차원의 것이 아니다. 그런데 과학으로는 증명할 수 없음에도 불구하고 우리는 죽으면 모든 것이 끝난다고 단정한다. 죽은 뒤 갑자기 새로운 현상을 겪었던 저 숱한 임사체험자들의 증언을 우리는 어떻게 설명할 수 있을까? 죽음이 절망인지 희망의 근원인지는 결국 보는 사람의 생각에 달린 것이다.

"죽음은 곧 절망을 뜻하지 않는가?"

말기암 환자 박 씨는 어느 날 위암 말기라는 진단을 받았다. 암 선고 이후 늘 우울한 표정을 짓고 있는 박 씨에게 무슨 걱정이 있느냐고 호스피스 봉사자가 물어 보았다. 그러자 박 씨는 땅이 꺼져라 한숨을 푸욱 쉬면서 이렇게 말하는 게 아닌가. "아무런 희망이 없다. 죽음은 곧 절망을 뜻하지 않는가. 정말이지 죽고 싶지 않다. 죽으면 모든 게 정지하고 끝나는 것인데 죽고 싶은 사람이 어디 있겠는가." 이로부터 며칠 지나서 그는 죽었다. 박 씨처럼 죽으면 모든 것이 끝이라고 생각해 죽고 싶지 않은 절망적인 상태에서 죽음을 맞이하는 임종이 대부분의 한국인들이 보이는 마지막 모습이다.

또 다른 60대의 남자도 어느 날 갑자기 간암 말기 진단을 받았다. 친구인 의사가 잔여수명이 3개월 정도라고 말해주었다. 잠시 후 환자의 상태가 이상해지더니 온몸이 굳어서 움직이지도 못하고 말도 못하는 상태가 되어버렸다. 그는 죽으면 어떻게 될까 생각해보았더니 '죽으면 꼼짝없이 지옥에 갈 수밖에 없겠구나' 하는 생각이 들면서 갑자기 지옥의 공포가 몰려와 꼼짝도 할 수 없게 되었다. 그는 지옥에 대한 공포로 인해 영적인 위기를 겪은 것이다. 의사는 정신과 의사에게 의뢰했는데도 별 효과가 없자 마지막으로 호스피스에게 의뢰하였다. 병실을 찾아가 보니 환자는 침대에 똑바로 누워 무릎을 약간 세운 채 이빨 부딪치는 소리가 들릴 정도로 덜덜 떨고 있었다. 그는 두 눈을 크게 뜨고 무언가 무서운 것이라도 보고 있는

고흐, '슬퍼하는 노인'(1890년)

듯 공포에 질린 표정으로 천장을 응시하고 있었다. 호스피스 관계
자가 "무엇이 그렇게 무서우세요?"라고 물었다. 그는 덜덜 떨면서
들릴 듯 말 듯 "지-옥-에-갈-까-봐-서-"라고 답하는 것이었다.
두려움으로 가득 찬 그의 마음을 안심시켜주자, 다음 순간 그는 갑
자기 "감사합니다"라고 말하면서 호스피스 봉사자의 손을 꽉 쥐기
에 다시 한 번 쳐다보니, 굳어 있던 온몸이 다 풀려 있었고 말도 제
대로 할 수 있게 되었다.[*]

2009년 세브란스병원 김 할머니 사건에 대한 대법원 판결은 '생

___

[*]   최화숙,《월간조선》2000년 3월호, pp.76~78.

명을 연장하기 위한 최선은 곧 선행'이라는 의사들의 오랜 믿음을 깨뜨렸다. 사건 이후 자기 죽음을 결정할 수 있는 연명의료결정법이 서둘러 제정되었다. 의료계에도 작은 변화가 찾아왔다. 질병과 싸우기 위한 경쟁에만 몰두하던 병원들이 하나둘씩 호스피스 완화의료에 관심을 갖기 시작했다.

고전물리학의 기본태도는 순수 객관주의였다. 관찰 대상은 관찰자와 관계없이 존재하므로, 관찰자는 당연히 배제했다. 그러나 현대물리학은 순수 객관주의를 거부하고 훨씬 더 주관주의 방향으로 나아갔다. 관찰 대상은 관찰자와 분리될 수 없기 때문이다. 관찰자는 대상에 관여하게 되므로, 연극에 비유하면 관찰자는 관객이면서 동시에 배우의 역할을 하게 된다. 현대 물리학에 "어떤 물체의 위치와 속도를 정확하게 측정하는 것은 이론적으로 불가능하다"는 불확정성원리가 있다. 관찰 대상과 관찰자의 관계 아래 관찰 내용이 형성된다는 원리로, 동일한 물리적 현상도 관찰자에 따라 그 내용이 달라진다는 뜻이다.

불확정성 원리를 죽음 현상에 적용해보면, 관찰자는 인간, 대상은 죽음이다. 죽음(관찰대상)은 인간(관찰자)으로부터 분리되어 있지 않고, 두려운 현상으로 사전에 확정되어 있지도 않다. 관찰자(개인)가 관찰현상(죽음)을 바라볼 때 관찰내용이 정해지게 된다. 따라서 불확정성 원리에 입각해보더라도 죽음 이해가 사람에 따라 달라지는 것은 당연하다. 이런 맥락에서 보면 우리가 다양한 모습으로 죽음을 맞이하는 것도 이해가 된다. 사람마다 죽음을 서로 다르

게 이해하여 각양각색으로 죽어가고 있는 현실을 감안해보더라도, 죽음이 일률적으로 정해져 있지 않은 사실을 알 수 있다.

많은 사람들이 생각하는 것처럼 '죽음'이 우리의 마음을 두렵게 만드는 현상임이 객관적으로 확실하다면, 누구든지 두려운 모습으로 죽어야 마땅할 것이다. 그러나 그런 식으로 생각하는 사람이 많은 것일 뿐, 모든 사람이 두렵게 죽는 것은 결코 아니다. 밝은 미소 속에서 죽음을 맞이하는 사람도 있기 때문이다. 따라서 죽음을 두려운 현상으로 확정하는 것은 죽음 자체가 아니다. 바로 우리 자신이 그렇게 착각하는 것일 뿐이다. 두려움 속에서 벌벌 떨다가 죽은 영혼이, 그렇게 두려움을 느낀 것은 스스로 선택한 상황 때문임을 알게 된다면 얼마나 후회할까.

인간은 '아직 확정되지 않은 존재', '미완성 교향곡'이다. 삶의 방식이 이미 확정된 다른 동물과는 다르게, 인간은 이미 확정된 부분도 있지만 아직 확정되지 않은 부분도 있다. 죽음의 방식도 절망이건 희망이건 어느 쪽으로도 가능하다. 아직 확정되지 않은 죽음의 방식을 어떤 식으로 정할 것인지는 자기 자신에게 달려 있다. 우리의 삶은 아직 채워지지 않은 부분을 스스로 채워가는 과정이라고 말할 수 있다. 죽음 역시 마찬가지이다.

3장
죽음의 두 번째 유형: 부정

죽어가는 사람이 보여주는 두 번째 반응은 자신의 죽음을 인정하지 않는 것이다. 사람들이 대부분 죽음이 임박했다는 통보를 받고서 보이는 첫 반응은 "뭐라구요? 아니야. 뭔가 잘못되었을 거예요"라는 대답이다. 어떤 환자는 자신의 병명이 잘못되지 않았나를 확인하려고 오래도록 시간을 허비한다. 그는 자신의 병력기록 차트가 그렇게 빨리 나올 리가 없다며, 다른 사람의 카드에 자신의 이름이 잘못 기재된 것이라며 이를 확인해달라고 요구한다. 그래도 별다른 반응이 없을 경우, 다른 병원이 자기의 병을 보다 잘 검사해줄 것이라는 기대감에서 퇴원하겠다고 말한다.

자신의 죽음을 전적으로 또는 부분적으로 부정하는 행동은 죽어가는 환자 대부분에게서 나타나는 현상으로, 일종의 '자기방어'라고 할 수 있다. 뜻밖의 충격적인 소식을 전해들은 환자는 일단 자신의 죽음을 부정하고 본다. 더 이상 살 수 없다는 판정을 받았음에도 자신이 죽을 수도 있다는 사실을 잠시 생각했다가는 즉시 떨쳐버린다. 죽음을 부정하거나 거부하는 것은 일시적인 방어수단일 뿐이며 시간이 지남에 따라 '부분적 순응'으로 대치되게 마련이지만, 끝까지 죽음을 부정하는 경우도 있다. 죽어가는 당사자가 자신에게 임박해 있는 죽음을 부정하는 사례도 있고, 사랑하던 사람이 이미 죽었음에도 몇 달, 심지어 몇 년 뒤까지도 그의 죽음을 가족이 인정하지 않는 경우도 있다.

그는 마지막 순간까지 죽음을 받아들이지 않았다

모 기업 회장의 부인은 자신의 죽음을 인정하지 못한 상태에서 가족들마저 자신을 외면한 채 쓸쓸하게 생을 마감해, 주위 사람들에게 외로운 죽음이 어떤 것인지 절실히 깨닫게 해주었다. 암 말기인 J부인은 대기업 회장의 아내로, 병원에서도 남부럽지 않은 VIP 대접을 받고 있었다. 하지만 그 넓은 VIP룸은 가정부와 간병인만이 지키고 있을 뿐, 정작 환자에게 필요한 가족들은 없었다. J부인은 남들이 보기엔 풍부한 재산과 사회적 명예, 장성한 자녀 등 이 세상에서 전혀 부러울 것이 없는 처지였다. 그러다 보니 J부인은 이런 현실적인 것들을 놔두고 이승을 떠난다는 것은 생각도 할 수 없었다. 그녀는 이 모든 것을 이승에 남겨두고 홀로 외로이 세상을 떠나야 한다는 사실을 쉽게 받아들일 수 없었다.

하지만 J부인의 현실은 그리 즐거운 것만도 아니었다. 부부 사이에 대화나 살가운 정은 이미 끝난 지 오래고, 바쁘다는 핑계로 남편은 2, 3일에 한 번 병실에 잠깐 들렀다가 무언가에 쫓기듯 바쁘게 나가기 일쑤였다. 자녀들 역시 바쁘다는 핑계로 얼굴 한 번 보여준 적이 없었다. 이처럼 외롭고 쓸쓸하게 죽을 날만을 기다리던 부인은 임종하던 날도 결코 이 현실을 받아들일 수 없다고 했다. 그러면서 결코 죽고 싶지 않다고 계속해서 말하다 결국 '안 돼' 하고 소리치다가 숨이 멎어버렸다. 그녀는 그렇게 처절하고 두려움에 몸을 떨다가 두 눈을 부릅뜬 채 공포에 얼룩진 얼굴로 죽고 말았다. 그녀는 마지막까지 죽음을 인정하기 않았기에, 결국 아무런 마무리도 하지 못했다.[*]

　세속적인 성취에만 몰두한 사람은 죽음에 대한 부정 혹은 거부감이 심하다. 사회적 성공이나 출세만을 지향해 앞만 보고 달려왔기 때문에, 평소에 죽음에 대해서는 생각해볼 기회가 거의 없는 것이다. 이런 상태에서 갑자기 죽음이 찾아오면 그는 정신적으로 공황 상태에 빠지게 된다. 모든 것을 세속적인 관점에서 돈이나 물질로만 바라보는 사고방식으로 평생을 살았지만, 죽음은 그런 식의 접근을 결코 허용하지 않기 때문이다. 그래서 더욱 죽음을 부정하게 되지만, 그러면 그럴수록 고통의 무게는 더 한층 커지게 마련이다. 죽음을 눈앞에 둔 사람이 자신의 죽음을 부정해 함께 나누었던 삶의 모든 시간에 대해 솔직하게 말할 수 없다면, 사랑하는 사람들과

---

[*]　　최화숙, 『아름다운 죽음을 위한 안내서』, pp.51~57.

의 인간적인 대화도, 작별인사도 나눌 수가 없다.

　어느 환자는 호스피스 봉사자가 세 번이나 환자의 집에 찾아갔지만, 돌아누워 있을 뿐 말문을 열지 않았다. 그래도 호스피스 봉사자는 묵묵히 자기 할 일만 하고 돌아왔다. 네 번째 찾아가자 그는 미안한 마음이 들었는지 그동안 가슴에 담아두었던 말들을 폭포수처럼 쏟아내면서 엉엉 울었다고 한다. 자기 자신의 죽음을 인정하지 않고 세상을 원망하는 환자들은 마음의 문을 닫아버리기 쉽다. 이러한 절박한 상황에 놓인 환자 곁에는 일거수일투족을 잘 헤아려줄 사람이 있어야 한다. 죽음을 거부하는 환자들은 처음 한두 번은 누가 찾아와서 위로를 해주어도 말을 꺼내기조차 싫어하지만, 몇 번이라도 찾아가서 진심으로 환자의 딱한 사정을 들어주겠다는 자세로 관심을 보이면 환자는 그에게 마음속 이야기를 하나둘 털어놓기 시작한다. 그들은 자신의 절박한 심정에 어쩔 줄 몰라 하다가, 차츰 자신을 도와주기 위해 곁에서 기다리는 사람이 있다는 사실에 마음을 놓으며 아픔을 나누려고 한다.

4장
죽음의 세 번째 유형: 분노

죽어가는 사람이 보여주는 세 번째 반응은 세상에 대한 분노이다. 대부분의 임종환자들은 "왜 내가 죽어야 하냐?"며 주위 사람에게 분노의 감정을 숨기지 않는 경우가 많다. 이들은 "아직 죽고 싶지 않다, 더 오래 살고 싶다"는 희망의 감정을 분노의 형태로 표출하곤 한다. 분노로 가득 찬 말기 환자와는 아무런 대화가 이루어지지 않는다.

"나는 이렇게 죽으라는 말입니까?" [*]

의사가 더 이상 치료를 할 수 없다고 말하자, 남자의 눈에는 살기가 어려 있었다.

---

[*] 김범석, 『어떤 죽음이 삶에게 말했다』, 흐름출판, 2021, pp.15~24.

"더 이상 항암치료를 못한다니요? 뉴스에서는 좋은 약이 많이 나오고 있다던데 그게 말이나 됩니까?"

"신약 임상시험에도 참여해봤지만 효과가 없지 않았습니까? 이제는 호스피스로 넘어가는 것이 좋겠습니다."

"그러면 나는 이렇게 죽으라는 말입니까? 그게 의사가 할 소리입니까?"

남자의 언성이 점점 높아지고 있었다. 목에 힘줄을 세우며 원망 어린 말을 쏟아내는 그를 상대로 의사는 한참 실랑이를 벌였다. 그날의 힘든 외래진료가 끝났을 때 간호사가 말했다. "아까 그 환자 눈빛이 장난이 아니던데요. 의사 선생님을 진짜 잡아먹을 것 같았어요." 간호사가 보기에도 그 환자의 눈에서 살기가 느껴졌던 모양이었다. 정말 그때 환자의 손에 칼이라도 들려 있었다면 이글거리는 눈빛으로 의사를 덮쳤을 것 같았다. 담당의사가 외래를 보며 상대방이 자신을 해칠 것 같다고 느낀 것은 그때가 처음이었다. 그 병은 다른 병원에 가본들 별 수 없었는지, 며칠 후 그 환자는 다시 의사를 찾아왔다. "돈은 상관없으니 예전에 썼던 그 항암제를 다시 써주세요." 그의 말이 끝나는 순간 '돈'이라는 단어가 의사 마음에 걸렸다. 돈이 있으니 할 수 있는 것은 다 해보겠다는 의미일까? 돈이 많으니 자신을 무시하지 말라는 것일까? 아니면 죽기 전에 있는 돈은 다 쓰겠다는 건가? 그는 물러서지 않을 것이 뻔해 보였다.

그는 '깡촌'으로 불리는 가난한 농가에서 태어난 여덟 남매 중 맏이였다. 주경야독 끝에 기어이 대학에 합격했다. 등록금을 스스로 벌어가며 대학을 다녔고, 외국계 기업의 임원 자리까지 올랐다. 불가능을 가능으로 바꾸는 일의 연속, 그것이 바로 그의

삶이었다. 그러나 오십대 중반에 신장암에 걸리면서 인생에 변화가 찾아왔다. 수술을 받고 완치되는 듯했지만 몇 년 뒤 뼈와 림프절에 암이 재발했다. 이제 그는 스스로의 의지만으로 안 되는 일에 마주하게 되었다. 평생을 끌고 온 기질은 어디 가지 않는다. 그는 단념하지 않았다. 다른 환자들이 힘들어 하던 치료도 웬만큼 잘 버텨냈다. 3년 가까이 항암치료를 받으면서도 회사를 계속 다녔다. 그는 늘 진지했고 심각한 표정이었다. 3년 내내 항상 화가 많이 나 있는 것처럼 보였다. 그는 평생 일에만 몰두했던 '회사형 인간'이었다. 12월 추운 겨울날 그는 쓸쓸히 세상을 떠났다. 의사는 혹시 그를 다시 만난다면 묻고 싶은 말이 있다. "당신은 무엇을 위해 그렇게 열심히 살았습니까?"

"이렇게 죽을 수는 없습니다."*

마흔세 살의 여성이 3개월 전 속이 아파 내시경을 해본 결과, 급
성 위암 말기라는 청천벽력 같은 진단을 받았다. 모든 것이 불과
3개월 만에 갑작스레 일어난 일이라 남편은 아내에게 알릴 여
유와 기회조차 놓쳐버렸다. 환자의 병은 이미 손을 쓸 수가 없
어 집 근처 일반 병원에 입원 중이었다. 그날 호스피스 일을 하
는 스님이 수녀님과 함께 세미나에 참석하러 서울로 가는 중에
전화를 받았다. 수화기에서 간병인의 다급한 목소리가 들려왔
다. "빨리 좀 와주세요. 우리 환자가 피를 막 쏟아요." 병원에 도
착해 병실 문을 열고 들어서는 순간의 그 풍경은 참으로 처참했
다. 환자가 남편의 머리채를 붙잡고 악을 쓰고 있었다. "내가 죽
는다고? 누구 맘대로……. 난 절대 못 죽는다. 누가 나보고 죽는
데. 응? 그놈 데리고 와!" 스님이 들어오자 의사가 따라 들어왔
다. 그녀는 의사를 보더니 두 눈을 부릅뜨고 또 말했다. "뭐라고
요. 내가 죽는다고요?"
의사는 아무 말도 하지 못하고 서 있었다. 너무 다급하여 밖으로
나가 의사에게 자초지종을 물었더니, 암세포가 위벽을 뚫고 나
가 위에 구멍이 난 상태인데 현재로선 아무것도 할 수 없다고 했
다. 이미 암이 전신에 퍼져 더 이상 손을 댈 수 없다는 것이었다.

---

* 　능행, 『섭섭하게 그러나 아주 이별이지는 않게』, 도솔, 2005, pp.57~59.

병실로 들어오니 남편 목을 쥐어 잡고 난리를 피우던 그녀가 스님을 보자마자 동방 옷고름을 잡고 눈을 부릅떴다.

"이 손 좀 놔보세요."
"스님, 안 돼요. 절대로 놓을 수 없어요. 날 살려주시기 전까지는."
"남편분한테 왜 그러셨어요?"
"조금 전부터 목에서 피가 올라와 남편에게 물어봤지요. 여보! 내가 왜 피를 토해? 응? 그랬더니 저 인간이 글쎄, 오늘 내가 죽는데요."
그러면서 그녀는 악을 지르며 통곡했다. "오빠! 사실대로 말해 봐. 지금 무슨 소리를 하는 거야?" 병실에 함께 있던 오빠들은 붙잡고 울었다. "미안하다. 도저히 말할 수 없었어. 부디 용서해라."
"세상에, 내가 어떻게 그 말을 믿어요. 위염이라고 해놓고……. 지는 못 죽어요. 절대로…… 아니, 그것도 내가 겨우 몇 시간밖에 살 수 없다고……. 스님, 제발 날 좀 살려주세요. 이렇게 죽을 수는 없습니다."

무엇보다도 자신이 죽을 수밖에 없는 사람이라는 진단이 내려지면 사람들은 세상과 주변사람, 심지어는 자신에게조차 억울하고 분하다는 생각이 본능적으로 치솟아 오르게 된다. 이런 사람들은 지금까지 살아온 인생이 너무 힘들었거나 가까운 사람으로부터 씻을 수 없는 상처를 입었을 경우, 자신을 불행하게 했던 사람이나 주변사람에게로 분노의 화살을 돌린다. 하지만 이러한 잘못된 감정이나 왜곡된 정서에 대해서 호스피스나 성직자, 전문상담사들이 지속적으로 대화와 위로를 통해 긍정적으로 죽음에 임하도록 권면하게 되면, 환자도 서서히 안정을 되찾고 자신만의 정리할 시간이 필요하다는 것을 깨닫게 된다.

5장
죽음의 네 번째 유형: 슬픔

죽어가는 사람들이 보이는 네 번째 반응은 슬픔이다. 회복 가능성이 없는 환자가 시시각각으로 다가오는 죽음의 그림자를 느끼게 된다. 증상이 점점 뚜렷해지고 몸이 현저하게 약해질 때쯤이면 그 전까지 환자가 보여주었던 초연한 듯한 자세와 무감정, 분노 등의 감정은 극도의 상실감으로 바뀌게 된다. 이런 상실감은 여러 가지 양상을 띠게 된다. 유방암을 앓는 여인은 미용문제를 한탄하게 되고, 자궁암에 걸린 여인은 이젠 자기가 여자가 아니라는 자조감에 사로잡히게 된다. 어느 오페라 가수는 턱과 얼굴에 심한 악성종양이 생겼다. 방사선 치료를 위해 이를 모두 뽑아야 한다는 진단을 받고 충격과 함께 지독한 우울증 증세를 보였다. 아무런 준비도 없이 갑자기 찾아온 죽음에 대해 이런 식으로 극도의 상실감을 나타내는 것은 어쩌면 인지상정의 감정이라고 말할 수 있다.

죽음을 눈앞에 둔 사람은 크게 낙담하게 된다. 이때는 어떠한 격

려나 위로의 말도 소용이 없다. 죽는다는 것은 최대의 슬픔을 당하는 것이므로, 슬퍼하지 말라고 위로할 수도 없는 노릇이다. 이처럼 우울한 시기엔 말없이 곁을 지켜주는 사람이 필요하다.

죽음 앞에서 피할 수 없는 우울

이때의 슬픔은 두 가지로 구분된다. 첫 번째, 병으로 죽게 되는 자신의 처지를 한탄해 슬퍼지는 경우로, 이는 '반응으로서의 우울'이다. 두 번째, 가까운 시일 안에 모든 것을 잃어버리게 되므로 우울해지게 되는 경우로, 이는 '죽음 예감을 통해 느껴지는 예비적 우울'이다. '반응으로서의 우울'은 이미 걸린 병으로 말미암아 야기되는 현상이다. '죽음 예감을 통해 느껴지는 예비적 우울'은 앞으로 일어날 자신의 죽음, 즉 미래의 상실에 의해 초래되는 현상이다. 다가오는 죽음을 예측하면서 미리 슬퍼하는 상태인 것이다. '반응으로서의 우울'의 단계에 이른 말기 환자는 전에 비해 훨씬 할 말이 많아지고 의사나 간호사가 자신의 병에 적극 개입해주기를 바란다.

필자와 오래전부터 친분이 있던 한 여성의 죽음 과정은, 인간이 죽기 전에 어떠한 슬픔의 감정에 놓이게 되는지를 여실히 보여주는 가슴 아픈 사례가 아닐 수 없다. 정 씨 부인은 필자와는 오래전부터 필자의 '웰다잉' 수강생으로 알고 지내던 사이였다. 정 씨는 성격도 차분하고 평소 사려 깊은 말로 필자와 '죽음'에 관한 의미 있는 대화를 많이 나누며 허물없이 지냈다. 그런데 얼마 전, 이미 몇 년 전에 완치가 됐다고 믿었던 간암이 재발되어 의사로부터 시한부 판정을 받고 말았다. 평소 정 씨 부인은 죽음에 대해서도 인생의 한 과정으로 인식하는 경향이 있어서 필자도 그러려니 하고 담담하게 정 씨 부인을 맞이하곤 했다. 하지만 그녀도 인간인지라 가끔 필자와 얘기를 나누면서 "정말로 내가 죽게 되는 건가요? 솔직히 이제 서서히 죽음이 두려워져요"라며 슬픈 표정으로 필자를 쳐다보곤 했다. 그러다가 그녀는 죽음을 며칠 앞두고는 스스로 죽음의 예감을 드러내는 '예비적 우울' 상태에 빠졌다. 우선 도란도란 말도 잘하던 그녀가 서서히 말수가 줄어들기 시작했고 우울함이 지나쳐 깊은 상념에 빠져들곤 했다. 그러고는 자신을 돌보는 호스피스에게 들릴 듯 말 듯한 꺼져가는 목소리로 한 마디 한 마디 아주 힘겹게 속삭였다고 했다.

"오-늘-저-노-을-을-다-시-볼-수-가-있-을-까-요. 노-을-도-낙-엽-도-바-람-소-리-도-이-제-다-마-지-막-으-로-겪-게-되-는-세-상-의-모-습-이-라-고-생-각-하-니, 제-인-생-이-너-무-외-롭-고-슬-프-단-생-각-밖-에-안-들-어-요……."

그녀는 병상을 찾은 필자에게 자신의 주변을 살펴보면 문득 생경스러운 느낌이 들어 그 느낌을 가만히 음미해본다고 말했다. 아마도 정 씨는 자신에게 다가오는 죽음의 그림자를 보고, 자신의 떠남을 생각하면서, 곧 벗어나게 되는 이 세상과 앞으로 다가올 세상을 함께 느끼고 있는 것 같았다. 죽음을 며칠 앞두고 정 씨는 자신이 너무 자기만을 위해 이기적으로 살았다고 말하면서 사회에 조그만 공헌이라도 하고 싶다는 말을 가족에게 남겼다. 그러면서 자신의 병든 몸이나마 유익하게 쓰일 수 있도록 해달라고 가족들에게 마지막 부탁을 했다. 결국 정 씨의 간곡한 뜻이 받아들여져 가족들은 회의를 통해 대학병원에 정 씨의 시신을 기증하기로 결정했다. 가족의 뜻을 전해들은 정 씨는 조금이나마 세상의 빛이 돼서 이 세상을 떠날 수 있게 됐다고 만족하며 긴 여행길에 오를 수 있었다.*

정 씨 부인처럼 '죽음 예감을 통해 느껴지는 예비적 우울'의 단계에 들어서면 말수가 눈에 띄게 줄어든다. 말보다는 오히려 이심전심의 관계가 절실히 요구되는 상황이다. 말없이 손을 잡아주거나 머리를 쓰다듬어주거나 옆에 조용히 앉아 있기만 해도 마음과 마음이 통한다. 이런 형태의 슬픔이 당사자에게는 필요불가결하고 유익하기까지 하다는 사실을 가족들은 유념해야 한다. 이 단계를 거쳐야만 임종자는 체념할 수 있고 죽음을 편안히 맞을 수 있기 때문이다. 불안, 초조, 슬픔의 단계를 무난히 거친 환자만이 죽음에 순응할 수 있다. 임종자가 모든 것을 체념하고 죽음을 수용하고 있다면 가족들의 불안이나 걱정도 줄어들게 될 것이다.

---

* 최화숙, 『아름다운 죽음을 위한 안내서』, pp.215~218.

6장
죽음의 다섯 번째 유형: 삶의 마무리

죽어가는 사람이 보여주는 다섯 번째 반응은 자신의 주변을 정리하는 삶의 마무리 과정이다. 죽기 전에 인간관계상 갈등이 있다면 원만하게 화해를 하고, 매듭짓지 못한 문제가 있다면 잘 마무리하는 일은 죽음을 앞둔 환자가 꼭 해야 할 중요한 일이다. 죽음이 임박한 말기 환자 대부분이 죽음에 대한 아무런 준비도 없이, 마치 자기 문제가 아닌 듯이, 혹은 불행한 죽음을 원하기라도 하는 양 두려움과 절망 속에서 죽어간다. 그러나 죽음은 삶을 가장 절실하게 마무리 지을 수 있는 최고의 기회이다. 아름다운 마무리는 죽음이 우리에게 주는 마지막 선물이기도 하다.

"내 돈 2억 갚아라."

폐암 환자가 있었다. 부인과는 오래전 이혼했고 자녀는 없었다. 동거인은 법적으로 부인이 아니었고 환자의 병세가 깊어지자 그의 곁을 떠났다. 이제 그의 곁에는 아무도 없었다. 부모는 오래전 돌아가셨고 남동생 한 명이 있었지만 연락이 끊긴 지 오래되었다. 4, 5년 전쯤 동생이 사업을 한다면서 그에게 2억 원을 빌려가 놓고는 일이 풀리지 않아 갚지를 못했고, 그 뒤로 서먹해지는 바람에 연락도 끊어졌다. 그게 너무 억울하고 분하다고 했다. 동생에 대한 감정이 안 좋은 것은 지극히 당연했다.

그러나 그는 폐암 말기였다. 살날도 얼마 남지 않았고 생의 마지막 순간을 돌봐줄 사람이 필요했다. 호스피스 팀의 노력으로 우여곡절 끝에 동생에게 연락이 닿았지만, 동생은 당연히 형의 상황을 모르고 있었다. 호스피스 팀은 그에게 환자의 상황을 설명하고 병원에 와달라고 부탁했다. 며칠 뒤 처음 보는 남자가 병실 문을 열고 들어섰다. 누군가가 환자를 찾아온 건 처음이었다. 비슷한 얼굴 생김새에 환자 동생임을 직감했다. '형님!'

환자의 미간이 찌푸려지더니 눈썹이 크게 올라갔고, 동생은 형을 보고 황망한 눈빛을 했다. 당시 환자의 몰골은 말이 아니었다. 온몸에 뼈와 가죽만 남은 몸으로 산소마스크에 의지한 채 근근이 숨만 쉬고 있었다. 동생의 눈시울이 붉어졌다. 몇 년 만에 만나는 형에게 드리워진 죽음의 그림자에 마음이 편할 리가 없

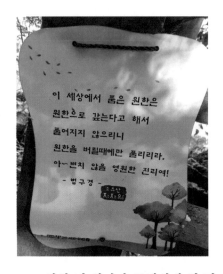

이 세상에서 품은 원한은
원한으로 갚는다고 해서
풀어지지 않으리니
원한을 버릴때에만 풀리리라.
아~ 변치 않을 영원한 진리여!
- 법구경 -

었다. 형제는 서로 한참 마주보았다. 둘 사이에는 세월의 공백만큼이나 어색한 침묵이 흘렀고 병실의 적막은 깊고 또 깊었다. 동생은 형에게 쉽게 다가가지 못한 채 어쩔 줄 모르고 망부석처럼 서 있었다. 2억 원, 원망과 세월이 할퀴고 간 두 사람 사이의 틈은 생각보다 깊었다.

한참 뒤 환자가 동생에게 할 말이 있는지 가까이 오라고 손짓했다. 숨이 차서 목소리를 크게 낼 기력조차 없던 형에게 동생은 다가가 형의 얼굴 쪽으로 고개를 숙였다. 동생은 곧 울 것 같은 얼굴이었다. 드디어 화해의 순간이 왔구나! 의사와 간호사는 그 모습을 지켜보았다. "너… 내 돈… 2억 갚아라." 순간 병실 안에 있던 모두가 귀를 의심했다. 병실에는 싸늘한 정적이 흘렀고 훈훈했던 공기는 순식간에 얼어붙었다. 그는 다시 한 번 천천히 말했다. "내 돈… 2억… 갚으라고." 당혹스러웠다. 의사와 간호사가 기대했던 말은 이게 아니었다. 동생에게 돈을 돌려받는 것보다 해묵은 관계를 푸는 것이 필요했다. 동생이 아니면 그의 마지막 배웅을 해줄 사람이 아무도 없기 때문이다.

환자의 동생은 그 뒤로 다시 병원을 찾지 않았다. 환자도 더 이상 동생에 대해 말하지 않았다. 대신 동생은 간병인을 보내주었고 비용도 부담했다. 며칠 후 환자는 아무도 지켜보는 이 없는 가운데 쓸쓸히 세상을 떠났고, 동생이 시신을 수습해 장례를 치렀다. 결국 "내 돈 2억 갚아라"가 마지막 유언이 된 셈이다. 한 인간이 혈육에게 남기는 마지막 한마디가 "내 돈 2억 갚아라"였던 것이 씁쓸했고, 쓸쓸한 죽음은 언제나 그렇듯이 안타깝기만 하다.[*]

"당신과 사는 동안 행복했어."

그는 임종 12일 전부터 점점 병세가 악화되기 시작하더니 음식을 삼키지 못했고, 복수까지 차서 호흡곤란이 오기 시작했다. 그런 와중에도 정신이 들 때마다 아내에게 항상 지혜롭고 현명하게 살아야 한다고 일러주고 아이들도 건강하게 키워줄 것을 당부했다. 임종 전날 "하늘나라 가실 준비는 다 되셨어요?" 하고 신부가 물으니, "신부님, 아직 안 됐습니다. 내일쯤이면 될 것 같아요. 아직 정리 안 된 게 남았어요!" 하는 것이다. 그러더니 다음 날 아침 "신부님, 오늘 하늘나라에 갈 것 같으니 기도 좀 해주세요." "오늘은 준비가 되셨어요?"

"네, 준비되었어요. 신부님, 제 손 좀 잡아주세요. 그리고 당신 손도 이리 주고. 신부님! 그동안 고마웠어요. 저, 그곳에 가면 사랑

---

[*] 김범석, 『어떤 죽음이 삶에게 말했다』, pp.25~30.

하는 우리 가족과 꽃마을 위해서 기도 많이 할게요. 그동안 너무 고마웠습니다. 제가 보답할 게 그것밖에 없네요. 그리고 신부님, 제 아내도 이곳에서 일주일에 한 번이라도 봉사하게 해주세요. 우리 같이 약속하는 겁니다. 당신도 알았지?"

그는 아내의 손을 꼬옥 잡았다. 눈에 눈물을 글썽이는 아내를 보면서 한 손으로 머리맡에서 뭔가를 꺼내더니 아내에게 꺼내보라고 했다. 예쁜 시계였다.

"여보, 고생시켜 정말 미안하고 당신과 사는 동안 너무 행복했어. 그리고 투병생활 하는 동안 끝까지 지켜줘서 고마웠고……. 처음으로 불러본다. 여보! 사랑해. 당신 생일선물로 준비했어. 이번 달에 당신 생일 있는데 못 챙겨주고 갈 것 같아서 친구에게 부탁해서 사다놨어. 당신이 평소에 갖고 싶어 하던 거잖아! 시계 예쁘지? 할머니가 될 때까지 손목에 차고 있어야 해?"

눈물을 펑펑 흘리는 아내에게 그는 직접 시계를 꺼내어 채워주었다. 그리고는 마지막으로 아내와 입맞춤을 하고 싶다고 했다. 주위 사람이 지켜보는 가운데 아내는 뼈만 앙상하게 남은 남편의 등을 끌어안고 긴 작별의 입맞춤을 했다. 아내는 남편을 만나 행복했었음을 고백했고, 남편은 죽어서도 아내를 사랑하겠노라고 속삭였다.*

---

* 박창환, 『이 목 좀 따줘!』, 성모꽃마을, 2005, pp.70~73.

짧은 기간 동안 유지되는 이 단계는 환자가 주위 사람과 이성적인 대화가 가능한 시기이다. 임종자가 주위 사람에 대해 매우 협조적이고 개방적이기 때문에, 환자가 품고 있는 해결하지 못한 문제를 정리하는 '삶의 마무리'에 적합한 시기이다. 예를 들어 유언을 쓰도록 권유한다든가, 인간관계에 있어서 감정적 갈등이라든가 오해가 있다면 화해하도록 이끈다든가, 또는 주변을 정리할 수 있도록 돕기에 적합한 시점이다. 물론 모든 임종자가 이 시기에 인생을 충분히 되돌아보고 인간관계를 차분히 정리하는 것은 아니다. 하지만 삶의 마무리를 잘하는 사람일수록 평화로운 죽음을 맞게 된다.

7장

죽음의 여섯 번째 반응: 수용

죽음 수용은 삶의 포기가 아니다

자기 자신이나 가까운 사람이 불치병에 걸리면 누구나 슬퍼하게
마련이다. 하지만 그것을 부정적으로만 볼 필요는 없다. 어떤 상황
에서든 치유를 향한 첫걸음은 자기가 겪고 있는 상황을 있는 그대
로 인정하는 것이다. 죽음에 임해 슬픔을 표출하는 것도 임박한 죽
음을 인정하겠다는 뜻이 어느 정도는 담겨 있다.

바람이 불면 부는 방향에 따라 납작 엎드렸다가 곧바로 일어서
자세를 바로잡는 잡초처럼, 임종자는 시간이 경과함에 따라 감정
적 흔들림을 서서히 추스르고 지금 임박한 죽음을 차분히 직시해
수용하게 된다. 그제야 그는 죽음이 무엇을 의미하는지 심사숙고
할 기회를 얻는 것이다. 이런 단계까지 나아갈 때 비로소 우리는 앞
의 다섯 가지 반응에서 벗어나 새로운 차원, 즉 죽음의 빗장을 활짝

열어젖히고 인생의 진리에 순응하는 단계에 이르게 된다. 반대로 죽음에 순응하지 못하면, 그는 죽음으로부터 아무것도 배우지 못한 채 그간의 어리석음을 반복하며 불행한 죽음을 맞을 뿐이다.

죽음이라는 상황에 순응한다는 것은, 그것을 어쩔 수 없이 받아들이는 수동적인 태도만을 의미하는 것이 결코 아니다. 노자老子와 장자莊子의 철학에 무위無爲라는 용어가 있다. '무위'란 글자 그대로 아무것도 하지 않는다는 뜻이 아니다. 무위는 거짓된 행위를 하지 않고 자연의 이치에 순응하여 행동한다는 의미, 즉 수동적 적극성의 뜻으로 이해된다. 우리가 죽음을 수용하는 것도 마찬가지의 행위이다. 죽음에 일방적으로 끌려가겠다는 것이 아니라 그것에 순응함으로써 무언가 희망도 읽어내겠다는 적극적인 의지의 표현인 것이다. 영어에도 'Renunciation'이란 단어가 있다. 이 단어는 '체

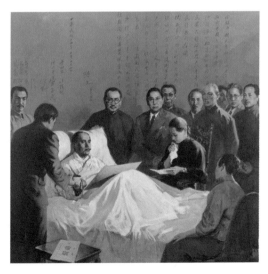

중국의 국부 쑨원(孫文, 1866~1925)은 베이징 도착 3개월 후 암으로 세상을 떠났다. 사망 5일 전 유촉遺囑을 남기는 모습을 무명의 화가가 그렸다. (사진 김명호)

넘, 포기'의 뜻도 있지만, 동시에 '자유'의 의미도 가지고 있다. 살면서 무언가를 이루려고 아등바등 발버둥을 치다 어느 순간 그것을 포기해본 경험이 있을 것이다. 그 순간 오히려 우리의 마음이 탁 놓이지 않았는가. 죽음도 마찬가지이다.

죽음이 찾아오기 전에 내가 먼저 죽어버리면[*]

치유와 영성을 접목한 호스피스 의사 로저 콜에게 가르침을 주었던 환자가 있었다. 54세, 유방암으로 5년째 투병 중이던 그녀는 성공한 사업가였고 사회적 파워도 있고 지역사회에서 존경받는 사람이었다. 몸은 점점 쇠약해져 더 이상 어쩔 수 없는 상태에서 로저 콜을 찾아왔다. "닥터 콜, 제가 어떻게 하면 놓아버릴 수 있을까요? 당신의 책을 다 읽었고 그대로 다 했는데, 지금도 놓아지질 않아요. 어떻게 하면 놓을 수 있나요?" 로저 콜은 아무런 할 말이 없었다. 그녀가 놓아버리기 위해 내면에서 모든 안간힘을 쓰는 게 보였다. 순간 그녀가 느끼는 무력감을 로저 콜은 똑같이 느꼈다. 그가 할 수 있는 말은 책에서 이미 다 말했다. 달리 무슨 말을 하겠는가? 침묵, 고요 속에서 그녀를 바라보았다. 그렇게 공감했더니 그녀가 보였다.

---

[*]   중앙일보, 2011년 6월 12일.

"그녀는 많은 것을 달성했고 성공 가도를 달려온 사람이었다. 죽음에서마저도 성공을 경험하고 싶은 그녀가 느껴졌다. '아무것도 할 게 없습니다. 아무것도 놔줄 게 없습니다' 그랬더니 그녀가 '오! 하느님, 감사합니다'라고 말하더라. 그 순간 그녀는 놀랄만큼 평화로워졌다. 더 이상 투쟁하지 않았고 모든 걸 수용하고 완전히 평화로워졌다. 그렇게 죽음에 직면했다. 내게는 심오한 가르침이었다."

그녀는 죽음을 잘 맞이해야 한다는 강박관념을 붙잡고 있었다. "아무것도 놔줄 게 없다"는 말을 듣고서 그녀는 집착을 놓아버린 것이다. 집착하고 있던 것을 놓을 때 에고가 녹는다. 에고를 놓으면 우리 내면에 있는 영원성이 드러난다. 이어서 로저 콜은 다음 말을 한다.

"죽음이 오기 전에 내가 죽어버리면, 실제로 죽음이 왔을 때, 내가 죽지 않는다.

(If you die before you die, then when you die, you will not die)"

우리가 죽음을 인정하지 않으면, 죽어가는 과정이나 죽은 이후에도 결코 죽음으로부터 벗어날 수 없다. 죽음이 남긴 침전물이 우리 존재 깊숙이 박혀버리기 때문이다. 하지만 죽음을 수용해 순응하면 죽음을 넘어설 수 있는 계기가 마련될 수 있다. 죽음을 수용하는 시점에서부터 죽음은 더 이상 걸림돌이 되지 않는다. 죽음에 순응하는 바로 그 순간부터 영혼의 치유는 시작된다. 아니 이미 치유되어 죽음의 공포를 넘어섰다고 말할 수 있을지도 모른다. 죽음에 대해 마음을 비운 사람에게 죽음이 어떻게 두려운 존재일 수 있겠는가.

"죽어가는 내가 남편을 이해해야 하나요?"

나는 그간 죽음 준비 교육을 해오면서, 평소 여러 호스피스 종사자분들로부터 의미 있는 죽음을 맞이한 사람들의 얘기를 듣곤 한다. 호스피스 간호사 한 분이 전해준 한 여성의 아름다운 죽음에 관한 이야기는 몹시도 가슴 뭉클한 것이어서, 지금도 강의를 듣는 분들

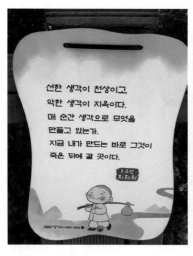

에게 종종 인용하곤 한다.

김숙자(가명, 54세) 씨는 차분하고 지적인 여성이었다. 그녀는 봄부터 갑자기 소화도 되지 않고 속이 더부룩해지는 것이 아무래도 몸이 좀 이상해지는 것 같아 혼자 병원에 찾아갔다. 의사의 지시에 따라 몇 가지 검사를 받고 며칠이 지나 결과를 보러 갔더니 의사가 남편과 함께 오라고 말했다. 가슴이 덜컹 내려앉았으나 각오는 되어 있으니 자기에게 직접 말해 달라고 독촉해 의사가 마지못해 알려주었다. 병명은 장암 말기였는데 이미 암세포가 복강 내에 다 퍼져 있는 상태였고 항암 치료를 해보아도 별 효과가 없을 거라는 이야기였다. 차분하게 마음을 비운 그녀는 며칠간 숙고를 거듭해 자신의 죽음을 기정사실로 받아들였고 남은 시간 동안 자기 삶을 매듭짓고 죽음을 준비해서 미련 없이 떠나고자 했다.

그녀에게는 남편과 세 명의 자녀가 있었다. 남편은 오랫동안 사업을 함께해온 동업자, 친구, 연인, 그리고 신앙생활을 함께하는 교우이기도 했다. 이렇게 서로의 삶을 깊이 나누며 살아왔으므로 그녀의 병은 남편에게 커다란 충격이었다. 자녀들도 마찬가지였다. 그녀의 딸은 이렇게 말했다. "엄마는 언제나 강하시고 집안의 모든 일을 흔들림 없이 주관해 오셨기에 마치 거대한 나무가 뿌리째 뽑히는 느낌이에요. 엄마가 쓰러진다는 건 지금까지 상상조차 할 수 없었어요. 믿어지지가 않아요." 이런 상황에서도 죽음을 피할 수 없는 현실로 받아들이고 담담하게 마지막을 준비하는 사람은 오히려 김숙자 씨 자신이었다. 그녀는 자신의 상태를 알아차리고 죽음을 준비하고 삶을 정리하기 위해 몇 가지 문제를 남편과 의논하고자 했다. 그러나 무언가 말을 하려고 하면 남편은 도무지 들으려고 하지 않았다.

"남편하고는 30년간 함께 잘 살았어요. 서로 대화도 잘 통하지요. 이번만은 내가 좀 하고 싶은 이야기가 있는데도 남편은 자꾸 살 수 있다고만 하니 짜증이 나요. 그 심정이 이해가 안 되는 바는 아니지만 죽어야 하는 사람은 바로 난데, 이 상황에서 내가 남편을 이해해야 됩니까, 남편이 나를 이해해야 됩니까? 무언가 앞뒤가 바뀌었다는 느낌이에요."

죽음이 피할 수 없는 현실이라는 것을 당사자가 받아들이지 못하는 경우는 많다. 하지만 김숙자 씨의 경우 역으로 당사자는 자신의 죽음을 수용하고 있지만 가족은 그런 현실을 인정하지 못했다. 남편의 심정은 이러했다. 아내가 무슨 말을 하고 싶어 하는지 잘 알지만, 막상 '죽음'이라는 단어를 입에 올리면 그것이 현실화될까봐 두려워 이야기를 애써 회피했다는 것이다. 하지만 결국 이런 남편도 삶의 마지막을 의미 있고 아름답게 마무리하고 싶은 아내의 깊은 마음에 설득을 당했다. 김숙자 씨는 그 후 소중한 가족들에게 마음에서 우러나는 하고 싶은 얘기를 다 하고, 남편과도 호젓하게 소중한 시간들을 보낼 수 있었다. 마지막으로 그녀는 "여보, 이제는 마음 편히 떠날 수 있을 것 같아요. 얘들아, 엄마는 너희를 너무 사랑했단다"라는 말과 함께 사랑하는 가족과 남편을 남겨두고 편안한 마음으로 여행을 떠났다.*

"나는 이제 죽을 거예요."

유방암 말기 환자 옥설희(40세) 씨는 대학 교수였다. 의료진은 먹는 항암제를 이용해서라도 더 치료를 했으면 하는 아쉬움이 있었는데, 본인이 그것을 거부하고 자진하여 호스피스 시설을 찾은 경우였다. 호스피스 관계자가 그녀를 처음 만났을 때부터 단아한 기품이 느껴졌다. 유방암을 발견해 수술을 한 후 병원에서 시키는 대로 항암치료를 성실하게 받았지만, 그 후 암이 재발하고부터는 약물치료가 무슨 소용이 있겠느냐면서 통증과 증상 완화를 위한 치료만을 받기로 했다는 것이다. 담당 의사와 암센터 수간호사도 항암치료를 받으면 어느 정도 생명연장은 가능하다고 보았고, 남편도 한 번 더 약물치료를 해보고자 했지만, 그녀가 거부했다. 호스피스 관계자를 처음 만났을 때 그녀는 이렇게 말했다.

"한때 고민도 많이 했지만 이제는 더 이상 억지로 생명을 연장하고 싶지 않아요. 다행히 집에 일하는 아줌마가 7, 8년 동안 성심껏 도와주는 사람이라 믿고 맡길 만하고 시어머니도 계세요. 남

---

* 최화숙, 「아름다운 죽음을 위한 안내서」, pp.176~198.

에드바르 뭉크, '죽어가는 엄마와 아이의 슬픔'(1897~1899년).

편이 지금 42살인데 어중간한 나이에 일을 당하는 것보다 차라
리 지금 일 치르는 게 장래를 위해서도 좋다는 생각이 들어요.
아이들이 어리니까 엄마가 옆에서 돌보아야 하잖아요? 엄마가
돌보지 못하고 오히려 고통스러워하는 엄마 모습을 오래 보게
되니까 아이들도 태도가 달라졌어요. 남편과 아이들을 위해 가
장 좋은 길이 무엇일까 모색하던 끝에 입원하기로 했어요."

옥설희 씨의 아이들은 다섯 살, 아홉 살짜리 사내아이들이다. 큰
아들은 엄마가 주로 키워서 유대관계가 있으나, 작은아들은 두 돌
도 되기 전에 엄마가 병이 나서 할머니가 데리고 자면서 키웠더니
엄마와는 조금 서먹하다고 했다. 입원하기 이틀 전에도 숨이 차고
몹시 아파서 괴로워하고 있었더니, 작은아이가 엄마 방에 들어오

려다가 무서운 듯 할머니 품에 안기면서 울음을 터뜨리더라는 것이다. 집에 있으면 이런 모습을 아이들이 보게 되어 엄마에 대한 부정적인 기억만 남기게 될 것 같아 병원에서 마지막을 보내는 편이 좋겠다는 생각이 들었다고 한다. 임박한 죽음에 순응하고 있는 그녀는 사랑하는 두 아들에게 마지막 편지도 쓰고 묘지와 장례식에 쓸 사진까지 생각하고 있었다. 남편은 이렇게 말했다. "아내의 죽음이 기정사실이지만 마음이 너무 아파요. 이젠 어찌될지 몰라 출근도 못해요. 집사람이 저보고 운다고 가라고 하면 차에 내려와 있다가 다시 올라가곤 해요. 어젯밤에도 히터 틀어놓고 차 안에서 잤어요."

임종하기 이틀 전에 옥설희 씨는 친지들을 다 오라고 했다. 침대 주위에 둘러선 친지들에게 "나는 이제 죽을 거예요"라고 말하면서 한 사람 한 사람에게 마지막 인사를 했다. 임종하는 날에는 웨딩드레스를 가져오라고 해서 갈아입었다. 죽은 이후 관에 들어가면서도, 사랑하는 남편에게 웨딩드레스를 입은 모습을 보여줌으로써 아름다운 마지막 모습으로 기억되기를 원했다. 그녀는 결혼식장에 서 있는 새 신부처럼 하얀 드레스를 입고 남편과 간병인이 지켜보는 가운데 미소를 띤 채 그렇게 여행을 떠났다.[*]

임종을 앞둔 사람 중에는 마지막까지 죽음을 거부하거나 분노에

---

[*] 최화숙, 앞의 책, pp.145~157.

빠져 이와 같은 수용의 단계에 가보지도 못하는 사람들이 많다. 피할 수 없는 죽음임에도 그것에 대한 저항이 강하면 강할수록, 죽음을 품위 있고 평온하게 맞이하기가 어려워진다. 때로 어떤 임종자들은 어느 시점에 이르러 "난 더 이상 안 되겠어"라고 말하면서 저항을 멈추기도 한다. 그러나 이런 기회도 갖지 못하고 죽어가는 당사자가 끝내 죽음에 순응하지 않으면 남아 있는 가족 역시 힘들어진다.

임종자가 자신의 죽음을 수용할 경우, 육체적 통증과 정신적 고통도 점점 줄어들게 되고 차분히 자기 삶을 뒤돌아보면서 정리할 여유도 생기게 된다. 죽어야 하는 자신의 운명에 대해 더 이상 부정하지도 분노하지도 않고 우울해하지도 않는 단계로 들어간다. 고통이 지나가고 몸부림이 끝나가면서 "머나먼 여정을 떠나기 전에 취하는 마지막 휴식의 시간"이 찾아오는 것이다.

이렇게 임종자가 일종의 수용과 평안의 단계에 접어듦에 따라 그의 관심 세계는 한층 좁아진다. 혼자 조용히 있고 싶어 하기도 하고, 때로는 방문객을 달가워하지도 않으며, 사람이 찾아와도 대화할 기분이 나지 않는 때가 많다. 이 무렵에는 의사소통 방식도 언어보다는 표정이나 몸짓 등 무언의 대화로 바뀐다. 병실에 들어와 앉으라는 신호도 눈짓이나 손짓으로 하기도 한다. 사랑하는 가족이나 친지의 손을 꼭 잡으면서 잠자코 곁에 있어 달라는 신호를 하기도 한다. 임종자 앞에서 침착할 줄 아는 사람에게 이와 같은 침묵의 순간이야말로 가장 뜻깊은 대화가 이루어지는 시간이 된다. 죽음을 앞둔 말기 환자에게 결코 혼자가 아니고 최후의 순간까지 곁에 있겠다는 믿음을 전해주는 사랑이 요구되는 시점이기도 하다.

강영우 박사의 '아름다운 마무리'

"앞으로 제게 허락된 시간이 길지 않다는 것이 의료진들의 의견입니다. 여러분들이 저로 인해 슬퍼하시거나, 안타까워하지 않으셨으면 하는 것이 저의 작은 바람입니다."

시각장애인으로 조지 W. 부시 대통령 시절 백악관 국가장애위원회 정책차관보를 지낸 강영우(67세) 박사가 지인들에게 e-메일을 보냈다. 미국 워싱턴 근교의 버지니아주에 살고 있는 그는 췌장암 진단을 받았다. 2011년 10월 담석으로 병원을 찾았을 때만 해도 몰랐으나 추가 검진에서 췌장암이 발견되었고, 의사로부터 한 달밖에 살지 못할 것이라는 선고를 받았다고 한다. 잠시 충격을 받았으나 담담하게 현실을 받아들이기로 한 강 박사는 주변의 지인들에게 '세상과의 이별'을 고하는 e-메일을 보냈다. '12월 16일 강영우 드림'이라고 되어 있는 e-메일 속에는 특히 50년 전 부인과 첫 만남의 순간도 적었다.

"50년 전 서울 맹아학교 학생이었던 저는 자원봉사자 여대생인 아내를 처음 만났습니다. 40년 전 저는 그 예쁜 여대생 누나에

윌리엄 유진 스미스(1918~1978)의 사진 '장례식 전야'(1951). 한 노인이 검은색 양복을 입고 침상에 누워 있고 그 옆에 가족, 친지들이 모여 앉아 다소 염려하는 표정들로 임종을 지켜보고 있다. 침상 옆에 쪼그리고 앉아 임종의 시간을 지켜보고 있는 사람들의 표정에 아쉬움이 있지만 죽음을 자연의 순리로 받아들이는 분위기가 엿보인다.

게 함께 아름다운 세상을 만들자며 비전이 담긴 석 자, '석·은·옥'(부인 이름)을 선물하며 프러포즈를 했습니다. 저의 실명을 통해 하나님은 상상할 수도 없는 역사들을 이뤄내셨습니다. 실명으로 인해 열심히 공부해서 전 세상 곳곳을 다니며 수많은 아름다운 인연도 만들었습니다. 늘 여러분 곁에서 함께하며 이 세상을 조금 더 아름다운 곳으로 만들기 위해 노력하고 싶은 마음은 간절하나 안타깝게도 그럴 수 없게 되었습니다. 한 분 한 분 찾아뵙고 인사드려야 하겠지만, 그렇게 하지 못하는 점, 너그러운 마음으로 이해해 주시기를 바랍니다. 여러분으로 인해 제 삶이 사랑으로 충만했고, 은혜로웠습니다. 감사합니다."

67세를 일기로 유명을 달리한 강영우 박사의 삶은 한 편의 드라마다. 그는 열네 살 때 축구를 하다가 눈을 다쳐 실명했다. 공교롭게도 그 일을 전후해 아버지와 어머니가 차례로 돌아가셨다. 그러자 열일곱 살이던 누나가 어린 세 동생을 부양하느라 학교를 그만두고 봉제공장에 취직해 일하다 16개월 만에 과로로 쓰러져 세상을 뜨고 말았다. 결국 남은 3남매는 뿔뿔이 흩어져 강영우는 맹인재활원으로, 열세 살 됐던 남동생은 철물점 직원으로, 아홉 살의 여동생은 보육원으로 가야 했다.

하지만 맹인재활원에 들어간 강영우는 열심히 공부해 1968년 서울 맹아학교 고등부를 졸업한 뒤 연세대 교육학과에 입학했다. 입시도 힘들었지만 그보다 더 힘들었던 것은 "맹인이 무슨 대학?" 하는 당시 우리 사회의 편견이었다. 마침내 1972년 각고의 노력 끝에 연세대를 졸업한 후 그는 한미재단과 국제로터리재단의 장학금을 받아 미국으로 유학을 떠났다. 멀쩡한 사람도 유학 가기가 하늘의 별 따기였던 시절이었지만 그는 용케도 1976년 피츠버그대에서 교육철학 박사 학위를 받았다. 그 후 강영우 박사는 22년 동안 미국 인디애나주 정부의 특수교육국장과 일리노이대 특수교육학과 교수 등으로 재직한 뒤 마침내 2001년 차관보급인 미국 백악관 국가장애위원회의 위원으로 임명되었다. 말 그대로 'Impossible(불가

능한)'이란 단어에 점 하나를 찍으면 "I'm possible(나는 할 수 있다)"로 바뀌듯이 그는 삶의 숱한 고비마다 그냥 점이 아니라 땀방울과 핏방울을 찍어 가며 삶의 길을 열어 갔던 것이다.

정말이지 남부러울 것 없던 강영우 박사에게 지난 2011년 말 시한부 선고가 내려졌다. 췌장암이었다. 길어야 두 달 정도밖에는 생명을 이어갈 수 없었다. 그는 임종을 앞두고 두 아들에게도 편지를 썼다. "해보기 전에는 결코 포기하지 말라는 나의 말을 가슴속 깊이 새긴 채 잘 자라 준 너희들이 고맙고, 너희들의 아버지로 반평생을 살아왔다는 게 나에게는 축복이었다." 언제나 '나의 어둠을 밝혀 주는 촛불'이라 부르던 아내에게는 "사랑합니다. 사랑합니다. 사랑합니다. 그리고 고마웠습니다"는 말로 맺은 마지막 연서를 전했다. 강 박사는 생전에 'nowhere'란 단어에 스페이스바 한 번 치면 'now here'로 바뀐다"는 말을 입버릇처럼 했다. "어디에도 (돌파구가) 없다"는 말이 "지금 여기"로 바뀌듯이 그 어떤 절망과 역경에도 포기하지 않았다. 그에게 포기란 암보다 더 무섭고 나쁜 것이었다.*

---

* 　중앙일보, 2012년 2월 25일.

"제가 살아온 인생은 보통사람들보다 어려웠습니다. 하지만 결과적으론 나쁜 일 때문에 내 삶에는 더 좋은 일이 많았습니다. 그러니 포기하지 마세요."

"영원한 휴가 떠난다."

미국에 오래 살수록, 미국을 알면 알수록, 사람 사는 건 결국 다 비슷하다는 걸 깨닫는다. 그럼에도 뼛속까지 다르다 싶은 것은 바로 죽음에 대한 태도, 뉴욕 시민 이채린 씨에게 첫 장례식 참석은 충격이었다. 보통 3일간 조문을 받는 한국과는 달리, 한 시간 남짓의 장례식 시간에 맞춰 조문객들이 모두 모인다. 고인의 인생이 담긴 사진집이나 좋아하던 물품이 놓인 입구를 지나면, 잠든 듯 단장한 고인을 누인 열린 관이 보인다. 식이 시작되면 유족의 추모연설에 이어 친구나 가족들이 나서 고인과의 추억이나 일화를 나누며 장례식장을 웃음으로 채운다. 간간이 소리 없이 눈물도 흘리기는 하지만, 엄숙과 애통보다는 고인이 이 세상 삶을 잘 살아냈음을 '축하'하는 게 대부분이다. 결혼식을 준비하듯 음악이며 복장, 장소 등 자신의 장례식을 계획해두는 것도 드문 일이 아니다. "개똥밭에 굴러도 이승이 낫다"는 속담처럼 가급적 죽음을 멀리하고자 하는 동양인들에겐 생경한 풍습이다.[**]

[**]   경향신문, 2021년 1월 20일.

'쇼팽의 죽음'. 1885년 펠릭스-조셉 베리아스 작품. 39세로 단명한 쇼팽은 평생 200여 개의 피아노곡을 남겼다. 쇼팽은 자신의 장례식을 하나의 음악회로 생각했다. 파리의 마들렌 대성당에서 진행된 쇼팽의 장례식에는 조문객 3,000여 명이 참석했다. 쇼팽이 자신의 장례식 연주곡으로 선곡한 전주곡(prelude) 4번 악보를 들여다보면 죽음의 정서가 묻어난다. 이 곡의 후반부에 적힌 표현법은 스모르찬도(smorzando). 영어로는 'dying away', 서서히 사라져가는 것처럼 연주하라는 의미다.

　한국에서는 보기 드문, 미국 신문 특유의 개인 스토리를 담은 부고 기사란은 대단한 사람이 아니어도 다양한 고인들의 삶을 반추하고 기리는 사회 분위기를 보여준다. 미국 일간지 《시애틀타임스》에는 2013년 7월 28일 61세의 나이로 세상을 떠난 여성 작가 제인 로터의 부고가 실렸다. 761단어로 구성된 이 부고를 쓴 사람은 바

로 로터 자신이었다. 유머 칼럼니스트로 활약했던 로터가 쓴 부고
는 SNS 등을 통해 미국 전역에 퍼지며 큰 반향을 일으키고 있다. 그
가 원했던 대로 많은 이를 울리고 웃음 짓게 했다. "말기 자궁내막
암으로 죽어가지만, 그래도 장점은 있더라. 바로 내 부고를 쓸 시간
을 가질 수 있다는 것이다. 귀찮게 자외선 차단제를 챙겨 바르거나
콜레스테롤 걱정을 할 필요 없는 것도 좋다."

그는 결혼 30년째인 남편 로버트 마르츠에 대해 "로버트를 만난
것은 75년 11월 22일 파이어니어 광장의 술집이었다. 그날은 정말
이지 내 생애 가장 운 좋은 날이었다. 당신을 하늘만큼 사랑해"라
고 사랑을 표현했다. 딸 테사와 아들 라일리에게는 "인생길을 가다
보면 장애물을 만나기 마련이란다. 하지만 그 장애물 자체가 곧 길
이라는 것을 잊지 마렴"이라는 조언을 남겼다.

"내가 바꿀 수 없는 일로 슬퍼하는 대신 나의 충만했던 삶에 기뻐
하기로 결정했다. 태양, 달, 호숫가의 산책, 내 손을 쥐던 어린아
이의 손… 이 신나는 세상으로부터 영원한 휴가를 떠나는 것이
다. 이 아름다운 날, 여기 있어서 행복했다. 사랑을 담아, 제인."

그는 존엄사를 택했고 2013년 7월 18일 가족이 지켜보는 가운데
평화롭게 눈을 감았다. 로터의 남편 마르츠는 NYT에 "제인은 삶을
사랑했기에 부두에 널브러진 생선 같은 모양새로 삶을 끝내고 싶
어 하지 않았다. 마지막 순간에도 창가에 만들어 놓은 새집에 벌새

가 날아드는 것을 보고 싶다며 콘택트렌즈를 빼지 않겠다고 한 사람"이라고 말했다.*

나무의 일생과 사람의 일생

쉘 실버스타인의 『아낌없이 주는 나무』를 보면 나무는 아이에게 놀이터와 휴식처가 된다. 아이가 크자 나무는 과일을 주었고, 나중엔 집과 배를 만들 목재도 내주었다. 모두 잘려나간 뒤 소박한 그루터기가 되어서도 나무는 힘없는 늙은이에게 멋진 쉼터가 된다. 이렇게 나무는 우리의 '어버이'처럼 아무 조건 없이 평생 모든 걸 내준다.

　오래된 숲속 나무는 약 200년 넘게 살아 있는 동안 우리에게 많은 선물을 주고, 200~300년에 걸쳐 죽어가는 긴 과정에서도 생태계에 쉼 없이 다양한 선물을 준다. 나무의 겉껍질은 장수풍뎅이나 사슴벌레 같은 딱정벌레에게 좋은 음식이 된다. 작은 구멍은 훌륭한 벌레집이 되고 그 애벌레를 잡아먹는 딱따구리들에게 좋은 사냥터가 된다. 나무의 상처에서 나오는 수액은 벌, 개미, 나비, 나방에게 좋은 음료수다. 이렇게 전체 숲에서 많은 생물종이 죽은 나무 한 그루를 중심으로 얽혀 산다. 바로 여기서 나무의 일생과 사람의 일생을 견주어 몇 가지 흥미로운 점을 발견할 수 있다.

---

*　중앙일보, 2013년 8월 19일.

(사진 류제원)

첫째, 나무는 죽어가면서 온갖 동물에게 양식이 될 뿐 아니라 살아 있을 때 저장했던 양분을 모두 숲으로 되돌린다. 그런데 사람들은 평생 모은 자산을 오로지 자기 가족 또는 자식에게만 물려주려 한다. 오래된 숲의 나무는 일종의 '사회 상속'을 하지만, 사람들은 대개 '개인 상속'에 그친다. 만약 우리가 나무를 본받아 모두 사회 상속을 한다면 우리 후손들이 살아갈 미래는 한결 희망적이지 않겠는가. 그렇게 되면 맞벌이 부모가 아이를 돌볼 수 없어 방문을 걸고 나갔다가 불이 나는 바람에 아이들이 죽는 일도 없을 것이고, 겨울에 노숙자가 전화박스 옆에서 얼어 죽는 일도 없을 것이다. 또 그런 생각이 널리 퍼지면 '모든 후손이 나의 후손'이기에, 어느 재벌 회장처럼 '자기' 아들을 위한 '보복 폭력'으로 사회적 물의를 일으킬 일도 없다.

둘째, 나무는 살아서 성장하는 과정이나 죽어가는 과정이 무척 더디고 길다. 그런데 사람들은 사는 동안 무엇이든 서둘러 이루려 하고, 죽고 나면 하루빨리 효율적으로 '처리'되고 만다. 나무는 삶과 죽음이 모두 생명 활동으로 통일되어 있지만, 사람은 삶과 죽음이 나눠져 있다. 그래서 나무에게는 죽음조차 행복한 생명 활동이지만, 사람에게 죽음은 공포의 대상이다. 만약 우리가 나무를 본받아 죽음조차 행복한 생명 활동으로 받아들인다면, 우리 자신의 삶 또한 조급함이나 집착 없이 더불어 건강한 것으로 채워나갈 수 있지 않을까.

셋째, 나무는 살아서나 죽어서나 온갖 동식물에게 밥도 되고 집도 되고 옷도 되어 준다. 나무와 더불어 사는 모든 동식물은 어느 것 하나 쓸데없는 것이 없다. 아무리 보잘것없는 것도 제각기 중요한 구실을 한다. 자연스럽게 다양하고 풍요로워진다. 그런데 사람은 '돈벌이'를 위해 '인재'만 키우려 드는 바람에 다양한 가능성이 획일적으로 변하게 된다. 점수나 성과로 드러나지 않는, 삶의 다른 풍성한 면들은 억압받기 쉽다. 사람들이 나무를 닮아 더불어 커다란 숲을 이루고, 나아가 서로서로 쉼 없이 선물을 주는 아름다운 관계를 만들 순 없을까?*

넷째, 최근 도시에서 발생하는 환경문제 등을 해결하기 위한 방법으로 도시 숲 조성이 큰 관심을 받고 있다. 도시 숲은 공원·가로수·정원 등 도시 안에 있는 모든 산림을 말한다. 도시 숲이 관심을 받는 건 도시열섬·폭염 등 이상기후 변화에 대응하는 것은 물론 대기오염물질 흡수, 미세먼지 저감, 홍수 조절과 같은 다양한 효과가 있기 때문이다.

춘천시는 2050년까지 1억 그루의 나무를 심기 위한 프로젝트를 진행 중이다. 2019년 105만 324그루, 2020년 120만 9071그루를 심었다. 1차 목표는 2025년까지 사업비 2,825억 원을 들여 총 2,022만 그루를 심는 것이다. 춘천은 최근 5년간 미세먼지 평균치가 $50.1\mu g/m^3$로 서울 $45\mu g/m^3$, 대구 $44.2\mu g/m^3$보다 높다. 국립산림과학원에 따르면 나무 한 그루가 연간 1799kg의 산소를 발생시키

---

* 한겨레신문, 2007년 5월 10일.

고 35.7g의 미세먼지를 저감하는 효과가 있다. 1ha의 숲은 연간 미세먼지 4kg을 포함한 대기오염 물질 168kg을 흡착·흡수하고 여름철 한낮의 평균 기온을 3~7도 낮추는 효과가 있다.

산림전문가는 "한국도 싱가포르처럼 공원과 공원을 연결하고 사람들이 가로수 그늘에서 걸어 다닐 수 있는 녹지정책을 펼칠 필요가 있다. 현재 6~8m인 가로수 간격을 더 좁히고 도심 곳곳을 숲으로 만드는 것이 바람직하다"고 했다. 춘천시는 올해부터 옥상에 나무를 심는 '옥상녹화' 사업, 건물 벽과 창가에 나팔꽃과 같은 덩굴식물을 심어 온도를 낮추는 '그린 커튼' 사업도 추진한다.*

이제 세파에 시달렸던 우리의 영혼이 더 굳어버리기 전에 다시일깨우는 게 어떨까. 딱딱하게 굳어진 가슴을 열 수 있는 방법은 많을 것이다. 무엇보다도 어렵지 않게 할 수 있는 방법이 바로 찬란하게 펼쳐진 숲에서 자연을 만나는 일이다. 자연은 우리에게 언제까지나 마르지 않는 영감의 원천이다. 새벽에 공원을 산책하거나 뜰에 나가 장미꽃 위에 맺힌 이슬 한 방울을 들여다보자. 벤치에 앉아 푸른 하늘을 보면서 마음을 그 광대함 속으로 퍼져나가게 하는 건어떤가. 개울가에서 쉴 새 없이 흘러내리는 흐름에 마음을 참여시켜보자. 폭포 옆에서 그 웃음소리로 마음에 쌓인 세파를 씻어내자. 바닷가를 걸으면서 얼굴 가득 신선하게 부딪혀 오는 바람을 느껴보자.

---

*   중앙일보, 2021년 2월 24일.

　수백 년을 살아오면서 오랫동안 딱딱하게 굳었던 느티나무 고목의 줄기에서 얼마나 연하고 순결한 새순을 내어 놓는지 어린잎의 솜털 보송거림을 들여다보자. 얼어서 딱딱하던 대지가 녹고 푸석거리는 땅속에서 잎새를 돌돌 말아 올라오는 청나래 고사리들은 또 얼마나 섬세하고 아름다운 모습으로 연둣빛 잎을 펼쳐내는지, 어느새 복수초 꽃잎이 지고 얼레지가 펼쳐내는 분홍빛 꽃잎들은 또 얼마나 요염한 모습인지 들여다보다 눈 깜짝할 사이에 그 자리에 이런저런 풀들이 돋아나고 홀아비꽃대가 흰 꽃들을 쑥 뽑아 올린다.

8장

죽음의 일곱 번째 유형: 희망

죽음에 의미가 있다면 삶에도 의미가 있다

인생길이 너무 막막하고 허무하게만 느껴진다면 당신의 인생 여행은 어느 틈엔가 목적을 잃은 것이다. 그런 삶은 지루하고 무의미할 뿐이다. 마찬가지로 죽음이 허무한 종결에 불과하다면 죽음 준비도 아무런 의미 없는 헛일이 되고 만다. 하지만 죽음에 의미가 있다면, 다시 말해 죽음 저편에 여행의 본래 목적지가 존재한다면, 현재의 고난에 찬 인생길도 어떤 의미를 얻게 된다. 죽음 이후의 삶, 즉 '영원한 생명'이란 미래에만 관련된 문제가 아니다. 그것은 바로 지금 인생을 어떻게 사느냐 하는 것과도 밀접한 관계가 있다. 사후에 계속되는 세계가 있는가 없는가, 또는 죽음이 끝인가 아닌가 하는 문제는 실상 이 세상을 살아가는 삶의 방식을 결정하는 기준이 되는 것이다.

기독교에서는 죽음은 새로운 세계로 가는 희망의 문임을 강조하고 있다. 기독교인들에게 죽음은 새로운 장을 열어주는 신세계로의 초대이며, 하느님 계신 곳으로 들어가는 관문이다. 세계적인 신학자 존 크리소스톰도 하느님 안에서의 죽음에 대해 이렇게 말한다. "죽는다는 것은 무엇인가? 그것은 단지 옷을 벗는 것이다. 육체는 영혼의 옷이다. 죽음이라는 짧은 시간에 이것을 벗어놓은 후 우리는 보다 빛나는 옷으로 갈아입는 것이다."*

　그러기에 영성가인 헨리 나우웬은 "죽음은 가장 큰 선물"이라고 말했다. 왜냐하면 죽음이 하느님과의 일치로 가는 길이 될 수 있기 때문이다. 그는 죽음은 곧 하느님 나라로 가는 길임을 강조하고 있다.

　　"우리는 모두 가난하게 죽습니다. 최후의 시간이 이르렀을 때 우리의 목숨을 연장해 줄 수 있는 것은 아무것도 없습니다. 아무리 돈이 많고 권력과 영향력이 커도 죽음을 막을 수는 없습니다. 이것이 진정한 가난입니다. '가난한 자는 복이 있나니 하나님의 나라가 너희 것임이요'(누가복음 6:20)라는 말씀처럼 죽음이라는, 가난 안에는 복이 감추어져 있습니다. 그것은 우리를 모두 같은 하나님 나라의 형제자매로 만들어주는 복입니다. 그것은 우리를 영원에서 영원까지 안전하게 운반해 주는 복입니다."**

---

* 　설은주, 앞의 책, p.29.
** 　헨리 나우웬, 홍석현 옮김, 『죽음, 가장 큰 선물』, 홍성사, 1998, pp.53~54.

종교철학자인 헬무트 틸리케는 "죽음이란 인간이 신이 아닌 존재임을 명심하라는 하느님의 의지를 표현한 것"이라고 정의했다. 이 말은 곧 인간이 자신의 죽음(가난함)을 인식할 때, 더 겸손해지고 보다 낮은 곳에 자리하는 인간이 될 수 있다는 것을 의미한다. 그리고 이런 마음의 태도는 곧 세속적인 이익에만 골몰하는 삶의 방식이 얼마나 비천하고 허망한 것인가에 대한 깨달음을 낳으며, 결국 영원한 것을 추구하는 영속적인 삶의 태도로 이어진다. 이렇듯 죽음의 필연성과 죽음의 현실을 의식할 때, 비로소 우리는 어떤 것이 바람직한 삶의 태도인지도 이해할 수 있다. 맹목적이고 일회적인 삶, 이기적인 삶을 이타적인 삶으로 바꿀 수 있게 되는 것이다. 원래부터 우리는 가난한 존재임을 의식함으로써 가치 있는 것만을 찾으며, 모든 거짓된 것과 일시적인 것을 떠나 참된 것, 영원한 것을 동경하게 된다는 것이다. 이것이 바로 죽음이 우리에게 주는 희망의 내용이다.

희망을 품고 죽는 것, 절망하면서 죽는 것

사실 죽음을 연구하는 전문가의 입장에서 보면, 죽음이 끝이 아니라는 것은 더 이상 논란의 여지가 없다. 하지만 사람들에게는 이 문제가 여전히 초미의 관심사이다. 죽으면 끝나는지, 새로운 시작인지 대부분 아무런 확신을 하지 못한다. 죽음 문제는 다른 사람이 가르쳐줄 수도 없는 노릇이다. 죽음 이후를 모두가 직접 체험해 볼 수는 없으므로 어떠한 논증이나 설득도 한계가 있을 수밖에 없기 때문이다. 코끼리를 직접 만져본 사람과 만져보지 못한 사람이 논쟁을 벌이면, 한 번도 만진 적이 없는 사람이 이긴다는 우스갯소리도 있듯이, 죽음이 끝이냐 아니냐 하는 논쟁도 접점을 찾기가 쉽지 않다.

그러나 분명한 것은, 죽음에 대한 생각이 삶에도 영향을 미친다는 점이다. 내 강의를 듣는 어느 대학생은 리포트에 다음과 같은 이야기를 썼다. "중학생 때 친구가 매일같이 살기 싫다, 죽고 싶다고 말하더니 어느 날 정말 위암으로 죽었다." 죽음이든 삶이든 부정적으로 생각하면서 살아가는 사람은 그런 방식으로 죽게 마련이다. 죽음과 죽음 이후에 관해서 무엇인가 의미를 찾으면서 사는 사람

은 죽는 순간에도 밝은 희망을 안고서 죽게 된다. 그렇다면 밝은 모습으로 희망을 안고 죽는 것과 어두운 표정으로 절망하면서 죽는 것 중에서, 어떤 방식으로 죽을 것인지 자기 자신에게 물어보자. 죽음이 희망인지 절망인지, 끝인지 아닌지 확신을 갖는 것은 쉬운 일이 아니다. 다만 삶을 밝게 사는 것과 어둡게 사는 것 중 어떤 것이 바람직한 삶인지는 누구나 알 수 있으므로, 죽음 이후의 삶에 대해서 잘 이해가 되지 않더라도, 가능한 한 희망을 지니고서 죽음을 준비하는 것이 현명하지 않을까.

9장
죽음의 여덟 번째 유형: 마음의 여유

죽어가는 사람들 중 극소수의 사람들은 생의 얼마 남지 않은 시간들을 마음의 여유와 웃음으로 맞이한다. 이런 사람들은 자신에 대한 자긍심과 자부심이 강하여, 죽음에 임박해서도 마음의 평정과 여유를 지닌 채 적극적으로 죽음에 임한다. 이들은 매사에 긍정적인 태도를 지니고 살기 때문에 역경에 처했을 때도 정신적 충격을 덜 받는 사람들이다. 이들에게서 확실히 엿보건대, 평생 한두 번에 불과한 어떤 희열의 순간보다는 일상의 작은 만족감이나 마음의 여유가 훨씬 우리 삶의 질을 향상시키는 것 같다.

그러나 이들이 삶을 이렇게 살 수 있는 것은 그만큼 죽음을 충실하게 준비해왔기 때문임을 알아야 한다. 죽는 마지막 순간까지 태연함을 유지할 수 있는 지혜와 배짱이 있는 사람이라면, 삶에서 두려울 게 어디 있겠는가. 마음의 여유, 평정심은 죽음의 질뿐만 아니라 삶의 질까지도 향상시킨다. 죽음 앞에서 조금도 흔들리지 않는 평정심과 마음의 여유는 쉽게 얻을 수 있는 게 아니다. 어떻게 해야 마음에 그런 여유가 생길 수 있을까? 다른 무엇보다도 삶과 죽음의 실상을 꿰뚫어보는 지혜의 눈이 필요하다. 동양철학에 '허虛', 즉 '마음을 비운다'는 용어가 있다. 우리는 삶에서 이해득실을 따지는 데 급급하다. 죽음에 대해서도 이러쿵저러쿵 헤아려보지만, 제대로 수판알을 튕기지도 못한다. 그런 메마른 지식, 얕은 지혜로는 죽음의 신비를 벗겨낼 수 없다.

"하느님이 부르면, 언제든 만사 오케이!"

평온한 마음으로 여유 있게 죽음을 맞이하는 것은 뛰어난 인물만 할 수 있는 일은 결코 아니다. 자기의 삶 속에서 적절하게, 끊임없이 노력하기만 한다면 누구나 성취할 수 있는 일이다.

'아름다운 인생풍경'을 그리는 박정희(朴貞嬉, 1923~2014) 할머니는 예순의 나이에 수채화가로 화단에 데뷔해 인천 화평동에 '평안 수채화의 집'을 운영하면서 그림을 가르쳤다. 할머니는 아프다가도 그림만 그리면 싹 낫는다며 세상의 모든 아름다움을 기록으로 남기려는 듯 날마다 그림을 그린다.

하지만 할머니가 사람들과 나누고 싶은 것은 그림이 아니라 사랑인 듯했다. 30년 넘게 운영한 화실에는 붕어빵 만드는 아주머니, 공장 노동자, 평범한 주부, 학생 등 적잖은 사람들이 거쳐 갔다. 지위 고하, 재산 유무에 관계없이 화실에서는 모두 평등한 동호인이었다. 거기에서는 좋은 옷도, 윤기 있는 얼굴도, 세상의 값비싼 것도 빛이 나지 않는다. 소박함, 진실함, 따뜻함만이 어울린다.

할머니는 다섯 자녀를 낳아 기르면서도 재능이 많아 춤, 그림, 글, 요리, 바느질 모두 전문가 뺨치게 해내면서 팔방미인으로 살아왔다. 여든이 넘은 나이지만 아직도 활기는 여전하다. 지금도 그림을 그리고 글을 쓸 수 있을 정도로 건강은 '적당히 괜찮다'고 말한다. 남편 유영호 박사는 인천에서 이름난 양심적인 내과의사였다. 돈 버는 일보다 병을 고치는 데 관심이 많아 가난한 사람들에게 돈도 받지 않고 고쳐줄 때도 많았다. 할머니는 그를 가리켜 '히포크라테스 선서를 가슴에 낙인찍은 사람'이라고 말했다.

수채화가인 맏딸 유명애 씨는 할머니의 그림선생이자 같은 길을 가는 동호인이다. "우리 어머니는 인생을 연극하듯 즐겁게 사신 분이다. 전혀 포기가 안 되는 분이다. 어떤 고통이나 어려움을 당하더라도, 어려움을 견딘다거나 자신을 들볶기는커녕 모든 상황을 즐겼다. 결코 고갈되지 않는 활력을 지니고서 삶을 사신 분이다." 할머니는 사위가 환갑을 맞았을 때, 딸이 태어나서 사위를 만나 결혼에 이르기까지 적은 기록을 엮어 선물하기도 했다. 할머니가 남긴 기록은 집안의 가보였다. 자녀의 이름을 딴 육아일기는 딸들의 혼수품 1호였다. 『박정희 할머니의 육아일기』는 지금까지도 아이를 키우는 엄마들에게는 교과서 같은 책이다.

"죽음이 얼마나 준엄한 순간인데, 그런 순간에 간호사 부르고 의사 부르고 해야 하는가. 저이도 병원 가서 호흡기 꽂고 그러지 말라고 말하더라." 할머니는 담담하게 말했다. 머지않아 떠날 남편에 대한 아쉬움도, 갈수록 사그라져가는 자신의 육체에 대한 안타까움도 마음에 자리하지 않는 듯했다. 할머니의 아버지 박두성 선생도 열이 펄펄 끓고 맥박이 1분에 200번이나 뛰는데도 손님이 찾아오면 "아, 괜찮습니다" 말하면서 여유 있게 응대를 했다고 한다. 할머니의 아버지와 어머니 모두 깨끗하고 아름답게 죽음을 맞이함으로써 자녀들에게 고귀한 가르침을 주고 떠났다. 병원 문을 닫고 몸져누운 할아버지는 약한 치매가 온 데에다가 장례식을 준비할 정도로 고비를 맞기도 했지만, 이젠 위기를 넘겨 집에서 몸조리를 하고 있다. 할머니에 비해 며칠 내내 잠만 자고 있는 할아버지의 건강은 다시 조금씩 나빠지고 있다. 남편에게도, 또한 자신에게도 죽음은 머지않아 찾아오겠지만, 정작 할머니는 태연하게 말했다.

"그림도 그리고 싶고, 하고 싶은 일도 많아서 걱정이다. 인간의 삶이란 적당히 시들어가는 것이다. 남편과 내가 서로 앞서거니 뒤서거니 죽어가는 모습을 기록으로 잡아놔야겠다. 저 양반이 가는 것도 구경거리이고, 나의 죽음도 구경거리이다. 나는 즐겁게 살았다. 하느님이 언제 올지 물으신다면, '만사 오케이! 지금이 최고입니다!'라고 말하겠다."

할머니는 어떤 어려운 상황 속에서도 절망한 적이 없고, 꿈을 잃은 적이 없고, 기쁨을 포기한 적이 없다. 죽음에 임하는 마음도 마찬가지이다. 할머니의 웃는 얼굴은 그에게 가장 어울리는 표정이다. 할머니는 죽는 마지막 순간까지도 여유 있게 웃지 않았을까.*

아흔 살 현역 화가 박서보 "떠날 준비가 즐겁다"

박서보(90세) 화백은 "죽음도 삶이다. 죽음이라는 이름의 또 다른 삶"이라고 말한다. 서울 구기동에 지어질 박서보 단색화 미술관(종로구립), 경북 예천에 지어질 박서보 미술관, 서울 연희동 집에 마련될 박서보 기념관을 준비 중이다. 두 미술관 모두 박 화백의 기증 작품으로 조성된다. 떠날 준비를 차근차근히 하고 있다. 2018년 건강이 악화해 자신도 가족도 마음의 준비를 단단히 했다. "내가 죽을 거란 것은 맡아놓은 거다(웃음). 이미 두 차례의 심근경색과 한 차례 뇌경색을 겪으며 죽을 고비를 넘겼다. 최근엔 단짝 김창열이 떠난 충격이 컸다. 죽음 준비하는 게 즐겁다. 떠날 것은 뻔한 데 아등바등할 이유가 있겠나. 죽음을 행복하게 받아들이겠다. 죽음도 삶이다. 죽음이라는 이름의 삶. 물론 현세에서 더 건강하게 그림을 그리다 갔으면 하는 마음은 있다. 하지만 언제고 떠나는 거다. 내 무덤도 준비했는데, 최근에 가보니 양지바르고 너무 아름답더라."**

---

* 한겨레신문, 2005년 4월 20일.
** 중앙일보, 2021년 3월 2일.

"나는 우주에서 춤추며 놀겠다."

생사학을 창시해 현대인들에게 올바른 죽음관을 제시했던 20세기의 영적 지도자 엘리자베스 퀴블러-로스. 그녀는 1995년 자신의 삶을 조망하는 자서전을 썼다. 자서전 집필 내내 뇌출혈로 쓰러져 신체의 일부가 마비되는 등 여러 번 위기를 겪기도 한 그녀는, 우여곡절 끝에 마침내 자신의 필생의 업적에 대한 기록을 끝내면서 자서전 표지를 하늘로 날아오르는 나비 한 마리 그림과 어린 암환자에게 보냈던 다음의 편지로 장식했다.

우리가 세상에 보내져 해야 할 일을 다 마치고 나면
우리는 마치 미래의 나비를 품고 있는 고치처럼
영혼을 가두고 있는 육신을 버릴 수 있게 된단다.
그리고 때가 오면 우리는 육신을 떠나서
고통도, 두려움도, 걱정도 없는……
마치 정말 아름다운 한 마리 나비처럼 자유로이…….*

그녀는 어느 날 스위스에서 아침식사로 커피를 마시고 담배를 한 모금 피우는 순간, 갑자기 의식이 희미해지면서 그대로 쓰러져 버

---

* 퀴블러-로스, 박충구 옮김, 『THE WHEEL OF LIFE - 삶과 죽음에 대한 기억』, 가치창조, 2001, p.11.

렸다. 그녀는 '이제야 죽는구나' 하는 생각이 들었다. 평소에 죽음
은 이 세상을 졸업하는 것이므로, 오히려 기뻐하고 축하해야 할 일
이라고 생각하고 있었던 퀴블러-로스에게 죽음에 다가가는 것은
오히려 기쁘고 흥분되는 일이었다. 그때 그녀는 다른 임사체험자
와 마찬가지로 너무나 스위스적인 산길에서 자기 인생을 파노라마
처럼 회고하기도 했고, 그 너머 밝게 빛나는 빛의 세계를 향해 날
아가 평안과 사랑으로 가득 찬 세상을 만났지만, '안타깝게도'(퀴블
러-로스의 표현) 다음 순간, 의식을 회복했다. 아직 죽을 때가 오지
않은 것이다.**

　그렇게 죽음의 순간을 오랫동안 기다려오던 퀴블러-로스는
2004년 8월 24일 "나는 우주로 춤추러 간다. 그곳에서 노래하고 춤
추며 놀겠다"라는 말과 함께 78세의 나이로 여행을 떠났다. 장례식
에서 그녀의 두 딸이 관 앞에서 작은 상자를 열자 상자 안에서 한
마리 호랑나비가 날아올랐고, 참석자들이 미리 받은 봉투에서도
수많은 나비들이 일제히 하늘로 날아올라 장관을 이루었다.***

** 　다치바나 다카시, 윤대석 옮김, 『임사체험(상)』, 청어람미디어, 2003,
　　pp.420~422.

*** 퀴블러-로스, 데이비드 케슬러, 류시화 옮김, 『인생 수업』, 이레, 2006,
　　p.13.

"나는 죽음에 대해 아는 게 없다."

죽음을 이해하는 방식에는 크게 두 가지가 있다. 첫째, 현세 중심의 인생관을 통해 죽음을 무시한다. 둘째, 내세를 중심에 두고 현세의 삶을 경시한다. 그러나 서양철학의 아버지로 불리는 소크라테스는 극단적인 두 가지 해법을 모두 거부한다. 그는 내세 또는 현세 어느 한 쪽에도 치우치지 않는 균형 잡힌 생사관을 제시해 현세의 삶을 절대시하지도 않았고 죽음을 무시하지도 않았다.『변명』을 통해 나타난 그의 죽음관은 서양철학의 창시자답게 대단히 철학적이다. 어떤 종교를 믿더라도, 막상 죽음에 직면하면 사람들은 대개 두려움과 공포에 질린 모습으로 죽어간다. 그러나 철학자 소크라테스는 살 수 있는 기회가 주어졌음에도 당당하게 죽음을 맞이한다. 그때까지 살아왔던 철학적인 삶을 포기하고 삶을 구걸하는 치욕을 당하기보다 자신의 철학을 지킴으로써 죽음의 길을 택한 것이다.

　소크라테스에 따르면 철학적으로 산다는 것은 재물이나 권력, 명예 등 세속적 가치가 아닌 진리나 지혜, 영혼의 문제에 관심을 기울이며 사는 것을 말한다. 세속적인 삶의 방식은 불완전한 영혼의 상태에서 사는 것이다. 잠자고 있는 영혼은 자신의 무지를 자각하지 못한다. '철학'이란 잠자고 있는 영혼을 깨워 무지를 자각하게 하여, 스스로 알고 있다는 착각에서 벗어나게 하는 역할을 한다. 진리나 지혜, 영혼의 문제에 관심을 기울이며 사는 것을 말한다. 세속적인 삶의 방식은 불완전한 영혼의 상태에서 사는 것이다. 잠자고 있는 영혼은 자신의 무지를 자각하지 못한다. '철학'이란 잠자고 있는 영혼을 깨워 무지를 자각하게 하여, 스스로 알고 있다는 착각에서 벗어나게 하는 역할을 한다.

"죽음을 두려워하는 것은 지혜롭지 않음에도 불구하고 지혜로운 듯이 생각하는 어리석음 그 자체이다. 자신이 죽음에 대해 아무것도 모르면서 안다고 착각하기 때문이다. 죽음이 인간에게 올 수 있는 축복 가운데 가장 큰 것인지 아닌지 우리는 알지 못한다. 그럼에도 불구하고 사람들은 죽음이 인간에게 닥칠 수 있는 최악인 것처럼 두려워한다. 이는 알지 못하면서 아는 것처럼 생각하고 있다는 점에서 가장 비난받을 만하다."*

죽음은 그가 평생 탐구해온 정의, 덕, 선, 아름다움의 주제와 마찬가지로 인간이 남김없이 알 수 있는 것이 아니었다. 사람들은 죽음에 대해 아무것도 모르면서, 죽음을 절망 혹은 두려움 자체라고 간주한다. 죽음이 축복인지 절망인지 우리는 충분히 알지 못한다. 죽음이 무엇을 의미하는지 잘 알지 못하므로, 우리는 죽음을 두려워할 필요가 없다. 두려움을 느껴 절망한다는 것은 무지를 자각하는 철학적 삶의 포기를 뜻한다. 그가 죽음의 공포를 극복하고 죽음에 임해 담담하게 죽을 수 있었던 것은, 죽음에 대해 자기가 아무것

---

*   정동호 외, 『철학, 죽음을 말하다』, 산해, 2004, p.80

도 알지 못한다는 무지를 자각하고 있었기 때문이다. 그가 자주 인용했던 그리스 델포이 신전의 경구 "너 자신을 알라"는 인간의 앎이 보잘것없음을, 우리가 제대로 아는 것이 없음을 있는 그대로 인정하라는 뜻이다.

"지금 죽어서 온갖 수고로움으로부터 풀려나는 것이 최선임을 명확히 알고 있다"라고 말했던 소크라테스는 담담하게 여행을 떠났다. 삶의 길이 가시밭길이었기에 죽음은 그에게 오히려 쉽고도 편한 길이었다. 철학적 삶을 살다가 그로 인해 죽음의 길로 접어든 그에게 죽음은 절망이기는커녕 고난의 가시밭길로부터 벗어나는 기회였다. 사람들이 삶에 애착을 갖고 죽음을 한사코 피하려 하는 것은 영혼이 잠들어 있기 때문이다. 깨어 있는 영혼은 삶에만 집착하지도 않고 죽음을 절망이라고 단정하지도 않는다. 죽음은 두려운 현상도, 절망 그 자체도, 아무것도 없는 끝도 아니다. 소크라테스가 생각한 죽음은 다만 여유 있게 받아들여야 할 하나의 사건에 불과했다.[*]

죽음 앞에서의 여유

사람들은 흔히 유머와 웃음은 죽음과 전혀 다른 범주의 것이라고 생각하는 경향이 있다. 하지만 웃음이 죽음과 어울리지 않는다는

---

[*]   정동호 외, 앞의 책, pp.73~79 참조.

생각은 과연 어떤 근거에서 나온 것인가? 좀 더 깊이 생각해보면, 우리는 죽기 바로 직전까지 살고 있는 것이므로 마지막 순간까지 미소 지으며 즐겁게 살아야 하지 않을까? 각국의 호스피스 자원봉사자들의 태도에는 공통점이 하나 있다. 이들은 불치병 환자들을 다루면서도 항상 밝은 모습과 유머로 임한다는 점이다. 그들이 환자와 함께 주고받는 이야기는 웃음과 유머로 흘러넘친다. 말기 환자에게 남아 있는 얼마 되지 않는 시간을 즐겁게 보내도록 하기 위해 그들은 환자들에게 마음 깊은 배려로 봉사한다. 기쁨과 감사의 마음이 봉사자로부터 자연스럽게 흘러나와 유머로 가득 찬 즐거운 분위기가 형성되는 것이다.

만일 호스피스 봉사자가 어두운 표정으로 봉사에 임한다면, 말기 환자들은 당연히 얼굴을 돌릴 것이다. 자기 삶을 밝게 영위하지 않는 사람이 호스피스 봉사를 자원할 까닭도 없다. 자기 삶을 밝게 영위하는 사람, 또 자신의 죽음도 그렇게 준비하는 사람만이 호스피스 자원봉사에 뜻을 둘 수 있을 것이다. 미지의 세계로 떠나는 당사자도, 죽음을 자꾸만 부정적으로 생각하면 할수록 감정의 흔들림이 한층 심해지게 마련이다. 죽음이란 현실 앞에서는 누구든 긴장을 감추기 어렵다. 그러므로 억지웃음이 아닌 자연스런 미소로 죽음에 임하기 위해서는 죽음을 충분히 준비하는 수밖에 없다. 죽음이라는 현실을 직시하는 냉철함과 확고한 생사관, 철저한 준비 자세, 여유 있고 평온한 마음가짐이 전제될 때 우리는 웃으며 죽을 수 있다.

죽음을 앞둔 사람에게 유머와 웃음이 필요한 것은 웃음이 죽음의

공포에 대한 치료 효과를 갖기 때문이다. 유머와 웃음은 죽음이 불필요하게 던져주는 두려움과 긴장을 완화시키고 없애는 데 큰 도움이 된다. 특히 시한부 질병을 앓는 환자는 더없이 큰 스트레스와 긴장을 경험하기 마련이다. 평상시에도 의사 앞에만 서면 혈압이 상승한다고 말하는 사람까지 있을 정도다. 만일 의료관계자가 유머로 충만하고 편안한 태도로 환자를 대한다면 환자의 스트레스 해소에 얼마나 큰 도움이 될까.

"제가 조금 전에 죽었습니다."

'워싱턴의 휴머니스트'로 불리며 미국에서 웃음전도사로 활약했던 유머 칼럼니스트 아트 부크월드는, 죽는 순간까지 유머를 잃지 않음으로써 어떻게 죽는 것이 의미 있는 죽음인지 전 세계인들에게 확인시켜 주었다.

"안녕하세요. 아트 부크월드입니다. 제가 조금 전에 사망했습니다." 2007년 1월 18일《뉴욕타임스》인터넷 판에 올라온 칼럼니스트 아트 부크월드의 동영상 부고 기사. 날카로운 풍자가 가득한 칼럼으로 미국인들의 사랑을 받아온 아트 부크월드는 본인이 직접 (미리 제작한) 동영상 비디오에 출연해 자신의 사망 소식을 알렸다. 마지막 순간까지 유머를 잃지 않는 모습이었다. 아트 부크월드가 17일 밤 가족들이 지켜보는 가운데 지병인 신장병으로 타계했다고 현지 언론들이 18일 전했다. 향년 81세.

'워싱턴의 휴머니스트'로도 불려온 그는 40여 년 넘게 미국 대통령을 포함해 워싱턴 정가의 엘리트 계층을 풍자한 칼럼으로 인기를 끌어왔다. 그의 칼럼은 전 세계 500여 개 신문에 실렸으며, 1982년 논평 부문 퓰리처상을 수상하기도 했다.

당뇨병이 악화되어 한쪽 다리를 절단한 그는 신장투석도 거부한 채, 워싱턴의 호스피스 시설에서 자신이 죽음에 이르게 되는 과정을, 특유의 유머러스한 필체로 칼럼에서 묘사하며 여유 있는 마음 자세와 의연함을 과시하기도 했다. 그는 당시 "여기에선 환자들이 원하는 것은 무엇이든 다 들어준다. 다이어트에 신경 쓰지 않아도 되기 때문에 밀크셰이크, 햄버거를 마음대로 먹을 수 있어 좋다. 내 생애 최고의 시기"라고 너스레를 떨었다.

아트 부크월드는 1월 18일 공개된 《뉴욕타임스》의 영상 인터뷰에서 "신장투석을 중단했을 당시에는 의사가 2, 3주를 버티지 못할 것이라고 했는데 5개월이 지나도 계속 살아남았다"고 말했다. 그는 예상보다 생존기간이 길어지자 지난해 다음과 같은 칼럼을 쓰기도 했다. "전에는 신경 쓸 필요가 없던 일이 많이 생겼다. 아침마다 면도도 해야 하고, 휴대전화도 괜찮은 신제품을 추가 구입하고, 유언장도 새로 작성했다. 장례 계획도 처음부터 다시 짜야 했다. 또 하나, 조지 W. 부시 대통령을 다시 걱정하기 시작했다." 결국 호스피스 시설을 떠나 집으로 돌아온 그는 2006년 11월 투병 생활을 담은 『안녕이라고 말하기엔 너무 이르다』라는 책을 펴냈다.*

혼수상태에 빠졌던 할머니, "위스키 한 잔 먹고 싶다."

죽음이 가까이 다가와 있음을 의식하다 보면, 대다수 환자는 "하필이면 왜 내가……" 하는 식의 격렬한 분노와 적의에 휩싸이게 된다. 이런 감정을 곁에서 보살피는 사람에게 쏟아 붓거나, 때로는 의사와 간호사에게 직접 적의를 표출하는 환자도 있다. 만일 죽음을 앞둔 당사자가 마음을 진정시키고 밝은 표정으로 주위 사람을 대할 수 있다면, 가족이나 의료관계자 역시 힘이 덜 들 것이다. 보살피는 사람도 환자의 태도에 동요하지 말고 따뜻한 유머로 대한다

---

* 동아일보 2007년 1월 20일.

면, 죽어가는 사람의 분노와 적의를 진정시키는 안정제 역할을 할
수 있을 것이다.

열한 명의 아들딸을 훌륭하게 키워낸 아흔한 살의 할머니가 혼
수상태에 빠졌다. 온 가족이 다함께 할머니를 위해 기도를 했다.
기도가 끝나자 할머니는 눈을 번쩍 뜨고서 "나를 위해 기도를 했
구나. 고맙다. 위스키 한 잔 마시고 싶은데"라고 말해 놀라게 했
다. 위스키 한 잔을 가져오자 할머니는 한 모금 마시고는 "미지
근하니까 얼음 좀 넣어줘"라고 말해 또 놀랐다. 겨우 두 시간밖
에 살 수 없다고 여겨지는 그녀가 얼음마저 요구하니 모두 충격
을 받았다. 얼음을 넣어주자 할머니는 '맛있다'고 말하면서 전부
마셔버렸다. 이어서 "담배를 피우고 싶구나"라고 말하는 것이었
다. 그녀는 담배 한 대를 피우더니 가족 모두에게 감사를 표한
뒤 "천국에서 만나자, 안녕"이라고 말하고 옆으로 누워 그대로
숨을 거두었다. 그때 할머니의 죽음을 슬퍼했던 사람은 한 명도
없었다.

할머니의 죽음은 분명 슬픈 일이었지만, 마지막 순간 보여주었던
밝은 유머를 생각하면서 얼마나 할머니답게 죽음을 맞이했는지 모
두가 이구동성으로 이야기하면서 웃었다. 할머니는 평생 위스키나
담배를 거의 입에 대지 않았다. 가족들이 아무리 생각해도 할머니
가 죽기 직전 위스키를 마시거나 담배를 피울 이유는 없었다. 그녀

는 아흔한 살까지 장수하면서 많은 장례식에 참석하여 모두가 눈물을 흘리면서 슬퍼하는 모습을 자주 보아왔다. 자신이 죽으면 자녀와 손자를 슬프게 할 게 아니라 밝은 분위기를 만들어주려고 마음먹었던 것이다.[*]

　죽음에 직면한 환자는 어쨌든 수동적이 되는 경향이 있다. 더 이상 아무것도 할 게 없다, 운명에 맡길 수밖에 없다고 낙담하는 것이다. 하지만 인간은 육체적으로 쇠약해져도 정신적으로 마지막 순간까지 영혼의 성숙 가능성을 갖추고 있다. 생명이 마무리되는 시점까지도 더욱 높은 차원의 자기실현을 이루며 마음껏 창조성을 발휘한 사람들의 사례는 주위에 얼마든지 있다. 그런 분들 중에는 특히 평소에 유머감각이 뛰어난 사람들이 많다. 유머와 웃음은 최후의 순간에 이르러서도 정신적인 성숙을 위한 에너지를 풍부하게 제공해준다. 이런 의미에서 아름다운 마무리는 우리가 이룰 수 있는 최고의 성취이며, 유머와 웃음은 그런 인간적 성취로 다가가게 하는 촉매 역할을 한다.

---

[*]　알폰스 데켄, 오진탁 옮김, 『죽음을 어떻게 맞이할 것인가』, 궁리, 2002, pp. 144~145.

10장

죽음의 아홉 번째 유형: 밝은 죽음

죽음, 밝은 지혜로 바라본다면

죽어가는 사람의 아홉 가지 반응 중에서 첫 번째부터 다섯 번째까지는 어떻게 해서든 죽지 않겠다는 것이다. 그런 태도는 실제로 죽지 않는 일이 가능하지도 않으면서, 억지로 죽지 않겠다고 고집함으로써 자신의 죽음을 더욱 부정적인 방식으로 진행하게 한다. 하지만 여섯 번째 반응 '수용'에서부터는 이런 태도가 바뀌게 된다. 죽지 않겠다는 생각을 거두고, 죽어야 한다는 사실에 순응하면서 죽음으로부터 무언가 긍정적이고도 희망적인 메시지를 읽고자 한다. 죽음에 대한 태도의 변화는 수용, 희망, 마음의 여유를 거쳐 아홉 번째 반응 '밝은 죽음'에 이르러 마침표를 찍는다.

기독교에서는 죽음의 이해를 단순한 생물학적 과정으로 이해하지 않는다. 예수 그리스도의 부활 신앙에 따라 죽음을 긍정적인 의미로, 즉 인간의 유한성을 넘어서는 긍정적인 계기로 인식한다. 이와 같은 관점에서 보면 죽음의 의미는 영원한 종말이 아닌 인간 삶의 완성이며 결실이요, 보다 영원한 삶으로의 초대, 삶의 마지막 완성이다. 이는 하느님의 인간 창조, 예수 그리스도의 고난의 십자가와 이를 극복한 부활, 그리고 그리스도인의 참 신앙을 통해서 이루어지는 삶의 최종적인 열매이다. 그리스도인은 죽음을 통해 영원한 생명을 얻게 된다고 본다.[*]

불교의 경우, 붓다의 현신顯身 중에 아미타불은 '한량없는 광명(無量光)'의 뜻으로 풀이된다. 하늘의 태양이 만물을 비추고 만물의 진상을 드러내듯이, 진리도 광명의 특성을 갖고 있으므로 우리로 하여금 어둠과 미혹을 헤쳐 나가게 한다는 것이다. 무명의 어두운 껍질을 깨뜨려 자기 마음에 본래 갖추어진 지혜광명을 있는 그대로 드러내고자 하는 것이 불교가 지향하는 세계이다. 불교의 가르침은 죽음에도 역시 그대로 적용된다. 붓다는 삶과 죽음의 어둠을 밝히는 광명 그 자체이다. 붓다는 우리에게 삶뿐만 아니라 죽음의 길마저도 광명으로 밝히라고 가르친다.

사람들이 죽음에 대한 아홉 가지 반응 중 처음 다섯 가지 반응에 머무르는 것은 마음의 어둠 때문이다. 무명의 어둠으로 인해 죽음을 밝은 지혜로 바라보지 못하는 것이다. 여섯 번째 수용에서부터 여덟 번째 마음의 여유까지는 그 어둠이 걷히기 시작함을 뜻한다.

---

[*] 설은주, 앞의 책, p.22.

마지막 아홉 번째 반응 '밝은 죽음'에 이르러 우리에게는 비로소 지혜광명이 저 하늘의 태양처럼 우뚝 솟아 무명의 어리석음을 몰아낼 수 있다. 사실 여섯 번째 수용 단계부터 여덟 번째 마음의 여유 단계까지는 애써 노력하기만 한다면 누구나 성취할 수 있다. 그러나 마지막 반응 '밝은 죽음'의 단계는 그렇지 않다. 깨달음의 빛에 이르기가 쉬운 일이 아니듯 '밝은 죽음' 역시 마찬가지인 것이다. 하지만 누구나 붓다가 될 가능성이 있듯이 '밝은 죽음' 역시 불가능한 것도 아니다.**

"죽은 엄마가 빛으로 감싸여 있어요."

호스피스 의사 로저 콜이 마고(53세)를 처음 만났을 때, 그녀는 이미 4년 전 유방암 판정을 받은 상태였다. 몇 가지 화학요법을 사용했지만, 암은 간과 폐까지 전이되었다. 마고는 10년 전 이혼했고

** 죽음을 밝음 혹은 광명과 연결시키기란 쉽지 않을 것이다. 그러나 죽음 문제를 추적하다 보면 궁극적으로 접하게 되는 것이 바로 광명 혹은 빛의 존재이다. 불교 경전이나 성경에 나오는 광명이나 빛의 존재, 선사들이 남긴 게송, 『티베트 사자의 서』에 자주 제시되는 광명, 그리고 현대 사회에서 주목받고 있는 임사체험자들이 전하는 빛의 존재 등등 숱한 증거들이 있다. 특히 예로부터 숱하게 전해지고 있는 영적 스승들의 놀라운 죽음의 모습은 우리가 죽음에 임했을 때 어떻게 대처해야 하는지를 보여주는 가장 설득력 있고 감동적인 모범답안이다. (오진탁, 『죽으면 다 끝나는가』, 자유문고, 2020, pp.211~213.)

외동딸 제나로의 양육을 맡았다. 모녀는 서로 떨어져서 살 수 없는 사이였다. 마고는 사춘기 시절 1년 동안 북미 원주민 부족과 함께 산 적이 있다. 그 영향으로 그녀는 어른이 되어서도 남다른 영적인 면모를 보였다. 대지와 모든 생물을 존중하는 그녀는 죽으면 자신의 영혼이 대지로 돌아가 숲, 바람, 바다 속에서 계속 살 것을 믿었다. 다른 세상에 살고 있는 가족도 찾아가고 조상과 어른들도 만나겠다고 말했다. 그녀는 자연을 사랑해서 죽으면 숲속 탁 트인 공간에서 장작더미를 쌓고 화장하기를 바랐다.*

죽음이 임박했을 때, 로저 콜이 마고의 집으로 찾아갔다. 그녀는 바다가 내려다보이는 암벽 위의 빽빽한 덤불 관목 초지에 집을 짓고 살았다. 딸 제나로는 어머니를 돌보기 위해 집에 와서 함께 지내고 있었다. 11월 어느 날 아침 마고를 찾아갔더니, 제나로가 미소로 그를 반겼다. "정원에 계시니, 선생님이 직접 가서 보세요. 두 분이 말씀 나누시도록 저는 빠질게요." 정원은 마고의 성격대로 깔끔한 관목과 돌들이 축대로 쌓아 올린 위쪽의 단을 장식하고 있었다. 아래쪽 단은 천연 나무진을 잔뜩 발라 좁은 개울물과 연결했는데, 바윗돌 위에서 도마뱀이 햇볕을 쬐고 있었다.

마고는 위쪽 단의 나무그늘에 앉아 있었다. 심한 병을 앓고 있어서 남에게 의존해야만 움직일 수 있는 처지였지만, 꽤 괜찮아 보였다. 그가 다가가는데도 마고는 정원의 아름다움에 흠뻑 몰두해 있

---

* 로저 콜, 『사랑의 사명』, p.84.

었다. 그녀의 얼굴에는 무어라 이름을 붙일 수 없는 고요함이 서려 있고 부드러움의 광휘는 그녀를 둘러싸고 있었다. 인기척을 느낀 그녀가 그를 보고 미소 지었다. 서로의 눈길이 마주친 짧은 순간, 그가 그녀에게서 본 것이 무엇인지 깨달았다. 그것은 깊은 충족감이었다. "정원의 아름다움에 완전히 빠져 있는 것 같네요."

"아니에요. 저는 제 자신의 아름다움에 빠져 있었어요. 평생 자연의 아름다움을 사랑해 왔으면서도 내가 감상하는 것이 '나 자신'이라는 걸 한 번도 자각하지 못했어요. 숲에 들어가고 바다나 산에서 아름다움을 찾고 경이를 체험하려 했지요. 자연 속에서 느꼈던 아름다움이 실은 내 안에 있었다는 것 이제 알았어요. 자신의 영혼에 귀를 기울이면 우리는 언제나 스스로의 아름다움에 잠겨들 수 있답니다. 저는 평생 자연에 의지해야만 행복할 수 있었어요. 적어도 지금까지는 그랬죠. 마음속으로 기분 좋게 느낄 수 있는 것을 밖에서만 찾아온 셈이죠. 자신의 내면적인 아름다움을 찾고 그것을 깨달을 수 있을 때, 우리는 영혼을 발견할 수 있어요. 저는 곧 죽을 거예요. 사람들이 죽음이라고 부르는 문턱을 넘어갈 것입니다. 제가 조금 더 살아서 세상에 이 말을 전할 수 있었으면 좋겠어요. 우리가 진정 필요로 하는 모든 것이 이미 우리 안에 있으니 그것을 깨달으라고 말이에요. 어쩌면 로저 콜이 저 대신 이 말을 전할 수 있을 거예요."*

로저 콜이 마고의 집에서 나오며 뒤를 돌아보니, 그윽한 충족감이 그녀 얼굴에 드러나 있었다. 그녀 손등에 앉았던 나비가 날아올라 마고 주위를 잠시 나풀거리더니 날아갔다. 그녀는 두 시간 뒤에 아주 평온하게 눈을 감았다. 몇 달 지나 딸 제나로가 마고의 특별했던 마지막 순간을 전해 주었다.

"마지막 주에 이르러 엄마는 모든 것을 받아들였지요. 엄마의 모든 것이 다 변했어요. 두려움도 모두 놓아 버렸어요. 그때 엄마랑 같이 있으면 꼭 신이 옆에 와 계신 듯한 느낌을 받았답니다. 전혀 우리 엄마 같지 않았어요. 엄마 마음에 사랑, 평화, 행복 이외엔 아무것도 없는 것 같았답니다. 나를 쳐다볼 때는 모든 것을 다 잊을 만큼 강렬한 사랑의 전류가 흐르는 걸 느낄 정도였어요. 엄마가 죽은 뒤 처음엔 엄마가 그리웠지만, 엄마가 몸을 떠나신지 몇 주 뒤 어느 날 밤 엄마가 제 앞에 나타났어요. 북미 인디언 복장을 한 엄마는 아주 젊고 생기 넘치는 모습이었어요. 아무 말 없이 침대 발치에 서 있었는데 빛에 감싸여 있었어요. 전과 같은 눈빛으로 쳐다보셨는데 그 순간 제 슬픔이 다 사라졌어요. 엄마의 존재에서 온통 사랑과 은총만 느껴졌어요."**

---

*   로저 콜이 마고의 말을 『사랑의 사명』으로 전하겠다고 말하자, 마고는 그 책이면 된다고 답했다. (앞의 책, pp.86~87.)

**   앞의 책, pp.172~173.

잠양 켄체 린포체의 죽음

『티베트의 지혜』의 저자 소걀 린포체는 생후 6개월의 아주 어린 시절부터 스승 잠양 켄체 린포체(1893~1959)의 사원에 들어가 생활했다. 티베트에는 위대한 스승의 환생을 찾는 독특한 전통이 있다. 스승의 환생으로 확인된 어린아이는 미래의 스승이 되기 위해 특별한 교육을 받는다. 그는 소년 시절 내내 스승의 보살핌 아래서 생활했다. 스승의 침대 끝에 놓인 작은 침대에서 잠을 잤고, 아침마다 기도하는 스승의 낮은 목소리와 염주 굴리는 소리에 잠에서 깨어났다. 그의 말, 그의 가르침, 그의 존재가 뿜어내는 평온한 광휘, 그의 미소, 모두가 결코 지워지지 않을 정도로 각인되었다.***

소걀 린포체가 죽음을 처음 경험한 것은 일곱 살 때, 그의 스승 잠양 켄체 린포체를 시중드는 삼텐이 갑자기 병이 났다. 2주일 동안 모든 것에 고약한 죽음의 냄새가 구름처럼 걸려 있었다. 사원 전체가 죽음을 깊이 의식하는 분위기로 팽배했다. 소름이 끼치거나 간담을 서늘하게 하는 그런 것은 아니었다. 스승의 면전에서 죽는 것은 특별한 의미가 있었다. 그의 죽음은 모두에게 가르침이었다. 삼텐의 죽음은 쉬운 일이 아니었다. 그의 거친 숨소리가 따라 다녔고, 그의 육신이 썩는 냄새를 맡을 수 있었다. 모든 것이 삼텐에 초점이 맞춰져 있었다. 스승은 죽어가는 삼텐을 조용히 인도하면서

*** 소걀 린포체, 『티베트의 지혜』, p.448.

그가 겪게 될 죽음의 과정으로 한 단계 한 단계 이끌었다. 스승의 정확한 앎, 확신, 그리고 마음의 평온함에 소갈 린포체는 크게 놀랐다.

스승과 함께 있으면 그의 평온한 신념 때문에 큰 두려움에 빠졌던 사람마저도 확신하게 되었다. 스승은 조금도 죽음을 두려워하지 않았다. 그렇다고 해서 죽음을 가볍게 취급한 것은 결코 아니었다. 스승으로 하여금 그렇게 냉정하면서도 그렇게 밝게, 그토록 능숙하면서도 신비스럽고 태평하게 죽음을 맞이하게 하는 것은 도대체 무엇일까? 이런 의문이 소갈 린포체를 숨 막히게 했다. 삼텐의 죽음은 그를 뒤흔들었다. 일곱 살 때, 처음으로 그는 자기가 속한 전통의 거대한 힘을 보았고, 영혼을 정화하는 수행의 목적을 이해하게 되었다.*

또 라마 체텐의 죽음은 소걀 린포체에게 또 다른 가르침으로 각인되었다. 라마 체텐은 잠양 켄체 린포체의 영혼의 반려자 칸도 체링 최된의 가정교사였다. 칸도 체링 최된은 티베트에서 가장 뛰어난 여성 수행자로 간주된다. 라마 체텐은 지극히 인간적이었고 할아버지 같은 성격을 지녔다. 예순 넘은 나이에 키가 컸고 머리카락은 백발이었으며 자연스러운 품격이 넘쳐흘렀다. 그는 또한 수준 높은 명상 수행을 성취했다. 그의 옆에 있기만 해도 평온함과 온화함이 전해졌다. 라마 체텐은 특별한 방식으로 죽었다. 깨끗이 닦아야 할 시신을 남기지 않겠다고 말했다. 그는 칸도의 가정교사였으므로, 그녀가 간호했다.

성지를 여행하던 중 그가 갑자기 그녀를 불렀을 때, 천막 안에는 그녀와 어린 소걀 린포체 두 사람뿐이었다. "이리 오렴. 때가 되었나보다. 이제 네게 더 이상 말해 줄 수 없겠구나. 너는 지금 모습 그대로 훌륭하단다. 너와 함께 있으니까 행복하구나. 내게 지금까지 했던 방식 그대로 잠양 켄체를 섬기도록 해라." 그녀가 스승을 부르려 하자, "그를 괴롭히지 말라. 그럴 필요 없다"는 말과 함께 그는 하늘을 똑바로 응시하다가 죽었다. 죽음을 목전에 둔 사람이 저처럼 확신을 지닐 수 있다니, 어린 소걀 린포체는 크게 놀랐다. 체텐은 모두가 갈망하듯, 자신을 도와줄 스승을 부를 수 있었다. 그러나 그는 그럴 필요를 느끼지 못했다. 그는 자기 안에 함께 있는 스승의

---

* 소걀 린포체, 『티베트의 지혜』, pp.25~26.

존재를 이미 알고 있었다. 잠양 켄체는 그와 함께, 항상 그의 마음 속에 있었다.

　잠양 켄체가 칸도와 함께 천막으로 왔다. 그는 체텐의 얼굴을 한 번 쳐다보고 그의 눈을 살펴보고 껄껄 웃기 시작했다. 그가 말했다 "그 상태로 머물지 마세요. 이 수행을 할 때 미묘한 장애가 일어납니다. 자, 이제 제가 도와주겠습니다." 스승은 체텐이 마음을 진리의 공간에 몰입시키는 특별한 명상 수행을 하고 있음을 보았던 것이다. 소걀 린포체는 다음에 일어난 일을 직접 목격했다. 직접 보지 못했다면 결코 믿을 수 없는 일이 일어났다. 체텐은 다시 살아났다. 스승은 그의 곁에 앉아 죽기 직전에 의식을 인도해주는 포와 수행법으로 그를 이끌었다. 포와 수행을 행하는 방식은 여러 가지가 있다. 그때 그가 사용한 방식은 스승이 모음 '아'를 세 번 말할 때 최고조에 달했다. 스승이 처음 '아'를 말했을 때, 체텐이 내는 소리를 주위에서 분명히 들었다. 두 번째의 경우, 그의 목소리는 좀 더 희미해졌다. 세 번째의 경우 침묵만 흘렀다. 그는 그렇게 떠나갔다.*

　잠양 켄체 린포체는 1959년에 이 삶에서 할 일은 다했노라고 말했다. 티베트의 훌륭한 사원 세 곳, 즉 세라, 드레풍, 칸덴이 중국에 의해 점령당했다는 소식과 함께 그의 죽음은 알려졌다. 그는 티베트 달력으로 5월 6일 새벽 3시에 죽었다. 죽기 열흘 전 그의 생

---

*　소걀 린포체, 『티베트의 지혜』, pp.28~30.

명 연장을 위해 티베트인들이 밤새도록 수행하고 있었을 때, 갑자기 커다란 지진이 대지를 흔들었다. 깨달은 스승의 죽음이 임박했음을 알리는 신호였다. 그가 죽은 이후 3일 동안 완벽한 보안이 유지되어 어느 누구도 스승이 죽었는지 알지 못했다. 소걀 린포체는 늘 하던 대로 그의 방에서 함께 자는 대신, 다른 방에서 자게 되었다. 스승은 죽은 이후에도 명상상태 속에 있으므로, 비밀을 유지하는 것이 중요하다. 시자 촉덴이 스승의 방으로 음식을 날랐지만, 얼굴 표정은 침울했다. 스승의 건강상태를 물었지만 그는 '여전하다'는 말만 했다. 스승이 죽었다는 소식이 전해진 것은 죽은 지 3일이 지나서였다.

스승은 '잠자는 사자 자세'로 죽었다. 죽은 이후 징후를 살펴본 결과, 그는 여전히 명상상태에 있었고, 어느 누구도 3일 내내 그의 육신에 손을 대지 않았다. 그가 명상에서 깨어났던 그 순간은 소걀 린포체 일생 동안 잊을 수 없었다. 그의 코가 갑자기 수축되었고 얼굴색은 서서히 쇠잔해졌으며 머리는 한쪽으로 약간 떨구어졌다. 그 직전까지 그의 육신에는 어떤 균형과 힘, 그리고 생기가 있었다. 시신을 닦아 옷을

경북 봉화 소재의 축서사 사리탑

입혀 침실에서 사원으로 옮긴 시간은 저녁이었다. 그때 놀라운 일이 벌어졌다. 엷게 빛나는 안개처럼 보이는 우윳빛이 나타나 점차 널리 퍼져 나갔다. 사원 밖에는 커다란 등불이 4개 있었다. 대개 저녁 무렵 즈음에 환하게 밝혀진다. 그러나 그날은 신비한 빛으로 인해 등불이 희미해 보였다. 많은 사람들이 기이하고 이 세상 것 같지 않은 빛을 목격했다.[*]

이런 빛의 현현은 탄트라 불교에서 그가 붓다가 되었다는 신호로 간주된다. 스승의 시신은 냄새도 나지 않았고 부패가 시작되지도 않았다. 인도에서 여름철이면 사나운 폭염이 맹위를 떨치지만, 시신은 조금도 부패의 조짐을 보이지 않았다. 시신은 일주일 동안 안치할 계획이었지만, 많은 사람들의 요청으로 6개월 안치하고 끝을 맺었다. 잠양 켄체 린포체는 불교가 의미하는 것을 완벽하게 구현한 인물이었다고 소걀 린포체는 말한다.[**]

---

[*] 소걀 린포체, 『티베트의 지혜』, pp.442~449.

[**] 잠양 켄체 린포체(1893~1959)는 부탄에서 1961년 다시 환생했다. 환생자 '종살 켄체 린포체'는 세계 곳곳에 교학과 수행 센터를 세워 가르침을 전하는 일을 활발히 전개하고 있다. 또한 '켄체 노르부'라는 이름으로 영화 〈컵〉, 〈나그네와 마술사〉를 제작하기도 했고 우리나라를 여러 번 방문한 바 있다. (오진탁의 저서, 『죽으면 다 끝나는가』, 제2부 2장 '죽음을 알면 삶에 보다 충실할 수 있다' 참조)

수행자는 평생 죽음을 기다린다

임종과정에 무슨 일이 일어나는지 정확하게 알고 있는 티베트 수행자의 경우, 죽음은 두려움이나 고통의 대상이 아니라 그가 평생 기다려왔던 순간이기도 하다. 그는 죽음을 평온하게 맞이하게 되고, 심지어 기쁨 속에서 죽을 수 있다.

어느 요가 수행자는 며칠 동안 앓았다. 의사가 찾아와서 맥박을 진찰했다. 의사는 그가 죽어가고 있음을 알았지만, 당사자에게 말해야 하는지 확신이 서지 않았다. 요가 수행자는 어린애처럼 자기 병의 상태를 알려 달라고 말했다. 마침내 의사가 사실대로 알려주었다. "조심하세요. 때가 왔습니다." 그는 마치 크리스마스 선물 포장을 여는 꼬마처럼 즐거워하며 흥분을 느끼는 듯 했다. "정말이에요? 이 얼마나 달콤한 말인가, 이 얼마나 기쁜 소식인가!" 그는 하늘을 응시한 채 깊은 명상상태에서 임종을 맞았다.***

육신의 채널, 바람, 마음의 본성을 중심으로 한 수행법을 완벽하게 익힌 수도원의 어느 연로한 수행자는 어느 날 제자에게 말했다. "나는 지금 죽어가고 있으니까, 달력에서 길일을 알아 보거라." 행자는 깜짝 놀랐지만 스승에게 감히 말을 붙일 수 없었다.

*** 소걀 린포체, 『티베트의 지혜』, pp.410~411.

달력을 살펴본 행자는 다음 월요일에 모든 별들이 길하게 배열
된다고 말했다.

"월요일이라면 사흘 남았군. 그럼 그날 일을 치를 수 있겠군."
행자가 잠시 방을 떠났다가 다시 돌아왔을 때, 스승은 명상 자세
로 똑바르게 앉아 있었다. 고요한 정적만 감돌아 마치 그 자세로
천화하려는 듯 보였다. 행자는 아무 말 없이 기다리기로 했다. 그
는 정오에 갑자기 숨을 깊이 내쉬는 소리를 들었다. 스승은 평상
시 모습으로 돌아와 행자와 기분 좋게 이야기를 나누었고, 점심
식사도 맛있게 먹었다. 명상하는 오전 내내 그는 호흡을 멈추고
있었다. 우리 수명은 호흡의 한정된 숫자로 정해져 있기 때문에
그는 숨을 멈추었던 것이다. 그는 그 다음 날, 다시 그 다음 날도
똑같이 했다. 월요일이 되자 그가 말했다. "오늘이 바로 그 성스

러운 날이지?" "네." "좋아, 오늘 떠날 것이네." 스승은 바로 그날, 어떤 병이나 어려움 없이 명상하는 가운데 육신의 옷을 벗었다.[*]

죽음의 순간, 참다운 기개를 보여줄 시간

아니 리루의 죽음은 그녀의 삶과 마찬가지로 평온했다. 그녀에게 죽음이 다가올 무렵, 그녀는 말할 수 없었지만, 정신은 여전히 깨어 있었다. 아페 돌제는 영적인 가치를 가장 단순한 방식으로 자연스럽게 나눠주는 재능을 지녔다. 그가 가는 곳마다 활기찬 웃음과 기쁨이 넘치게 하였고, 어떤 곤란한 상황이라도 한결 쉽게 만드는 재능을 지녔다. 여든 살이 가까워서도 그는 기운차게 활동했고, 죽음에 이를 때까지 매일 쇼핑을 다녔다. 아페 돌제가 쇼핑을 나가는 시간은 아침 아홉 시쯤이었다. 그는 아니 리루가 죽음의 언저리에 이르렀다는 말을 전해 듣고 그녀의 방을 찾았다. 그는 거의 고함치듯이 크게 말하는 습관이 있었다.

"아니 리루! 내 사랑하는 소녀여! 이제 참된 기개를 보여줄 시간이란다. 멈칫거리지 말아라. 동요하지도 말아라. 그대는 그렇게 많은 스승을 만났고 그들 모두에게서 가르침을 받았으니 커다란 축복을 받은 것이다. 더구나 그대는 수행 역시 제대로 닦는 값진

---

[*]   소걀 린포체, 『티베트의 지혜』, pp.415.

기회도 만났지. 그대에게 그 이상 무엇이 필요하겠느냐! 이제, 그대가 해야 할 단 한 가지 일은 가르침의 정수, 특히 그대의 스승이 죽음의 순간을 위해 제시한 지침을 지속적으로 마음에 유지하는 것뿐이란다. 그대 마음에 조금도 흩어짐이 없게 해라. 우리를 걱정하지는 말아라. 우리는 잘 지낼 거야. 나는 이제 쇼핑하러 가련다. 아마 나는 그대를 다시 볼 수 없겠지. 그러니, 잘 가거라."

그는 싱글싱글 웃으면서 말했다. 아니 리루의 의식은 여전히 명료했고, 그의 말을 알아들었다는 듯이 미소를 짓고 가볍게 고개를 끄덕였다.[*]

족첸의 고급 수행을 통해 성취한 수행자들은 그들의 삶을 특별한 위엄 속에서 마무리 지을 수 있다. 죽을 때, 그의 육신은 빛 속에 녹아 들어가 완전히 사라지고 만다. 자신이 칠채화신을 성취한 것을 알아차린 사람은 일반적으로 자신이 죽은 후 방이나 텐트 속에서 일주일 동안 어느 누구도 방해하지 말고 혼자 내버려둘 것을 요청한다. 여드레째 되는 날 시신은 찾을 길 없고 몸의 가장 불순한 부분인 손톱, 발톱, 터럭만 남아 있을 뿐이다. 오늘날 우리는 이런 현상을 믿기 어려울 것이다. 티베트 족첸의 계보를 살펴보면 칠채화

소갈 린포체, 『티베트의 지혜』, pp.372~374.

신에 도달한 수많은 수행자로 가득 차 있다.

　1952년 티베트 동부에서 수많은 사람들이 목격하는 가운데 칠채 화신 현상이 일어난 유명한 사례가 있다. 쇠남 남걀은 매우 단순하고 겸손한 사람이었는데, 석공으로 성지를 순례하면서 생계를 꾸려나갔다. 아무도 그가 수행자인 줄 몰랐다. 죽기 전에 얼마 동안 그는 산속에 들어가 지평선을 배경으로 허공을 응시하며 앉아 있었다. 갑자기 병이 들었지만, 기이하게도 그는 점점 행복해지는 것처럼 보였다. 병색이 짙어지자 가족이 스승과 의사를 불러왔다. 아들이 가르침을 기억해야 한다고 말하자, 그가 미소 지으며 말했다.

"나는 모조리 잊었다. 기억할 것은 아무것도 없다. 모든 것은 환각이다. 그러나 나는 모든 일이 잘되어 간다고 확신한다." 일흔아홉 살 때 죽기 직전 말했다. "내가 바라는 건 죽고 나서 내 시신을 일주일 동안 옮기지 말라는 것뿐이다." 그가 죽은 지 여드레째 되는 날 아침에 장의사가 그의 시신을 수습하기 위해 도착했다. 천을 풀어헤치자, 손톱, 발톱, 터럭 이외에 아무것도 없음을 발견했다.**

** 　소걀 린포체, 『티베트의 지혜』, pp.280~282.

제4부

죽음을 통해 삶을 찾다

"죽음이라는 막다른 골목에 처해 보니,

지금은 언제 어디서든 죽을 수 있다고 생각합니다.

그러니 삶의 한 순간 한 순간이 소중하게 느껴집니다."

1장
죽음을 수용했더니 삶이 달라졌다

캐나다 출신의 예수회 서명원 신부는 서강대 종교학과 교수직에서 2020년 정년퇴임했다. 지금은 '도전돌밭 공동체'에서 도반道伴들과 함께 유기농 농사를 지으며 명상하고, 기도하고, 공부하고, 가르치는 일을 하고 있다. "코로나19 때문에 우리 인생이 고통의 바다가 돼버렸다. 지금의 고통은 과정이다. 궁극적으로 우리는 인생의 나그네이고, 삶의 순례자다."

서 신부는 예수회 신부가 되기 전에는 의대생이었다. 600년 전통의 프랑스 보르도대학 의과대를 6년간 다녔다. 어머니가 의대에 가길 원했다. 일자리 걱정이 없고 돈을 많이 벌 수 있으니까. 서 신부는 5남매 중 셋째다. 딸 하나, 아들 넷인 집안이었다. 어머니는 아이들이 태어나기 전부터 "딸은 변호사, 아들은 의사"라고 인생 계획을 모두 세워놓았다. 어머니는 의사 외에 다른 직업도 좋을 수 있다는 걸 인정하지 않았다. 자식 인생에 다른 길도 있을 수 있음을 받아들이지 않았다.

프랑스계 캐나다인 서 신부는 캐나다 퀘벡주의 몬트리올시에서 고등학교와 칼리지를 다녔다. 어머니 뜻에 따라 프랑스 보르도 대학 의대에 입학했다. 경쟁률은 50 대 1이었다. 여름방학 때는 고향인 캐나다 퀘벡주로 돌아가 몬트리올 성모병원 지하 해부실에서 아르바이트를 했다. 사실 의대를 다녀도 시신 해부 기회는 드물다. 그는 여름방학 아르바이트를 하면서 5년간 시신 350구를 해부했다. 첫 해부한 날을 잊을 수가 없었다. 시신이 살짝 부패했는데도 내장에서 나오는 지독한 냄새 때문에 정말 까무러치는 줄 알았다. 시체 해부를 10구, 20구 나중에는 100구, 200구를 해도 죽음은 자신의 것이 아니었다. 죽음은 언제나 남의 것이었고, 자신과는 상관이 없는 것이었다.

제2차 세계대전 때 나치의 유대인 수용소에서 수많은 유대인이 학살당했다. 당시 한 유대인이 독가스실로 같은 유대인들을 넣은 뒤 가스 밸브를 여는 역할을 했다. 그 사람이 목격한 죽음이 얼마나 많았겠는가. 그는 죽음의 도가니 속에 있었지만, 자신이 죽을 수도 있다는 생각은 추호도 하지 않았다고 한다. 그게 인간이다. 사람들은 자신은 죽지 않고 영원히 살 것처럼 살고 있다.

"의대생으로 처음 해부할 때는 까무러치는 줄 알았다. 내장에서 나오는 냄새가 너무 지독했다. 그래도 참았다. 그게 입문인데, 거기서 멈추면 더 못 들어가니까. 시신을 해부할 때는 목부터 배

꼼까지 절개해서 다 연다. 오장육부를 잘라서 조직 검사를 한다.
머리도 잘라서 뇌를 꺼내 육안으로 다 봤다. 뇌출혈이 있었다면
해당 부위가 단단하지 않고 물렁물렁해지니까. 그런 걸 손으로
다 만지며 찾아냈다. 정말 힘들었지만 많이 배웠다. 하루는 해부
실에서 시신들을 둘러봤다. 시체들 중에는 꼬마도 있고, 젊은 사
람도 있고, 태어나자마자 죽은 영아도 있고, 자살한 사람도 있었
다. 그때 불현듯 나도 언젠가 반드시 죽는다는 사실이 실감났다.
그들을 보면서 나는 '인간의 죽음'을 생각했다. 해부실 아르바이
트는 나로 하여금 죽음을 직시하게 했다. '오늘 병원 휴게실에
서 만난 아이도 머지않아 나처럼 나이가 들 거고, 나중에는 노인
이 되어서, 결국에는 죽겠지. 누구도 생로병사를 피할 수는 없겠
지.' 나는 그걸 배웠다. 산 사람이 아니라 죽은 사람과 일했으니
까 가능했다. 비로소 나의 죽음을 직시하게 됐다. '나는 죽는다'

는 사실을 깊이 수용했다. 그랬더니 그 다음 물음이 올라오더라. '그럼 어떻게 살아야 하지?' '이 유한한 삶에서 무엇을 하며 살아야 하지?' '무엇을 위해 살아야 하지?' 이런 물음은 바로 내면內面의 소리였다."[*]

의대 6년 차 때 그는 프랑스 보르도에서 기차로 8시간이나 떨어진 리옹의 수도원으로 갔다. 자신을 아는 사람이 아무도 없는 곳에서 8일간 피정을 하며 '내면의 목소리'를 듣고 싶었다. 8일째가 다가올수록 내면의 목소리는 더욱 뚜렷해졌다. 결국 그해 여름 의대를 자퇴하고, 가을에 프랑스 예수회 수도원에 입회했다. 물론 부모의 반대와 비난은 굉장했다.

우리가 사는 자본주의 문명은 사람들로 하여금 죽음에 대해 생각을 쉽게 할 수 없게 만든다. '자신의 죽음'이나 '자기 삶의 목표'를 찾게 하기보다는 온갖 물건들을 소비하는 소비자로만 만든다. 파리나 뉴욕으로 해외여행을 다니게 부추기고, 고급 브랜드의 외제차를 타는 것을 부추기고, 더 좋은 컴퓨터와 더 좋은 향수, 더 좋은 옷을 소비하게 부추긴다. 그걸 통해 삶의 만족을 찾으라고 유도한다. 그러는 와중에 사람들은 자신도 모르는 사이에 소비자로만 살게 되면서, 내면의 소리에 귀를 기울이지 않게 된다고 서 신부는 말한다.[**]

---

[*] 중앙일보, 2021년 1월 1일.

죽음 앞의 인간, 죽음을 수용하면 크게 달라진다

제3부에서 죽음을 앞둔 사람이 보이는 아홉 가지 유형을 다루었다. 1) 절망과 두려움, 2) 부정, 3) 분노, 4) 슬픔, 5) 삶의 마무리, 6) 수용, 7) 희망, 8) 마음의 여유, 9) 밝은 죽음이 그것이다. 이 아홉 가지 임종의 유형은 죽음 수용 여부에 따라 크게 달라진다.

아홉 가지 반응 가운데 처음 다섯 가지 반응과 달리, 여섯 번째 반응 '수용'에서부터는 크게 차이가 난다. 처음 다섯 가지 반응과 마지막 네 가지 반응의 분기점이 바로 당사자가 임박한 죽음을 수용하느냐 하지 않느냐 여부에 달려 있다. 죽어가는 사람의 모습도 그것에 따라 크게 달라진다. 죽음 앞에서 한없이 절망하거나, 죽음을 두려워만 하거나, 자기가 왜 죽어야만 하느냐며 화를 내거나, 마지막 순간까지 슬픔에만 젖어 있다면, 그는 결코 죽음을 이해하면서 편안하게 임종했다고 말할 수 없다. 이런 식으로 죽는 사람은 삶 역시 제대로 살지 못했다고 말할 수밖에 없다. 왜냐하면 죽음은 바로 삶의 거울이기 때문이다. 죽어가는 마지막 모습을 통해 우리는 그의 생전의 삶, 그리고 죽음 이후의 삶까지도 상상해볼 수 있다. 품위 있고 존엄한 죽음을 맞을 줄 아는 사람은 삶 역시 가치 있게 보냈을 것이라고 믿게 된다.

우리 사회에는 죽음에 순응하면서 편안한 모습으로 세상을 떠나

** 중앙일보, 2021년 1월 1일.

(인터넷강의 '죽음의 철학적 접근'을 수강하면서 제출한 학생의 레포트)

자살예방 해법은 있다

살면서 "죽고 싶다"라는 생각을 안 해 본 사람이 있을까? 우리는 이 죽음에 대해서 너무도 가볍게 얘기하곤 한다. "힘들어 죽겠다", "졸려 죽겠다", "배고파 죽겠다"등등 일상 속에서 흔히 듣고 하는 말들이다. 이 가벼운 말들을 우리는 무겁게 생각할 필요가 있다.

실제로 나 또한 자살의 유혹에 종종 빠지곤 한다. 일이 내 뜻대로 안 풀려서, 생각지도 못한 나쁜 일이 생겨서, 미래가 불투명해서 등등 항상 이유는 많다. 그럴 때 마다 스스로 "아 진짜 죽고 싶다"라는 생각을 하게 되고, 이런 생각을 하면 말로 내뱉게 되고, 그 말을 스스로 들음으로서 한번 더 자살을 곱씹게 된다. 이렇게 곱씹다 보면 나도 모르게 길을 걷다가도, "저 차에 치이면 죽겠지"와 같은 생각을 몹시 자연스럽게 하게 된다. 그래서 나는 우리는 죽음에 대해 가볍게 보면 안 된다고 생각한다. 작은 불씨가 숲 전체를 태워 버릴 수 있는 것처럼 말이다.

그렇다면 책에서 나온 질문 -

"삶이 괴로워서 죽으려는 사람은 왜 자살하면 안 되나요?"

이에 대한 답을 하자면, 나는 스스로의 선택이라고 말해주고 싶다. 죽음이 끝이고, 죽음만이 나를 고통에서 벗어나게 해줄 수 있다, 라고 생각하는 사람에게 "인생은 단 한번 뿐이고, 삶은 소중해"라는 말은 크게 와 닿지 않을 것이다. 다만 나는 되묻고 싶다. 만약 죽음이 끝이 아닌 다음 스테이지라면 어찌할 것인가?

쉽게 말해 게임으로 예시를 들자면, 내가 삶을 열심히 살다 죽어서 내 영혼이 죽음 뒤에 있을 새로운 세상, 그것이 환생이든 사후세계이든 다 좋다. 그 곳에서 레벨 업을 해서 또 열심히 살아 갈 수 있다.

그러나 지금 이 생에서 나의 자살로 인해, 다음 스테이지에서도 고통을 받는다면? 눈앞에 고통을 벗어나기 위해 더 큰 수렁 속에 뛰어드는 것 아닌가?

물론 죽어본 사람은 없기에 죽음 뒤에 삶을 단정 지을 순 없다, 아무것도 없을 수도 있으니. 하지만 이를 받쳐줄 근거는 굉장히 많다. 이 책을 통하기만 하여도 생각은 쉽게 바뀔 것이다.

책에서 비슷한 예시가 나온다. 최면치료를 통해 우울증 원인을 발견하게 된 환자 이야기이다. 이 환자는 우울증이 너무 심해서 이런 저런 치료를 해보았지만 차도가 없어 전생퇴행을 시도했다. 그는 전생에 부잣집 중국인이었으나, 20살 무렵 아버지께서 사고를 당해 돌아가신 뒤 집안이 몰락하고 스스로도 마음을 못 잡아 자살이라는 선택을 했다.

놀라운 건 현생의 모습 또한 전생과 비슷한 점이 많다는 것이다. 어릴 때 부모님이 모두 돌아가시고 큰형과 형수 손에서 모멸감을 많이 느끼며 자랐고, 경제적으로도 힘들어 마음의 여유 없이 불안한 마음을 갖고 살아가고 있었다. 마치 과거의 삶에서 열심히 살며 극복해야 했던 것을 이번 생에서 한층 더 어렵게 재시험을 보는 듯 말이다.

이 예시를 읽고 정말 머리를 한 대 맞은 듯 한 충격을 느꼈다. 앞서 이야기 했듯이 나 또한 살면서 많은 자살 충동을 느낀다. 정말 진지하게 생각 한 적도 많았는데, 그중 한 이유가 가정불화였다. 사람을 정말 무기력하게 하는 것은 나 스스로가 선택할 수 없는 것, 또한 바꿀 수 없는 것인데, 모든 이가 그러하듯 선택할 수 없는 가족이 그렇다.

나는 내가 노력해도 바꿀 수 없다는 것을 처절하게 느꼈고, 무기력함을 느꼈으며, 그 감정은 나를 자살로 몰고 갔다. 물론 나는 주변의 도움으로 잘 이겨냈지만, 아직까지도 아릿한 기억이 아닐 수 없다.

내가 그때 죽음이 끝이라고 생각하고 죽었다면, 또 다른 삶을 살면서 비슷한, 혹은 더 어려운 상황을 또 마주했겠지. 이 예시는 나에게 정말 큰 교훈과 깨달음을 주었다.

다음 카페 〈한국생사학 협회〉 폴더 '오진탁의 생사학 이야기'

는 사람이 많지 않다. 여러 가지 이유가 있겠지만, 평소에 죽음 준비 교육을 받을 기회가 전혀 없어서 죽음을 한 번도 사려 깊게 생각해보지 못한 것도 큰 이유라고 본다. 만약 죽음의 순간을 당해서 죽음을 수용하는 것보다 평소 죽음을 수용하면서 삶을 살아간다면, 삶의 방식에서 커다란 차이가 생겨 삶의 질과 죽음의 질이 크게 향상될 것이다.

2장
암을 극복한 사람들의 이야기

시한부 인생을 극복해낸 이주명 씨, 김상태 씨, 김명원 씨는 삶을 결코 포기하지 않았다. 가만히 앉아서 죽을 수 없다고 생각한 세 사람은 살 수 있다는 희망을 접지 않았다. 암에 걸렸다고 손을 들어버리면 암세포는 순식간에 몸 전체로 확산된다. 암을 불치병이라고 생각하니까 암을 이길 수 없게 되는 것이다. 누구든지 언젠가 죽을 테니까, 죽을 때 죽더라도 자기 생명을 포기하지 말고 희망을 유지하는 것이 바로 암을 이기는 비결이라고 김상태 씨는 말한다.

"언제나 희망적으로 생각했다."

죽음의 위기를 극복한 뒤 이주명 씨는 세상을 바라보는 눈이 완전히 바뀌었다. 죽음의 문턱까지 갔다 왔기에 주변의 모든 것이 무척이나 소중하고 가치 있게 느껴진다는 것이다. 이주명 씨에게 지난

2년간은 그의 인생에서 어느 때보다도 고통스러운 시간이었다. 갑자기 말기암 선고를 받은 상황에서 살아야겠다는 의지가 조금만 약했어도 그는 이미 이 세상 사람이 아닐 수 있었다. 폐암 말기의 힘든 투병생활 속에서도 그가 삶에 대한 희망의 끈을 놓지 않았던 이유는 갓 결혼한 20대의 아내, 그리고 그녀의 뱃속에 아무것도 모른 채 평화스럽게 자라고 있던 아이 때문이었다.

이주명 씨에게 감당하기 힘든 불행이 닥쳐온 것은 6월의 눈부시도록 맑은 날이었다. 어느 날 갑자기 가슴에 통증을 느껴 병원을 찾은 그는 의사로부터 폐암 말기라는 진단과 함께 앞으로 3개월밖에 남지 않았다는 청천벽력 같은 선고를 받았다. 술과 담배도 거의 하지 않았기에 충격은 더욱 컸다. "처음에는 믿어지지 않았다. 3개월밖에 살 수 없는 말기암이라니, 의사가 오진했다고 믿고 싶었다. 젊은 나이에 홀로 남게 될 아내와 유복자가 될 아이를 생각하니 더욱

견딜 수가 없었다. 일주일 동안 여러 가지 생각을 했다. 내가 정말 죽게 되는구나 하는 사실을 점차 받아들이게 되었다. 가족들이 눈에 밟혔다. 고생만 하신 어머니, 임신 중인 아내, 그리고 뱃속의 아이……."

가족들을 생각하는 순간 그는 가만히 앉아서 죽음을 맞을 수

는 없다고 결심했다. 고통스러웠지만 항암치료를 받기로 결심했다. 너무나 고통스러워 견디기 힘들 때에는 차라리 죽는 게 낫겠다는 생각이 들기도 했지만, 그는 가족들을 생각하면서 결코 포기하지 않았다. 상태가 조금이라도 호전되면 환자라는 생각을 떨쳐버리기 위해 매일 목욕을 하고 책도 사다 달라고 부탁하기도 했다. 간호사들이 '말기암 환자가 무슨 맹장수술 받은 환자처럼 움직이느냐'고 의아해했다. 그는 아파도 가만히 누워 있기보다 억지로라도 움직였다. 그는 언제나 희망적으로 생각했다. 6개월에 걸친 여섯 차례의 항암치료와 살겠다는 의지 덕분에 암세포가 전이를 멈추고 그 숫자가 줄어들었다. 그의 상태를 진단한 의사는 기적이라고까지 표현했다. 마침 그때 뱃속의 아이가 태어났다. 이름은 하늘이라고 지었다. 하늘이를 보는 순간 살아야겠다는 의욕은 더욱 강해졌다. 하늘이는 그에게 희망 그 자체였다.

"내가 이렇게 아프다보니 아내 혼자서 아이를 낳았다. 낳은 지 3일이 지나서야 딸아이를 볼 수 있었는데 어찌나 감격스럽고 행복하던지 나도 모르게 눈물이 나왔다. 아내가 참 고마웠다. 주위에선 아이가 복을 가져왔다고 말했다. 하늘이가 태어날 무렵 상태가 기적적으로 좋아졌고 그 이후 암세포가 계속 줄어들었다. …… 사실 암은 5년이 지나봐야 안다고 말한다. 지금은 언제나 어디서든지 죽을 수 있다는 생각을 항상 지니고 살고 있다. 그러니 삶의 한 순간 한 순간이 무척이나 소중하게 느껴진다. 1분 1

초도 헛되이 보내지 않고 보람되게 쓰려고 노력하고 있다."[*]

"밝고 건강한 정신만이 암을 이긴다."

위장, 췌장, 비장, 담낭을 모두 잃어버린 사람이 살 수 있을까? 이런 생명의 불가사의를 몸으로 증명한 사람이 김상태 목사다. 차마 사람이라고 할 수 없을 만큼 많은 장기를 떼어내고도 그는 10년 넘게, 그것도 정상인 못지않은 사회활동을 하면서 다시 얻은 생명을 값지게 쓰고 있다. 갑자기 쓰러져 병원에 갔더니 위암 4기, 3개월 시한부 생명이란 사형선고를 받았다. 그 후 수술보다 어렵다는 항암제 투여가 시작되었다. 차라리 죽는 게 나을 것 같은 고통이 찾아왔지만, 그는 살겠다는 의지 하나로 모두 이겨냈다. 의사들은 지금도 그를 '기적을 일으킨 사람'이라고 일컫는다.

　죽으로 시작한 식사는 이제 밥도 먹고 고기도 먹을 수 있다. 하루 식사를 여덟 번으로 나눠먹고 3일에 한 번 화장실에 가며, 담낭을 제거한 뒤로는 평생 앉아서 자야 한다. 음식물의 식도역류를 막아주는 유문 괄약근이 수술로 없어져, 누우면 담즙이 식도로 역류하기 때문이다. 죽음에서 되살아난 그에게 '고귀한 생명'이란 말은 입에 발린 말이 아니었다. 봉사활동을 시작했고 성격도 바뀌었다. '암을 이기는 이들의 모임'을 만들어 회장을 맡아 암환자를 위한 활동

---

[*]　《우먼센스》 2002년 6월호, pp.508~509.

을 해오고 있다. 매주 일요일 가난한 노인들에게 음식과 용돈을 나눠주며 봉사의 기쁨도 맛보고 있다.

"암환자는 수술보다 수술 뒤의 고통이 더 크다. 죽음을 기다리는 시간 때문이다. 그때 삶을 포기해서는 결코 안 된다. 암은 불치병이라고 사람들은 지레 겁먹는다. 그러니 병이 나을 턱이 없다. 암을 이기기 위해서는 무엇보다 '밝고 건강한 정신'이 필요하다. 암을 이기는 비법은 간단하다. 절망하지 않는 데 있다. 암을 이기려면 절대 '안 된다'는 말을 해서는 안 된다. 암은 의사의 치료만으로 정복되는 병이 아니다. 자기 자신의 의지 여하에 따라 죽음도 벗어날 수 있다."**

암 극복한 그녀, 이제는 시인이다

김명원(46세) 씨는 약대를 졸업하고 제약회사를 다니기도 했던 약사지만 지금은 시인으로, 대학에서 문학 강의를 하고 있다. 그녀의 삶이 이렇게 갑자기 바뀌게 된 건 바로 대장암을 극복하는 치열한 투병과정을 통해 스스로 거듭났기 때문이다. 대장암 3기 판정을 받았다. "아찔했어요. 젊은 나이에 제가 죽어야 한다는 사실이 억울하기도 했고요. 아이들을 포함해 가족들이 없었다면 이겨내야겠다는

** 《주간조선》 1999년 8월 5일.

생각조차 들지 않을 정도로 절망에 빠졌을 겁니다."

결국 수술을 받고 13개월 동안 항암치료를 받았다. 대장도 잘라
내고, 항암제도 쓰고 있어 설사 같은 부작용이 너무 심했다. 어지
럼증, 두통 등도 심했으며, 심리적으로 우울증도 생겼다. 신경정신
과에서 상담 및 치료도 받았다. 하지만 그는 모든 어려움을 이겨냈
다. 항암치료와 정기적인 검진을 거치는 동안 김 씨는 동네 주부 백
일장에 나갔다. 질병으로 삶이 깊어진 만큼 그 감정을 담아 시를 썼
다. 여기저기 백일장 대회에도 참석했다. 1년 뒤에는 시인으로 등
단하기에 이르렀다. 대학원 공부도 시작해 국문학을 전공했다. 이
제는 대학에서 학생들도 가르치고 있다.

"암과 같은 위중한 질병도 무조건 박멸한다는 생각보다는 내 몸
    이나 내 삶의 일부처럼 생각해야 해요. 질병뿐만 아니라 삶 전체
    를 돌아봐야 제대로 된 방향을 잡을 수 있습니다."*

암뿐만 아니라 죽음도 마찬가지이다. 죽음을 견뎌내기 위해서도
밝고 건강한 정신이 요구된다. 암이 극복될 수 있는 것처럼 죽음도
두려움의 대상이 아니다. 대다수의 사람들은 죽음을 두려움과 불
안 속에서 맞이한다. 도대체 왜 사람들은 죽음을 두려워하는 것일
까? 죽음을 두려워할 이유가 있기 때문이라면 다행이지만, 대부분

---

*   한겨레신문, 2005년 12월 6일.

은 죽음에 대해서 아무것도 모르면서 두려워하는 것이다. 하지만 세상에는 아무 두려움 없이 밝은 미소 속에서 죽어간 사람도 있다. 죽음이 두려움의 대상이 아닐 수도 있다는 증거이다.

암을 이기는 비법이 바로 절망하지 않는 데 있듯이, 죽음의 고통을 견디기 위해서는 어떤 상황에서도 희망을 가져야 한다. 말기암 환자가 자포자기에 빠지면 암세포가 급속도로 온몸에 퍼지는 것처럼, 죽음 앞에서 두려움과 불안의 감정에 굴복해 마음이 흔들리기 시작하면 어둠은 순식간에 우리 존재 전체를 휘감는다. 사람들이 죽음을 절망이라 여기는 것은, 죽음의 수용이 바로 삶의 포기라고 착각하기 때문이다. 평소에는 죽음에 무관심하다가 죽는 순간에야 비로소 죽을 수밖에 없음을 인정하다 보니, 죽음의 수용이 곧 삶의 포기라고 생각하는 것이다. 더구나 죽는 마지막 순간까지도 죽는다는 것을 전혀 인정하지 않은 채 죽는 사람도 많다. 죽음 준비가 바로 삶의 준비이듯이, 죽음의 수용은 삶의 포기가 아니다. 죽음 수용을 통해 삶을 보다 적극적으로 살겠다, 죽음에서 희망을 읽어내겠다는 의지를 표현한 것이다.

3장
테레사 수녀가 가르쳐준 이야기

인도에서 활동했던 마더 테레사 수녀가 세운 수도회 '사랑의 선교회'에 대한 로마 교황청의 인가가 1950년 10월 7일 떨어졌다. 가톨릭교회의 일반 수도회가 지키는 세 가지 서원, 청빈과 정결 그리고 순명 이외에 사랑의 선교회는 또 하나의 서원을 추가했다. 네 번째 서원은 '가장 가난한 사람들에게 헌신한다'는 결의이다. 의식주 같은 물질적인 도움을 주는 것만이 헌신은 아니다. 죽어가는 사람, 병든 사람, 세상에서 버림받은 사람, 사랑에 굶주린 사람, 삶에 절망해 희망의 빛을 잃은 사람들을 도와주는 것만큼 절실한 것은 없다. 사랑의 선교회 수녀들은 네 번째 서원을 '우리들의 길'이라고 불렀다. 테레사 수녀가 사랑의 선교회를 설립한 목적이 바로 여기에 있었기 때문이다.

1952년 문을 연 '죽어가는 사람들을 보살피는 집(니르말 흐리다이)'은 사랑의 선교회가 벌인 최초의 봉사활동이었다. 그 첫 사업은 거리에서 죽은 한 남자의 슬픈 사연으로부터 시작됐다. 어느 날 마더 테레사 수녀가 머물던 곳에서 가까운 캠프벨 병원 근처의 길가에서 한 남자가 죽어가고 있었다. 수녀들이 병원에 부탁해 보살펴 달라고 요청했지만 병원에서는 이 남자를 받아들이지 않았다. 어찌할 수 없게 된 수녀들은 약국에 가서 약을 구입해 다시 돌아왔지만 그는 죽어 있었다. 개나 고양이도 이처럼 비참하게 죽지는 않을 것이라고 수녀들은 생각했다. "그들은 사람보다도 애완동물을 더 소중히 여긴다"고 테레사 수녀는 말했다. 또한 수녀는 길가에서 쥐와 개미에게 몸이 반쯤 먹혀버린 여인을 본 적도 있었다. 가까운 병원으로 그녀를 데리고 갔지만 받아주려고 하지 않았다. 이에 수녀는 받아줄 때까지 가지 않겠다고 버텨 가까스로 병원에 입원시켰던 적도 있었다. 가족과 사회로부터 버림받아 비참하게 죽어갈 수밖에 없는 사람들을 보살펴주기 위해, 테레사는 모티즈힐에 방을 빌려 죽어가는 사람들이 그곳에서 죽음을 편안히 맞이할 수 있도록 했다.

어느 날 수녀는 시궁창에 빠진 남자를 발견하고 그를 끌어올렸다. 얼굴만 빼고는 온몸에 상처투성이였다. 그를 보살펴주었더니 그는 이렇게 말했다. "저는 거리에서 짐승처럼 살았습니다. 그러나 이제 사랑받고 보살핌을 받게 돼서 천사처럼 죽을 수 있을 것 같습니다." 그의 몸을 씻어주고 상처를 소독하여 침대에 눕혔더니 바로 세 시간 뒤에 그는 미소를 지으면서 죽었다. 테레사 수녀는 경찰당국자를 찾아가 이런 비참한 실정을 호소했고, 이를 계기로 해서 '니르말 흐리다이'를 만들기로 결심했다. 니르말 흐리다이는 '순결한 마음을 지닌 사람들이 머무는 곳'이라는 뜻으로 죽어가는 사람들을 보살피는 집을 의미한다.[*]

누구든지 따뜻한 보살핌 속에서 죽을 권리가 있다

사람들이 니르말 흐리다이를 처음 찾아올 때는 너무나 지쳐서 입조차 열 기운도 없는 상태이다. 수녀들은 사람들이 이곳에 실려 오면 이름을 몰라 익명으로 기록한다고 한다. 그러다가 음식을 좀 먹고 가까스로 기운을 차리고, 사랑과 보살핌을 받게 되면 겨우 자기 이름을 말한다. 수녀들은 죽어가는 사람의 이름, 나이, 종교를 적어 침대에 붙여 놓았다. 종교를 적어 놓은 것은 각자의 신앙을 존중해 주고, 죽으면 개인의 종교에 맞게 장례를 치러주기 위함이었다. 테레사 수녀는 가톨릭 신자이지만 다른 종교에 대해서도 열린 태도를 취했다. 누구든 개종을 강요해서도 안 되고, 종교를 입으로 설명할 필요도 없고 단지 행동으로 실천하면 충분하다는 것이었다. 니르말 흐리다이에서는 매일 아침 기도시간이 있었다. 어떤 사람은 성경을 읽었고, 어떤 사람은 힌두교 경전을 읽었다. 함께 기도할 때 종교가 다르다는 이유로 문제가 생긴 적은 한 번도 없었다.

---

[*]   신홍범, 『마더 테레사: 그 사랑의 생애와 영혼의 메시지』, 두레, 1997, pp. 87~89.

니르말 흐리다이에서는 죽어가는 사람에게 어떻게 해서 거리에 살게 되었는지 묻지 않았고, 그들의 삶에 대해 아무런 판단도 내리지 않았다. 죽음이 임박한 사람들이 원하는 것은 오직 사랑과 배려였기 때문에, 이를 충족시키기 위한 활동만 했다. 니르말 흐리다이에서 따뜻한 보살핌을 받지 않고 죽음을 맞이한 사람은 단 한 사람도 없었다. 마더 테레사는 니르말 흐리다이를 통해 하고자 했던 일에 대해 다음과 같이 말했다.

"우선 죽어가는 사람들이 필요 없는 삶이 아니라는 것을 느끼게 해주고 싶었습니다. 우리가 죽어가는 사람들을 소중하게 생각하고 있고, 그들과 함께 있고 싶어 하는 것을 알게 해주고 싶었습니다. 적어도 살아 있는 몇 시간 동안만이라도, 그들이 잊힌 존재가 아니라 소중한 사람이라는 것을 스스로 느끼게 해주고 싶었습니다."*

죽어가는 사람을 보살피는 것은 그 자체만으로도 우리 자신의 죽음을 깊이 생각하게 한다. 그리고 죽어가는 사람을 보살핌으로써 우리는 자기 자신의 죽음을 직접 대면하게 된다. 우리는 죽어가는 사람과 함께 있게 될 때 자기만의 결심을 하게 된다. 삶에서 가장 중요한 것에 초점을 맞추겠다는 결심이 그것이다. 우리가 죽어가

---

*   앞의 책. p.89.

는 사람을 돕는 법을 진정 배우고자 한다면, 먼저 우리는 자기 자신의 죽음에 대해 아무런 두려움이 없어야 하고, 자기 자신의 삶에 책임감을 느껴야 하며, 결코 의심할 수 없는 무한한 자비심의 근원을 자신 안에서 발견해야 한다고 소걀 린포체는 말한다.[**]

영혼을 정화하는 호스피스 봉사

현재 호스피스란 용어는 주로 말기암 환자에게 다양한 방식으로 도움을 주는 프로그램의 총칭으로 사용되고 있다. 호스피스는 단순히 '죽어가는 장소'만을 말하는 것이 아니다. 더 이상 치료될 가능성이 없는 사람이 마지막 순간까지 풍요로운 마음으로 충실한 삶을 보낼 수 있도록, 보다 편안하게 살아가게 하기 위해 시행되는 활동 전부를 일컬어 '호스피스'라고 총칭한다. 인간의 생명은 사는 시간의 길이뿐 아니라, 그 의미라든가 가치 등 질적인 요소도 중요하다. 차가운 의료기계에 둘러싸인 채 단지 육체적으로만 오래 사는 것보다도, 마지막 순간까지 인간으로서 존엄을 유지하며 자기다운 삶을 온전히 사는 문제가 훨씬 중요한 과제이다.

호스피스 완화의료란 인간이 삶의 마지막까지 자기 정체성을 지킬 수 있도록 돕는 의료다. 호스피스 완화의료는 존엄한 죽음을 통해 한 사람의 삶을 완성하는 것이기에 의학의 힘만으로는 그 역할

[**]   소걀 린포체, 『티베트의 지혜』, p.298

을 완성할 수 없다. 박중철 교수(가톨릭대 인천성모병원 가정의학과)에게 잊지 못할 환자가 있다. 25세에 자궁경부암이 온몸으로 퍼진 여성 환자는 미혼모 상태에서 말기암이라는 사실을 알게 되었다. 아이를 출산한 후 바로 항암치료에 들어갔지만 호전되지 않았다. 아이 아빠는 연락이 끊겼고 이혼한 친부모도 찾아오지 않았다. 더 이상의 항암치료가 불가능하자 극심한 우울증으로 모든 사람과 대화를 거부한 채 종일 침대에서 울며 죽음을 기다렸다.

호스피스에서는 어떻게 그녀를 도울 수 있을지 고민했고, 가장 시급한 것은 엄마라는 울타리란 결론을 내렸다. 그 역할은 간병도우미가 맡았다. 사정이 딱하다고 마냥 끌려다니지 않고 심한 응석과 투정에는 야단도 치고 의젓한 모습에는 칭찬을 아끼지 않으며 마치 친엄마처럼 대했다. 얼마 지나서 그녀는 간병도우미를 엄마라고 부르고 다른 사람과도 대화를 시작했다. 투여되던 진통제는 10분의 1로 줄었다. 그녀는 또 필름카메라로 사진 찍는 법을 배워 병원의 이곳저곳을 카메라에 담았다. 그것을 인화해 갖다 주면 다른 환자들과 의료진에게 선물하며 죽음의 두려움에 잠식되지 않고 평온하게 임종을 맞았다. 호스피스 완화의료센터에 입원한 지 42일 만이었다. 죽음의 두려움 앞에 속절없이 휘둘리지 않고 의연하게 마지막 순간까지 자기 자신의 삶을 살아내는 환자를 볼 때마다 인간의 위대함이 단지 생명의 가치에만 있지 않음을 깨닫는다. 삶의 위대함은 존엄한 죽음을 통해 완성된다고 박 교수는 말한다.*

15년째 봉사활동을 하는 김정옥(82세) 할머니, 월요일에는 마음

닦는 수련을 하고 화요일에는 임종환자들을 찾아 위로한다. 그리고 수요일에는 종합병원에서 봉사활동을 하며, 금요일에는 노인무료급식소를 찾아 식당일을 돕는다. 젊은이 못지않게 활동적인 할머니는 바쁜 봉사활동에도 불구하고 감기 한번 앓은 적이 없을 정도로 건강하다.

마더 테레사 수녀는 86세로 사망했는데, 사인은 엉뚱하게도 말라리아였다. 감염질환만 아니었더라도 그녀는 더 오랜 세월 동안 '가난한 사람들의 어머니'로 남았을 것이다. 테레사 수녀가 죽은 뒤 "봉사와 선한 일을 생각하기만 해도 우리 마음은 착해지고, 몸 또한 영향을 받아 인체 내에 바이러스와 싸우는 면역물질이 생긴다"는 연구결과가 발표되기도 했다. 이후로 '테레사 효과'라는 말이 생겨났다. 미국 미시간대학 사회연구소의 스테파니 브라운 박사는 《심리과학》이라는 잡지에서 "자신만 아끼고 남을 돕지 않는 사람은 남에게 도움을 주는 사람보다 일찍 죽을 가능성이 2배나 높다"고 밝혔다. 423명의 노인부부를 대상으로 5년간에 걸쳐 면담 조사한 결과, 장수하는 노인 가운데 남성 75퍼센트, 여성 72퍼센트가 친구나 이웃, 친척들을 대가 없이 도와주고 있었다고 한다.

다른 사람에게 베푸는 사람이 보다 건강한 삶을 누리는 것은 주로 정신적인 이유 때문이다. 마음의 여유와 안정으로 인해 그렇지 않은 사람에 비해 심장병이나 뇌졸중 등 심혈관계 질환에서 벗어

---

*   중앙일보, 2020년 4월 20일.

날 수 있다는 것. 사망원인 가운데 큰 원인을 차지하는 이런 질환은 경쟁적인 성격이나 조급증, 분노심을 가진 사람에게서 흔히 나타난다. 또 봉사로 인해 마음이 기쁘게 되어 자연히 질병에 대항하는 면역력이 높아지게 된다. 마음이 어둡고 우울한 사람이 각종 질환에 시달리는 것과는 반대로, 남에게 베푸는 과정에서 생기는 삶의 보람과 기쁨은 만병의 근원인 스트레스와 불안을 이기는 보약이라는 것이다.* 따라서 은퇴한 노년기라 하더라도 가능한 한 자원봉사활동 등에 적극 참여해 사회의 일원으로 활동하고 사회 구성원임을 스스로 느껴야 건강하게 장수할 수 있다.

호스피스 봉사를 통해 생명의 고귀함을 깨닫는다

"어떤 환자의 몸에서는 고름 썩는 냄새가 납니다. 똥오줌을 손으로 만지고, 쏟아내는 각혈을 경황없이 대야로 받아낸 적도 있었지요. 수술을 받고 나온 환자의 목에서 가래가 쉼 없이 그렁그렁 올라오기도 합니다. 그걸 한 번도 더럽다고 생각해본 적이 없어요. 가래가 많이 나오면 환자가 시원해지니까 오히려 가슴을 두드려 더 나오게 해요."

---

* 　중앙일보, 2002년 12월 17일.

어느 대학병원에서 호스피스 자원봉사자로 일하는 주순자(63세) 씨는 열심히 위암말기 환자를 돌보고 있다. 거리에서 지나쳐도 눈에 띄지 않을 평범한 주부인 그녀는, 위암에 걸린 어머니를 간호하다가 다른 환자들의 고통을 생각하게 되어 호스피스 자원봉사에 나선 지 7년째이다. 병실에서 환자를 돌보다가 잠깐 복도로 나온 그녀는 "환자를 부축해 소변을 누이는데 갑자기 대변이 막 흘러나와 그걸 닦아주느라 좀 힘들었다"고 말했다. 그녀는 이 일을 한 번도 더럽다거나 귀찮다고 생각해본 적이 없다. 목에

호스를 뚫어서 말을 못하는 이 환자는 눈짓과 입술시늉으로 고맙다는 뜻을 표했다고 한다. "저는 잘 배우지도 못했고 아주 넉넉하지도 않습니다. 그런 제가 남에게 도움이 될 수 있어서 매우 기쁩니다. 남을 기쁘게 하는 일을 할 수 있도록 건강을 주신 데 대해 정말 감사해하고 있습니다."

호스피스 자원봉사자들이 보살피는 환자들은 생명이 2, 3개월에서 길어야 6개월밖에 남지 않은 말기 환자들이다. 대부분의 환자들은 자신의 죽음을 아는 순간, 죽어야 한다는 사실을 부정하기도 하고 분노하기도 하며 절망하기도 한다. 세상을 저주하는 환자들은 마음의 문을 닫아버리는 일이 많다.

환자들이 괴로워할 때 자원봉사자도 함께 슬프게 되지만, 이런 자원봉사를 통해 그들은 환자에게 준 것보다 더 많은 것을 배우게 된다. 임종시간이 다가올수록 지난 일을 뉘우치게 되는 말기 환자의 모습을 옆에서 지켜보는 봉사자의 마음 역시 정화된다. 이런 봉사활동을 통해 호스피스 봉사자들은 자신에게 주어진 삶과 그 시간이 얼마나 고귀한지 새삼 깨닫게 된다고 한다.*

---

* 　조선일보, 2002년 11월 29일.

4장

"삶의 종착역에 남는 건 사랑뿐이더군요."

"죽음, 끝이 아니에요."

부산대병원 호스피스 병동. 자원봉사자 조끼를 입은 유애옥(54세)
씨는 위암 진단을 받고 위·비장·쓸개·췌장을 잘라냈다. "사람들
은 다 제가 죽을 거라고 했어요." 위를 모두 잘라내 소화가 더딘 탓
에 밥 한 숟가락을 먹는 데 30분이 걸렸다. 10년 전 가벼운 마음으
로 시작했던 호스피스 병동 봉사에 몰두하게 된 건 그 이후다. "이
거 다 잘라내고도 살아 있으니까, 사실 덤으로 얻은 목숨이죠. 더
많은 사람에게 힘이 돼주라고 하늘이 살려준 거라고 생각합니다."
그는 자신을 '속 빈 여자'라 불렀다. 장기가 없어져 속이 비었지만,
마음도 비웠다는 의미다. 유애옥 씨가 병상에 누운 담낭암 말기 환
자 김 씨에게 다가갔다.

"어머님, 죽음은 끝이 아니에요. 우리가 지금 애벌레라면, 죽음 이후에는 나비가 되는 거예요. 나비처럼 더욱 아름다워져요. 그 모습 생각해보세요." *

호스피스 봉사자는 김 씨의 앙상한 손을 잡고 30분 동안 놓지 않았다. "고마워요. 선생님…. 그렇게 말해주시니 마음이 놓이네요." 김 씨가 희미하게 웃었다. 유 씨가 일주일 뒤 호스피스 병동을 다시 찾았을 때 김 씨의 침대는 텅 비어 있었다. 유 씨가 보낸 350번째 생명이었다. "생전 그리 아등바등하면서 살아도, 죽을 때 자기 몸뚱이 하나 어쩔 수 없는 게 인간임을 알았다."

대장암 말기로 입원한 한영애 씨는 평생 번 돈을 동생에게 빌려주고 돌려받지 못해 "죽을 때까지 동생을 보지 않겠다"고 했지만, 그가 "많은 돈, 한 푼도 못 가져간다"고 설득했더니 동생을 용서했다. 수년 만에 재회한 자매는 '사랑해'라는 말만을 주고받으며 눈물을 쏟았다. 그는 "마지막 순간에 우리에게 남는 건 사랑뿐이라는 진실을 알게 된다."고 말한다. **

---

*   조선일보, 2012년 12월 7일.

**   조선일보, 2012년 12월 7일.

죽음은 삶의 완성 과정

모현 의료센터 전문의 메리 트레이시 수녀(Marry Tracy)는 "말기암 환자들이 영원한 생명을 향해 나아가기 전 겪는 고통을 조금이나마 줄여주고 희망을 기약하도록 돕는 것이 우리의 몫"이라고 말한다. 의사는 생명을 살리는 일을 한다. 그러나 모현 의료센터에서 활동하는 호스피스 전문의들은 죽음 준비를 돕는다. 호스피스는 '죽어가는 과정'이 아니라 "삶의 완성 단계이며 먼저 가는 자들과 남는 자들의 용서와 치유가 이루어지게 하는 화해의 과정"이다.

모현 호스피스는 국내에서 유일하게 말기암 환자의 통증, 증상 등에 대한 전문치료를 위해 완화의학과 외래를 동시에 개설한 의료센터이다. 메리 수녀 또한 우리나라에서 몇 안 되는 호스피스 전문의이다. 호주 출신인 그는 가정의학과에 이어 호스피스 전문과정을 거쳐 34년째 한국에서 봉사활동을 펼치고 있다. 메리 수녀는 또 떠나는 이의 가족들을 위해서도, 비단 말기암 환자들이 아닌 일반인을 위해서도 죽음을 준비하는 과정은 꼭 필요하다고 말한다.

"호스피스는 사회 제도적으로 적극 지원돼 더욱 보편적으로 운영되어야 합니다. 죽음은 나와는 관계없는 일이 아니라 누구나 공평하게 다가가는 삶의 완성이기 때문입니다."*

---

* 가톨릭신문, 2007년 7월 29일.

"아무도 죽지 않아요."

임종 전 말기암 환자들의 극심한 고통을 직접 목격하면서 호스피스 의료활동에 전념하게 된 종양학 전문의 로저 콜은 생사학과 호스피스 운동의 선구자 퀴블러-로스 박사의 워크숍에 참석하면서 인생의 전환기를 맞았다. 지나치게 학구적이었던 그에게 환자의 깊은 슬픔에 직접 대면하라고 퀴블러-로스가 제안했다. 누군가의 고통이 자기 눈에 들어온다면 그것은 더 이상 남의 일이 아니게 된다. 대부분의 환자들이 죽음 그 자체보다는 죽음에 이르는 과정이 제일 두렵다고 말한다. 또 말기암의 극심한 고통, 남에게 의존해야 하는 신세, 통제력을 잃는 것, 사랑하는 사람들과의 이별 같은 문제들 때문에 많이 괴로워한다.

죽음이란 누구에게나 정해진 일이지만 그렇다고 모두 고통만을 경험하는 것은 아니다. 죽음에 이르는 동안 암환자들이 경험해야 하는 아픔들, 비단 신체적 고통이 아니더라도 사랑하는 가족들과의 이별의 아픔은 누구라도 감내하기 어려운 일이다. 아프고 어려운 처지의 사람, 특히 죽어가는 말기 환자 곁에 머무는 것이야말로 사명감이 아니고는 할 수 없는 일이다.

"호스피스를 하면서 늘 기쁜 이유는 삶을 바라보는 관점 때문입니다. 저는 제 자신의 영원한 정체성을 발견했습니다. 아무도 죽지 않아요. 고통은 영혼이 적응하는 과정에서 잠시 겪는 과정일 따름입니다. 고통을 보더라도 저는 그저 관찰하면서 위로해 줍니다. 과거 생에 쌓았던 계좌를 정산하는 과정을 통해 그 영혼들이 완전한 잠재력을 자각하기 시작하는 게 제 눈에 보입니다. 이를 통해 저는 고통에서 초연할 수 있고, 그러면서도 친밀한 관계 속에서 환자를 사랑할 수 있습니다. 환자들을 보며 가슴 아파하고 걱정하는 대신 제 사랑을 보냅니다. 걱정보다는 사랑의 가치가 더 크다고 생각하니까."*

호스피스는 죽음을 삶의 자연스러운 과정으로 간주하고 마지막 순간까지 삶과 죽음의 질을 함께 생각하면서, 말기 환자가 인간답게 편안한 방식으로 죽음을 맞이할 수 있도록 보살피는 프로그램의 총칭이다. 서양의학은 치료를 통해 환자를 단 1분이라도 더 연명시키는 것을 우선으로 한다. 환자의 생명을 구하는 일이 의사의 첫 번째 임무이므로, 환자의 죽음은 패배로 간주된다. 현대 사회에서는 죽음을 이런 식으로 보는 사고방식이 주류를 이루어왔다. 의사와 간호사들은 치료에만 신경 쓸 뿐, 더 이상 치료할 수 없는 말기 환자들이 겪는 정신적 불안과 고통을 어떻게 해야 덜어줄 수 있는지에 대해서는 구체적인 방법을 알지 못한다. 더 이상 죽음을 피할 수 없는 상태에서 환자를 편안하게 죽을 수 있도록 돌보는 일은 무시되는 경우가 많다.

---

*   로저 콜, 『사랑의 사명』, pp.33~34.

그러나 삶의 질은 단지 '살아 있는 시간의 길이'라는 양적인 측면으로만 측정될 수는 없다. 호스피스는 더 이상 치유될 가능성이 없는 사람이 마지막 순간까지 풍요로운 마음으로 충실한 삶을 살 수 있도록, 보다 참되고 의미 있게 살아가게 하기 위해 시행하는 활동 전부를 일컫는다. 차가운 의료기계에 둘러싸인 채 단지 육체적으로만 오래 연명하는 것보다, 마지막 순간까지 인간으로서의 존엄을 유지하면서 인간다운 삶을 영위하는 일이 다른 무엇보다 중요하다. 남은 인생을 덜 고통스럽게 보내면서 자기 인생을 정리하고 정신적으로 평온하게 죽음을 맞이하는 것이 임종환자들의 가장 큰 바람일지도 모른다. 말기 환자의 극단적인 불안심리, 주위 사람들에 대한 분노를 진정시키고 얼마 남지 않은 인생을 가치 있게 정리할 수 있도록 도와주는 것이 바로 호스피스의 철학이다.

시한부 말기 환자에게는 죽음의 공포와 함께 '왜 하필이면 나인가?', '왜 나만 죽어야 하는가?'라는 분노의 감정이 밀려들게 마련이다. 이런 감정을 가라앉히고 마음의 문을 열게 하는 것이 가족이나 호스피스 봉사자의 몫이다. 몇 개월밖에 남지 않은 임종환자들을 대하기란 쉬운 일이 아니다. 죽음의 문턱에 홀로 선 말기 환자의 공포와 고독, 그리고 분노를 함께 나누는 호스피스 봉사는 '고통스러운 활동'이라고 어느 자원봉사자는 말한다.

호스피스는 죽음의 길에 들어선 말기 환자들이 죽는 그 순간까지 육체의 통증뿐 아니라 심리적 불안, 심지어는 죽음에 대한 두려움까지 보살펴준다. 임종환자가 맞는 삶의 마지막 시간 동안 최선을 다해 육체적·정신적 고통을 완화해 삶의 질을 높이고자 하는 것이 호스피스가 지향하는 바이다. 임종환자가 인간으로서의 존엄성을 유지한 채 죽음을 맞이할 수 있도록 호스피스는 최대한의 관심과 배려를 제공한다. 삶의 마지막 과정에 있는 사람은 누구든지 자신이 원하는 곳에서, 원하는 사람과 함께, 원하는 방식으로 남은 시간을 영위하다가 편안하게 죽음을 맞이하도록 하는 것이 바람직하다.

호주의 호스피스 병동에서 젊은 여성 환자가 밝게 웃으면서 말했다. "내가 처음 입원했던 병원에서 부작용이 심한 화학요법 치료를 받았는데 좋아지기는커녕 정신적으로 크게 고통스러웠다. 마침 어느 친절한 의사가 화학요법을 계속 써도 거의 효과가 없다고 설명해주었고 호스피스에 관한 이야기도 들려주었다. 어느 쪽을 선택하든 나의 자유라고 말해서 나는 호스피스 병동에 들어가기를 원했다." 죽음을 며칠 앞두고 그녀는 "나는 정말 행복해"라고 몇 번이나 말했다. 그녀의 밝은 미소는 주위 사람의 마음에 깊이 새겨졌다.*

지금까지의 의료라 하면, 외과적인 기술과 투약에 의해 치료 효과를 제고해서 환자를 1분이라도 더 연명시키는 행위였다. 이는 의학교육의 기본원리로서 '히포크라테스의 선서'가 내걸고 있는 주장이기도 하다. 기원전 5세기, 그리스의 의사 히포크라테스는 근대에 이르기까지 의학의 아버지로서 받들어졌다. '히포크라테스의 선서'란 "자신의 힘이 미치는 한 아픈 사람을 돕기 위한 치료에 전념한다. 누구도 차별함이 없이 신념을 지니고서 의술에 정진한다"고 의술의 신 아폴론과 다른 신들 앞에서 맹세했던 말이다. 이런 사고방식에는 사실 환자의 죽음을 의술의 패배로 받아들이는 생각이 숨어 있다. 하지만 이제부터라도 의학은 '환자의 죽을 권리'라는 측면에도 관심을 기울여야 한다. 지금까지의 의료행위는 환자를 죽지 않게 하는 데만 안간힘을 쓴 나머지, 환자의 죽음을 돌보는 일을 전혀 의료행위 안에 포함시키지 못했다.

인간의 일생이란 생명의 양, 즉 생명이 살아 있는 시간의 길이만

---

* 앞의 책, pp.202~203.

으로 계산되는 것이 아니다. 따라서 호스피스 제도는 의학의 사각지대에서 중요한 역할을 담당하고 있는 의미 있는 활동이라고 볼 수 있다. 호스피스는 마지막 순간까지 생명과 생활의 질을 제고하면서 인간답게 죽음을 맞이할 수 있도록 말기 환자를 돌보는 일을 중시하고 있다. 이제 우리 사회도 삶의 질과 똑같은 비중으로 죽음의 질에 대해서도 진지하게 논의할 시기가 되었다.

5장
"죽음을 만난 뒤 삶을 알게 되었어요."[*]

삼풍백화점 붕괴사고에서 극적으로 살아나다

불경기와 취업난으로 유난히 축 처진 어깨와 낙담한 눈빛이 많은 요즘의 우리 사회. 하지만 둘러보면 우리 주변에는 더 힘겨운 상황도 잘 이겨내고 꿋꿋이 살아가는 이웃들이 너무나 많다. 1995년 6월에 일어났던 삼풍백화점 붕괴사고의 생존자들도 그런 경우다. 암흑 속에서 아무것도 먹지 못한 채 10일 이상 갇혀 있으면서도 삶에의 희망을 잃지 않았던 3명의 젊은이들. 이제 그들은 어떤 생각을 갖고 지내고 있을까. "하루하루 충실하게 보내겠다는 원칙에는 변함이 없습니다. 내가 헛되이 보낸 하루가, 죽어가는 사람이 그토록 원했던 내일이라는 격언을 직접 체험했

---

[*]   조선일보, 2004년 12월 30일.

으니까요." 활기찬 표정의 최명석 씨는 "살다보면 기쁠 때도 있고 힘들 때도 있는 것 아니냐"며 "분위기에 휩쓸리기보다는 그저 매 순간 최선을 다한다는 생각으로 살아간다"고 말했다.

1995년 삼풍백화점 붕괴 때 매몰 10여 일 후 구출된 최명석, 유지환, 박승현 씨. 사고 당시 학생 신분으로 수입신발 코너에서 아르바이트를 했던 최 씨는 이제 모 대기업 건설회사의 중견 사원이 됐다. 2000년부터 아파트 건설현장에서 3년 6개월간 일했고, 2003년 9월부터는 본사 재건축·재개발 수주팀 사원으로 근무하고 있다. 최 씨도 초기에는 사고 당시의 참혹한 기억 때문에 몇 년간 방황했다. "매몰됐을 때 주위에 여자 두 분이 더 살아계셨어요. 서로 의지하며 계속 이야기를 나눴는데, 어느 날 그쪽 바닥에 물이 차오르면서 차례로 '컥컥' 하는 숨소리가 나더군요. 결국 나중에는 목소리가 들리지 않았습니다. 그때의 좌절감이란……."

그는 구조된 후에도 '인간은 왜 사는 걸까' 하는 삶과 죽음에 대한 고민으로 괴로워했다. 견디다 못해 '몸을 힘들게 하면 나아질 것'이란 막연한 기대감을 안고 해병대에 자원입대했다. "어느 날 부대에서 트럭을 타고 가는데 저 멀리 산이 하나 보였습니다. 문득 이런 생각이 들었습니다. '아! 산은 나무도, 풀도, 동물도, 다 껴안고 있구나. 저 산은 모든 것을 있는 그대로 받아들이는데, 왜 나는 하나하나 따지려고만 들까. 있는 그대로 포용하고 사랑하는 것, 대신 자신의 위치에서 묵묵히 정진하는 것, 그런 산의

모습이 바로 인생이 아닐까' 하는 생각이 떠올랐습니다." 최 씨
는 그 일을 계기로 마음의 안정을 찾았고, 힘든 군 생활도 무사
히 마칠 수 있었다.

매몰 현장에서 구조된 직후 '구조대원 오빠와 데이트하고 싶다'
며 농담을 건넸던 유지환 씨. 가냘픈 소녀로 기억되던 그녀는 중
소 유통업체에 다니는 남편과 결혼해 경기도 의정부시의 아파트
에서 살고 있다. 그녀는 "수입은 별로 안 느는데 물가는 올라 살
아가는 마음의 여유가 줄었다"면서도 "그래도 보람 있고 즐겁게
살려고 노력한다"고 말했다. "사고 때 저도 몰랐던 강한 생존의
욕을 느꼈습니다. 매몰된 현장 주변에는 부엌용 칼과 깨진 유리
컵 같은 주방용품밖에 없었는데, 정말 그걸 씹어 먹으면서라도
살고 싶었거든요. 그런 제가 생활이 힘들다고 절망하고 포기하
며 대충 살 수 있겠어요?" 2002년 결혼 이후로는 주부로서 남편
내조에 힘쓰고 있다.

백화점 붕괴 사고 당시 가장 오랜 기간 매몰됐다 구조됐던 박승
현 씨는 "요즘같이 어려울수록 스스로 자기 삶의 중심을 잡는 게
중요한 것 같다"고 말했다. 그녀는 급작스런 세상의 관심, 또 그
만큼이나 빠른 무관심으로 인해 힘든 기간을 보낸 경험을 갖고
있다. 다행히 그녀는 2002년 봄, 중앙적십자혈액원에 다니는 지
금의 남자친구를 만나 안정감을 찾았다. 세 사람의 말은 한결같
았다. "다소 힘든 일이 있더라도 힘차게 살 겁니다. 최소한 먼 미
래에 가서 오늘 하루를 아쉬워하지는 말아야죠."

C양이 보낸 메일

🔵 오진탁 추천 0 조회 719 18.12.19 15:11 댓글 4

인터넷 강의 '죽음의 철학적 접근' 강의를 신청하지 못해 수강할 수 있는지 문의하는 메일과 전화를 학기 초마다 여러 번 받는다. C양은 우울증에 오래 전부터 걸려있어 자주 죽음에 대해 생각했고 그것을 생각하는 것만으로도 눈물이 났다고 했다. 내가 다시 메일을 보냈다.

"학생이 우울증이나 자살충동 관련해 어떤 아픔이 있었는지, 치유를 위해 솔직하게 적어서 보내라."

"제가 10년 전의 일에도 눈물이 나는 건 치유가 되지 않아서겠지요. 한 번도 제 아픔을 길게 말한 적이 없어요. 눈물 닦은 휴지만 한아름이에요. 뭉쳐있는 감정을 문장으로 써보니 토해내는 기분이 들어요."

학생은 처음 자살시도한 때는 중학교 3학년, 시험 끝나고 집에 와서인데 충동적으로 그냥 없어지고 싶다고 생각했다. 고등학교 2학년 때부터 높은 성적에 대한 압박감과 실망스러운 자신 때문에 매일 울면서 잠에 들었다.

한림대에 입학했지만, 목동에서 춘천 한림대까지 왕복 4시간 정도였는데 춘천에 살고 싶지 않았다. 집에 들어가면 방문을 잠그고 살았다. 고등학교 때 생각을 하면 울컥 눈물이 나는 건 여전했다. 매일매일 죽고 싶다고 생각했다.

대학생활 마지막 학기를 다니면서 개강 전 몇 주 동안 도서관을 다니는데 뭘 봐도 죽는 것이 연상되었다. 머리감으려고 사워기를 보면 물에 빠져 죽는다, 차를 보면 차에 치여 죽는다, 도서관 옥상의 휴게실에서 떨어져 죽는다, 자다가 심장마비로 죽는다 등등 이런 생각에 마음에 가득찼다.

C양의 상태가 심각해서 인강을 수강할 수 있도록 했다. 학생은 오랫동안 우울증을 가지고 있었기 때문에 고작 3개월 동안 공부한다고 해서 크게 나아질 수 있을까 의심했다. 하지만 제출한 첫 번째 레포트를 보니 이미 많은 변화가 읽혀졌다. 9월 29일 카톡을 보냈더니 답이 왔다.

"인강 수강과 과제로 제시한 책을 통한 한 달밖에 되지 않았지만, 믿기지 않을 만큼 바뀌었어요. 자살한다고 다 끝나는 게 아니고 문제가 해결되지 않는다는 사실을 아는 것만으로 이렇게 바뀔 수 있다는 게 놀랍습니다."

학기말 종강 무렵 다시 메일을 보내 인강 수강 이전과 이후의 변화를 말해보라고 했다. C양은 수강하기 오래 전부터 자살을 생각하고 있었다. 하지만 세달 동안 수강하면서 죽음과 자살에 대해서 확연히 다른 사람이 되었다. 죽는다고 해서 다 끝나는 게 아니므로, 자살하면 문제가 해결되지 않아 그 이후에도 고통받게 된다는 것을 배웠다.

사람들이 자살을 생각하는 것은 고통을 견디기 힘들기 때문인데, 삶의 과정에서 누구나 고통을 겪는 것임을 C양은 알았다. 이런 내용을 반복해서, 또 분명하게 배우다 보니, 자기 안에서 고통을 극복할 수 있는 힘이 생겼다고 했다.

세달 동안 인강을 수강하니까, 죽음이해만이 아니라 삶의 태도까지 바뀌었다고 했다. 죽음이해가 사람을 바꾼다는 사실을 절감했다. 첫 주 강의에서 죽음, 인간, 삶은 서로 연결되어 있다는 가르침을 이제 몸으로 느낀다고 했다.

살면서 힘든 일을 마주할 때, 수강 이전이었으면 다 끝내고 싶다고 생각했을 것이다. 하지만 지금은 힘든 일이 있어도, 어떻게든지 견뎌낼 생각을 한다. 이 차이가 얼마나 큰지 C양은 잘 알고 있다. 자신이 살아가는 방식이 죽음이해와 임종 방식을 결정한다는 말 또한 가슴에 콕 박혔다.

"강의를 듣지 않았으면 우울증으로 자살을 시도해 삶을 마무리 했을 것이라 생각하니 끔찍합니다. 마지막 학기에 들은 '죽음의 철학적 접근'으로 제 인생이 바뀌었습니다."

다음 카페 〈한국생사학 협회〉 폴더 '오진탁의 생사학 이야기'

제5부

성숙한 죽음문화가 필요하다

"죽음은 엄청난 신비입니다. 하지만 죽음에 대해 우리가 말할 수 있는 것은 두 가지뿐입니다. 누구나 죽는다는 절대적으로 확실한 사실, 그러나 우리가 언제 어떻게 죽을지 모른다는 불확실한 사실. 언제 죽을지 모른다는 이유로 죽음과 직접 대면할 순간을 우리는 자꾸만 외면하고 있습니다. 바로 지금이야말로 전 세계 모든 교육기관에 죽음과 죽어가는 과정에 대한 보다 계몽된 비전을 소개할 때입니다. 어린이라 해서 죽음으로부터 무조건 '보호'를 받아서는 안 됩니다. 어린이에게도 죽음의 참된 의미와 죽음으로부터 배울 수 있는 것들을 충분히 가르쳐주어야 합니다. 죽음과 죽어가는 사람을 보살피는 방법 그리고 죽음과 죽어가는 과정의 영적인 의미에 대한 가르침을 사회의 전 구성원이 접할 수 있어야 합니다."[*]

[*] 소걀 린포체, 오진탁 옮김, 『깨달음 뒤의 깨달음-티베트의 명상일기』, 민음사, 2001, pp.138~140, p.349.

1장
죽음문화가 없는 사회는 불행하다

의학과 의료기기가 발달하면서 확실히 예전보다는 더 많은 생명이 구제를 받고 환자의 고통도 크게 줄어든 것이 사실이다. 하지만 그와 동시에 죽어가는 환자, 가족 그리고 의료진은 더 많은 윤리적 딜레마에 직면하게 되었다. 예를 들면, 죽어가는 환자의 생명연장을 위해서 생명유지 장치의 도움을 받아야 할까, 연명치료 장치를 제거해야 할까? 또는 길고도 고통스런 죽음을 선고받은 이에게 생명을 이어가도록 용기를 북돋워야 할까, 아니면 스스로 죽음을 선택하도록 곁에서 도와주어야 할까? 죽어가는 사람이 겪는 극심한 고통을 막기 위해서 의사는 어떤 결정을 내려야 할까?

얼마 전만 해도 사람들은 대부분 집에서 죽음을 맞이했다. 그러나 이젠 병원에서 마지막 순간을 맞이하는 사람이 대부분이다. 죽어가는 사람의 생명을 무의미한 연명치료로 연장시킨다는 것은, 생각해보면 참으로 기이한 일이다. 현대 의학의 눈부신 발전은 이처럼 개인의 생명을 필요 이상으로 연장시킬 수 있는 기술을 확보했다. 그 결과 생명의 불필요한 연장보다는 인간적이고 존귀한 죽음을 택하려는 사람의 경우, 의료 혹은 법과 충돌하는 등 복잡한 갈등이 빚어지고 있다.

티베트에서는 죽어가는 사람을 위해 기도하고 그를 영적으로 돌보는 일이 아주 자연스럽게 이루어진다. 다른 사회에서는 임종자를 위해 주변 사람이 갖는 유일한 관심이란 그의 장례식에 참석하는 것뿐인지도 모른다. 말기 환자는 병실을 찾는 문병객도 갈수록 줄어 결국은 외로움과 두려움에 탈진한 상태에서 죽게 된다. 하지만 우리 사회에서 죽은 뒤 찾아오는 문상객 숫자는 살아생전의 문병객보다 훨씬 많다. 이 얼마나 모순된 현상인가. 죽어가는 사람을 돕는 일은 쓰러진 사람을 향해 손을 뻗어주는 일과도 같다. 죽음은 너무나도 예민하고 극적인 순간이다. 이때에 우리가 죽어가는 당사자에게 어떤 자세로 임하느냐는 매우 중요한 문제이다. 우리 삶에서 가장 중요한 시점, 가장 상처받기 쉬운 순간, 삶으로부터 떠나는 마지막 순간, 이런 순간에 대개의 사람들은 아무런 보살핌이나 아무런 통찰도 제공받지 못한 채 차가운 병실 한쪽에 내팽개쳐진다. 너무나 비극적이고 치욕적인 상황이 아닐 수 없다.

죽어가는 사람에 대한 육체적 도움이나 치료 외에, 영적인 보살핌이 크게 부족한 게 우리 사회 죽음문화의 현주소이다. 아무런 영적인 도움도 없이 극심한 압박감과 미몽 속에서 외로움에 지쳐 죽는 사람들의 모습을 우리는 수도 없이 접한다. 마음의 평화를 유지하는 죽음이나 적어도 이런 죽음을 성취하기 위한 아무런 노력도 없이, 세속적 성공만을 지향하는 우리 사회의 허세는 공허할 뿐이다. 환자의 죽음을 가장 가까이에서 지켜보는 의료인들이 죽음에 대해, 그리고 죽어가는 이를 돌보는 방식에 대해 얼마나 진지하게 관심을 쏟고 있는지도 꼭 생각해볼 과제이다. 얼마 전 대학병원 응급실과 중환자실에서 오랫동안 근무한 간호사가 필자의 연구실을 방문한 일이 있다. 그는 의사나 간호사가 죽음을 맞이하는 임종 환자를 위해 아무런 준비 없이, 마지막 순간까지도 환자를 차가운 병실 한구석에 방치해두고 있는데, 과연 이런 방식으로 죽어가도록 내버려두어도 되는 건지 현재의 상황이 너무나 안타깝다고 하였다.

일상에서 실천하는 죽음 준비

지금까지 이 책을 읽으면서 독자들은 죽음 준비의 필요성을 절감하게 되었을 것이다. 하지만 아직도 죽음을 어떻게 맞이해야 하는지, 구체적으로 무엇을 해야 하는지는 여전히 막막할 것이다. 필자는 종종 지인들이나 주변 사람들로부터 죽음에 대한 이야기는 너무 어려우니, 죽음 준비를 어떻게 해야 하는지 간단하게 제시해달라는 요구를 자주 받는다. 죽음 준비와 관련해 먼저 건강을 유지하는 방법을 생각해보자. 우선 담배를 끊어야 한다. 둘째, 과음도 안된다. 셋째, 살찌지 말아야 한다. 넷째, 음식을 골고루 먹되 야채와

강릉 눈 덮인 소나무(사진 류제원)

과일을 많이 먹어야 한다. 다섯째, 긍정적인 생각을 해야 한다.[*]

　다른 건강 전문가의 조언도 이와 크게 다르지 않다. 건강을 위해 1) 소식과 천천히 먹기, 2) 적절한 운동, 3) 스트레스의 관리, 4) 정기적인 건강검진, 5) 적절한 영양보충제 섭취 등을 실천하면 된다. 새로울 게 하나 없는, 누구나 다 아는 상식이다. 우리가 이미 알고 있는, 지극히 상식적인 것들을 실천하는 것이 문제다.

　건강은 올바른 습관에서 비롯된다. 중요한 것은 건강습관의 꾸준한 실천이다. 건강은 매일 반복되는 행동이 만드는 결과이다. 올바

---

[*]　동아일보, 2006년 8월 19일.

른 건강습관이 20년 후 건강을 결정한다. 건강을 유지하기 위해서는 바른 생활습관을 매일 오랫동안 실천하는 것이 중요하듯이, 죽음 준비 역시 일상생활에서 꾸준히 실천하는 태도가 중요하다는 점에선 조금도 다를 게 없다. 죽음 준비는 지금 이 순간부터 죽는 마지막 순간까지 평생토록 꾸준히 실천해야 하는 과제이다. 건강 유지에 지름길이 없듯이 죽음 준비에도 지름길은 없다. 건강 유지를 위해서든, 죽음 준비를 위해서든 일상의 삶에서 생활 깊이 받아들여 차근차근 준비하는 자세가 필요할 뿐이다. 하루 세 번 정해진 시간에 적절한 양을 식사해야 하듯이, 일상의 삶에서 매일 실행해야 한다.

우리가 추구해야 할 행복은 삶만의 행복이 아니라 삶과 죽음을 관통하는 그런 행복이어야 한다. 따라서 아름다운 마무리가 빠진 행복은 결코 있을 수 없고, 반쪽도 되지 못하는 허깨비에 불과하다. 이제 죽음 준비는 구체적으로 어떻게 해야 하는지, 일상생활에서 구체적으로 실천할 수 있는 방법을 제시해본다.*

---

* 죽음 준비의 5가지 단계 – 1) 죽음 이해, 2) 죽음 준비, 3) 죽음을 주제로 일상대화, 4) 당사자의 죽음 수용, 5) 가족의 죽음 수용. 보다 구체적인 내용은 오진탁, 『죽으면 다 끝나는가』 제2부 4장 참조.

올바른 죽음 이해를 위하여

죽음에 대한 오해가 우리 사회에 심각한 만큼, 죽음을 바르게 이해 하게 하는 책을 읽어보는 것이 필요하다. 죽음과 삶에 대해 깊이 있 고 균형 잡힌 시각을 제시하는 책을 찾기가 그리 쉽지는 않지만, 독 서를 통한 죽음치유는 다른 어떤 방법보다 효과적이다. 물론 여기 서 추천하는 20여 권의 책을 한 번 읽는다고 해서 단번에 죽음을 바르게 이해할 수는 없다. 살아있는 인간은 죽음을 직접 체험할 수 없으므로, 책을 읽는다고 해서 단번에 죽음을 이해하게 되기는 어 렵다. 더구나 우리는 육체 중심의 삶을 평생 살아오지 않았는가? 그러니까 죽음 이해, 생사관이 단번에 바뀌리라 기대하는 것은 무 리다. 바람직한 생사관을 형성하려면 많은 시간이 필요하다.

차분히, 또 꾸준히 정독하면 죽음 이해의 어떤 계기, 혹은 토대 는 마련될 수 있을 것이다. 이 책들은 한 번에 그치지 말고 평생 동 안 꾸준히 읽어야 한다. 왜냐하면 독자의 마음상태가 달라짐에 따 라, 또 시간이 경과해 나이를 먹을수록 읽을 때마다 배우고 느끼는 게 달라질 것이기 때문이다. 우리 사회에는 죽음에 대한 금기와 터 부가 심각하므로, 이를 타파하기 위해서는 죽음을 일상대화로 올 려 주위 사람과 자주 대화를 나눠야 한다. 평소 죽음에 대해, 또 인 간은 육체만의 존재인지 하는 질문을 다른 사람이 아니라 바로 자 기 자신에게 던져야 한다. '행복한 삶, 아름다운 마무리' 관련 추천 도서 등을 중심으로 주변 사람들과 함께 공부하거나 깊이 있는 대

분야	제목	작가	출판사
생사학	인생수업	퀴블러-로스	이레
	충만한 삶, 존엄한 죽음	퀴블러-로스	갈매나무
	죽음 이후의 삶	디팩 쵸프라	행복우물
	죽음을 알면 삶이 바뀐다	오진탁	자유문고
	죽으면 다 끝나는가	오진탁	자유문고
	우리는 왜 죽음을 두려워할 필요가 없는가	정현채	비아북
호스피스와 존엄사	사랑의 사명	로저 콜	판미동
	어머니의 마지막 말들	박희병	창비
	웰다잉	데이비드 쿨	바다
	죽음에서 만나는 새로운 삶	크리스틴 롱카커	계명대 출판부
임사 체험	죽음의 체험	칼 베커	생각하는백성
	나는 천국을 보았다	이븐 알렉산더	김영사
	죽음 그 후	제프리 롱	에이미팩토리
	삶 이후의 삶	레이먼드 A. 무디	시공사
	그 빛에 감싸여	베티 이디	김영사
티베트의 죽음	티베트의 지혜	소걀 린포체	민음사
	죽음으로부터 배우는 삶의 지혜	소걀 린포체	판미동
	티베트 사자의 서	파드마삼바바	정신세계사
	달라이 라마, 죽음을 이야기하다	달라이 라마	북로드
	평화롭게 살다 평화롭게 떠나는 기쁨	달라이 라마	넥서스
영혼과 윤회의 세계	영혼의 최면치료	김영우	나무심는사람
	빙의는 없다	김영우	전나무숲
	까르마의 열쇠	고토 벤	불일출판사
	당신의 질문에 전생은 이렇게 답합니다	박진여	김영사

화를 나누는 자세가 중요하다.

우리 사회에는 죽음에 대한 교육이 거의 없다보니, 심폐사나 뇌사가 마치 죽음의 정의인 양 통용되고 있다. 이로 인해 보통사람들은 대개 '죽으면 모든 게 끝'이라는 잘못된 사고방식에 빠져 있다. 심폐사 혹은 뇌사만으로 죽음을 이해하는 방식은 곧 인간의 존재를 육체적 측면으로만 규정하고 영혼의 존재는 부정하는 태도나 마찬가지이다. 우리 사회에 불행한 죽음이나 자살 사례가 양산되고 자살충동자가 갈수록 늘어나는 것도 죽음 준비 교육이 부재하기 때문이다.

사실, 죽음이 끝이냐 아니냐 하는 문제는 토론이나 논쟁으로 정하기 어렵다. 왜냐하면 이 사실을 부정하는 사람을 설득하거나 토론해서 공감대를 형성할 수 없기 때문이다.* 어느 자리에서나 종종 이 문제는 논란의 핵심을 차지하지만 아무런 합의도 도출하지 못한다. 그렇다고 직접 체험을 해보게 할 수도 없는 노릇이다. 결국 죽으면 끝이냐 아니냐 하는 문제는 자신이 삶과 죽음을 얼마나 깊이 있게 이해하느냐 하는 문제와 직결되므로, 단기간에 결론을 내릴 수 없고 시간이 많이 필요하다.

퀴블로-로스의 말대로 생사학 연구자에게 죽음이 끝이 아니라는 것은 매우 확실하고도 상식적인 사실이다. 하지만 대부분 사람들은 아직 확신하지 못하고 있다. 상식과 사실은 사람마다 다르다. 죽

---

* 이 책의 제2부 '죽음, 삶의 끝인가, 새로운 시작인가' 참조.

음이 끝이 아니라는 것은 생사학 전문가에게는 상식이고 사실이지만, 일반인에게는 미스테리로 여겨지지 않을까. 죽음 이해는 각 개인이 판단하고 책임져야 하는 문제다. 그러니까 죽음이 끝이 아니라는 것은 전문가에게 배우는 것도 중요하지만, 핵심은 자기가 자신에게 답하는 것이다. 자기가 살고 자기가 죽는 것 아닌가. 인간은 육체만의 존재인지, 죽으면 끝인지, 스스로 성찰하고 질문하고 답하는 과정이 요구된다.

죽음이 끝이 아닌 근거로 다음과 같이 여섯 가지를 제시할 수 있다. 1) 임종 전 겪는 현상, 2) 빙의 현상, 3) 최면치료, 4)『티베트 사자의 서』, 5) 기독교와 불교, 6) 임사체험자의 증언.* 죽음이 끝이 아님을 아직 확신하지 못하고 있다고 해서 조급하게 서두를 필요는 없다. 죽음 이해는 전문가가 제시한 것을 그대로 수용하기 어렵다. 자기가 죽음을 직접 체험하거나 검증하는 것이 사실상 불가능하기 때문이다. 죽음 이해의 방향에 따라 삶이 달라지고 죽음이 달라지게 되므로, 자기가 심사숙고하고 깊이 성찰하는 수밖에 없다. 여섯 가지 근거에 초점을 맞추어 추천도서를 꾸준히 읽고, 주변 사람들과 깊이 있는 대화를 나눈다면 도움이 될 것이다.

---

*   오진탁,『죽으면 다 끝나는가』제2부 '생사학의 죽음 이해' 참조.

     죽음 끝이 아닌 또 다른 근거로 민간신앙 무속을 들 수 있다. 무속에서도 "죽음이 끝이 아니다"라고 말하고 있지만, 우리 사회는 무속에 대한 거부감이 강하다.

임종의 자리를 지켜주는 방법

우리는 종종 삶이 끝나가고 있는 임종환자들을 어떻게 대해야 할지 몰라 난처한 경험을 한다. 실상 죽음을 눈앞에 둔 사람은 마음만 급할 뿐 그간 맺어온 인간관계나 꼭 처리해야 할 일을 매듭짓지 못하는 경우가 많다. 이럴 경우 우리는 다음과 같은 방식으로 죽음을 경건하고도 의미 있게 맞을 수 있도록 차분히 준비해주는 것이 그 사람을 위한 산 자의 마지막 예의일 것이다.

먼저 죽어가는 사람에게 생의 모든 집착을 내려놓고 편안하게 죽음을 맞이하라고 권면해줄 필요가 있다. 그러기 위해서는 살아 있는 동안 끝맺지 못한 일이 있다면, 최대한 깨끗하게 정리하고 떠나도록 충고해주어야 한다. 죽음을 앞둔 사람이 삶에 대한 애착이 너

무 강해 어찌할 바를 모르고 심적 고통을 겪는 사례는 주변에 흔하다. 이것은 죽음을 앞둔 당사자가 자신의 상황을 아직 깨닫지 못하고 남은 사람들과 진정으로 화해하지 못했기 때문이다. 이처럼 임종자가 타인에 대한 죄의식이나 미움의 감정을 버리지 못하고 떠난다면, 그가 죽은 후에도 남은 사람들은 두고두고 괴로운 날들을 보낼 수밖에 없다. 죽기 바로 전에도 얼마든지 용서와 화해를 나눌 수 있다. 결코 늦지 않은 시간이다. 죽음의 순간에는 어떤 사람이라도 진지하게 마음을 활짝 열어 놓을 가능성이 있다. 그 순간만큼은 인생의 어떤 시간보다도 길고 소중한 순간이다.

임종자리를 지켜주는 방법
1   마지막 인사 나누기
2   마음을 다스리도록 도와주기
3   죽어가는 사람의 곁을 지켜주기

1. 마지막 인사 나누기

평소에 가깝게 지내는 사람과 마지막으로 작별해야 할 때는 마음이 몹시 아프고 괴롭다. 이때는 정말 죽음을 눈앞에 둔 당사자와 어떻게 마지막 인사를 나눠야 할지 대단히 난감하고 어렵기만 하다. 이 상황에서는 먼저 죽음을 눈앞에 둔 당사자를 향해 긴장을 풀고 안타까운 마음도 거두는 것이 좋다. 죽어가는 사람에게 필요 이상으로 집착하게 되면, 안 그래도 힘든 당사자가 나로 인해 더 큰 고통을 겪을 수 있다. 또한 당사자에게 세상의 미련을 갖게 함으로써 평화로운 죽음을 방해할 수도 있다. 호스피스 전문가 크리스틴 롱가커(Christine Longaker)는 수많은 임종자들을 관찰하면서 죽음을 맞이하는 사람들이 아무런 미련 없이 온화한 마음을 지닌 채 세상을 떠나기 위해서는, 사랑하는 이들로부터 두 가지를 확인받으려 한다고 말한다.

첫째, 사랑하는 이들로부터 그가 이제는 죽어도 아무런 문제가 없다는 말을 듣는 것이다.

둘째, 당사자가 죽은 후에는 남은 사람들이 그가 걱정할 필요 없이 잘 지낼 것임을 확인받고 싶어한다.

두 가지가 확인되어야 임종자는 안심하고 눈을 감는다고 한다. 그러므로 우리는 막 죽어가는 사람과 마지막 작별인사를 나눌 때 "그가 죽더라도, 정말 아무 문제없으니, 편안히 모든 것을 남겨두고 떠나라"고 말해주고, 진심으로 그와 마음을 나누는 인사를 하는 것이 좋다. 이것이 바로 죽어가는 사람과 그를 사랑하는 사람들이 마지막 인사를 나누는 올바른 태도이다.

2. 마음을 다스리도록 도와주기

임종자가 살면서 오래도록 형성해온 마음의 태도가 다음 생을 결정하는 기준이 된다. 티베트에서는 자신에 대한 강한 집착이 삶과 삶 사이에 위치한 중간 고리의 성격을 특징짓는 중요한 열쇠가 된다고 말하고 있다. 다시 말해, 죽기 직전 당사자의 마음상태와 몸에 대한 갈망이 중간적인 존재(바르도)의 다음 생을 결정하는 근거가 된다는 얘기다.

그러므로 죽는 순간 당사자의 마음상태가 얼마나 중요한가는 두 말할 나위가 없다. 임종자가 죽는 순간에 보다 편안하고 긍정적인 마음으로 죽음을 맞이한다면, 평소의 업業 때문에 부정적인 카르마를 형성할 수밖에 없었던 사람도 좀 더 나은 다음 생을 기약할 수가 있다. 반면에 죽는 순간 임종자의 마음이 혼란과 고통에 빠져 있다면, 평소에 좋은 업을 쌓아 멋진 다음 생을 기약해둔 사람이라도 그보다 나쁜 생으로 떨어질 수가 있다. 죽음에 이른 사람이 마지막 순간에 지닌 마음과 감정이 다음 생에 지대한 영향을 미친다.

가끔 우리는 정신질환자가 병적인 강박관념에 사로잡힌 나머지, 아무 곳에서나 세상을 향해 뒤틀리고 왜곡된 독설을 끊임없이 퍼붓다가 사람들의 제지를 받는 것을 보곤 한다. 이와 마찬가지로 임종자도 죽는 순간에 세상에 대한 미움과 야속한 심사를 자칫 지나치게 표출하게 되면, 이런 마지막 감정이 부정적으로 작용해 결코 편안히 죽을 수 없게 된다. 이런 연유에서 티베트의 고승들은 우리가 죽을 때 주변 분위기가 결정적인 역할을 한다고 강조하고 있다. 그러므로 사랑하는 가족이나 친구들은, 임종자가 사랑과 헌신과 자비심을 갖고 죽을 수 있도록 도와주어야 한다. 긍정적인 감정과 거룩한 마음이 우러나오도록 그의 주변 환경을 조성하고, 또 임종자가 마지막 순간에 쓸데없는 집착과 번뇌에 빠지지 않도록 미련을 버리고 편안하게 여행을 떠나라고 권면한다. 이것이 임종자를 보내는 사람들이 갖춰야 할 마음가짐이다.

3. 죽어가는 사람의 곁을 지켜주기

죽어가는 사람은 정서적으로 극도의 혼란상태를 겪게 된다. 따라서 평소엔 아무것도 아닌 사소한 일들도 이때만큼은 과장되고 흥분된 감정을 불러일으키기 쉽다. 임종자의 마지막 순간을 지켜주는 자리에 있게 되면, 우선 임종자가 원하는 대로 모든 것을 들어주어야 한다. 그가 손을 달라면 손을 잡아주고, 이마에 입을 맞춰달라면 그렇게 해주라. 그밖에 여러 예상치 못한 요구를 할 수도 있으나, 대부분은 들어줄 만한 것이므로 기꺼이 임종자의 의사대로 해주도록 하자. 무엇보다 그 순간은 임종자나 지켜보는 사람이나 모두 비탄에 빠지는 슬픈 상황이기 때문에, 슬픔을 참고 평화롭고 담담하게 떠나는 사람을 간절한 마음으로 지켜보고 보내주는 자세가 필요하다.

특히 운명의 순간에 처한 임종자에게 감정의 혼란을 일으킬 수 있는 친지나 친구, 가족은 되도록 나타나지 않게 사전에 주의를 시켜두는 것이 좋다. 호스피스 관계자들의 말을 들어보면, 임종자도 자기감정에 혼란을 줄 사람은 최후 순간에 보지 않도록 해달라고 부탁하는 경우가 많다고 한다. 임종자의 이런 요구가 가끔은 가족들 입장에서 자신이 임종자에게 사랑받지 못하는 사람인가 하는 생각이 들어 몹시 서운하게 받아들여질 수도 있다. 하지만 임종자는 평소 사랑하던 사람들에게 혹시나 자신의 약하고 고통스런 모습, 또는 감정의 극단적인 동요를 보이게 될까봐 그런 것뿐이니 그의 의사를 존중해주는 것이 좋다.

평소에 늘 가깝게 지내고 사랑하던 사람이 죽어갈 때, 곁에서 슬픔을 참기란 정말로 어려운 일이다. 하지만 그 사람이 생의 마지막 길에서 모든 집착을 내려놓고 편안한 여행을 떠나도록 해주기 위해서는, 모두가 감정을 자제하고 임종자의 마지막을 지켜봐야 한다. 물론 인간인지라 임종자와 마지막 정을 나누면서 울고, 사랑의 마음을 전하고, 마지막 인사를 나누는 것은 상관없다. 하지만 죽는 순간에 다다르기 전에 모든 정리情理를 마무리하도록 하자.

새로운 죽음문화를 모색하자

최근 우리 사회뿐만 아니라 전 세계적으로 안락사라든가 연명치료의 중단에 대한 관심과 논란이 계속되고 있다. 하지만 이 논란은 죽음을 눈앞에 둔 말기 환자를 더 이상 치료할 수단도 없고 환자가 극심한 고통을 받고 있을 때 육체적 연명만을 위해 연명치료를 계속할 것인지, 중단할 것인지 여부에만 초점이 맞춰져 있을 뿐이다.

이와 같이 뚜렷한 해결책 없이 논란만 거듭되고 있는 안락사 문제와 관련해, 이 문제를 보다 바람직한 방향으로 해결하기 위해서는, 남녀노소 가릴 것 없이 누구에게나 죽음 준비의 중요성과 시급성을 널리 알리고, 죽음에 대한 인식 전환을 도모하기 위해 '웰다잉 교육'을 다양한 연령층의 눈높이에 맞게 실시할 것을 제안한다. 사회 각계각층에서 모두 함께 머리를 맞대고 어떻게 죽는 것이 과연 인간다운 죽음인지? 또 죽음의 질(Quality of Death)에 대해 심사숙고해야만 소극적 안락사 문제와 연명치료 논란은 해결될 수 있을 것이다. 웰다잉 교육이 다양한 연령대에 맞게 충분히 논의되어 실행에 옮겨진다면 안락사 논란도 어느 정도 가닥이 잡힐 것이고, 죽음의 질과 함께 삶의 질 역시 점차적으로 향상될 수 있지 않을까 생각한다.

사람들은 죽음과 임종 문제를 단지 법적인 차원, 의료적인 문제로 한정해 생각하는 경향이 있다. 이 문제를 다루는 전문가들조차 대부분 이 문제를 법적인 난제, 의학적인 골칫덩어리로만 보는 경향이 있다. 어떤 의대 교수는 여러 사람 앞에서 환자의 죽음을 나무토막으로 본다고 당당히 말한다. 자기 자신, 가족의 시신도 나무토막인가? 인간의 죽음을 이런 식으로 보니까, 문제가 풀리지 않는다. 어떻게 인간의 죽음이 겨우 법적인 혹은 의학적인 문제로만 취급될 수 있겠는가? 소극적 안락사 논란이나 연명치료 여부의 문제가 쉽게 해결되지 않는 이유도 바로 여기에 있다. 물론 의학적·법적 측면의 논의도 필요하다. 그런 논의에 앞서 '인간의 삶과 죽음, 생명 혹은 영혼의 문제'라는, 보다 큰 차원에서 인간의 존엄한 죽음에 대한 심사숙고가 먼저 이뤄져야 한다.

인생의 마지막 순간에 우리가 스스로를 존엄하게 지킬 수 있는 유일한 방법은, 피할 수 없는 잔이라면 기꺼이 받아들일 수 있는 지혜로운 용기를 갖추는 일이다. 죽음을 피할 수 없는 숙명적인 상황이라면, 그 상황을 정직하게 받아들이고 어떤 자세로 의연하게 죽음을 맞이할 수 있을지를 곰곰이 생각해봐야 한다. 정직하고 떳떳하게 있는 그대로를 자신의 상황으로 받아들이면서, 자신을 바라보는 가족, 친지들과 함께 지금까지 살아온 날들에 감사하고 서로에게 용서와 이해를 구하는 거룩한 순간으로 죽음의 자리를 승화시켜야 한다.

이제, 우리 시대에서 의료기계에 갇힌 비인간적인 임종 장면은 그만 사라져야 할 때가 되었다. 누구를 위한 치료인지도 모른 채 환자의 고통을 무작정 늘리기만 하는 의미 없는 '생명연장' 행위가 이어지고 있고, 다른 한편에서는 단순히 이런 고통을 끝내고 싶다는 '안락사' 주장이 끊임없이 제기되고 있다. 우리는 비인간적인 생명연장이 과연 누구를 위한 것인지 진지하게 물어보아야 한다. 기실 '존엄한 죽음'이란 무리한 생명연장술보다 훨씬 훌륭한 죽음방식이며, 단순한 안락사보다 더 가치 있는 선택이다. 죽음에 임해 올바른 자세는 과연 어떠해야 하는지, 유한한 존재로서 어떤 죽음이 보다 더 의미 있고 값진 죽음의 방식인지 심사숙고해야 한다. 그것을 묻고 모색하는 것이 바로 웰다잉 교육의 출발점이다.

세계보건기구는 '건강'의 개념에 대해 네 가지 측면을 제시한 바 있다. 첫째 육체적 건강, 둘째 사회적 건강, 셋째 정신적 건강, 마지막으로 영적 건강이다. 이처럼 건강에 네 가지 측면이 있다면, 죽

춘천고 학생을 대상으로 오진탁 교수가 웰다잉 교육을 하고 있다.

음에도 당연히 육체적·사회적·정신적·영적 죽음의 네 가지 측면
이 있다. 따라서 오로지 육체적 죽음에만 초점을 맞추어 죽음을 생
각하는 것은 바람직하지 못하다. 또한 안락사 논란도 마찬가지로
육체적·사회적·정신적·영적 측면의 네 가지 방향에서 논의를 진
행하는 것이 마땅하다. 의학적·법적인 접근은 단지 죽음의 육체적
측면과 사회적 측면만을 고려하는, 즉 죽음 전체를 보지 않고 일부
분만 다루는 접근방식이다.

이런 부분적 접근방식 때문에 사람들은 불행하게도 자신의 죽음
이 임박해서야 비로소 죽음을 생각하고 지나간 삶을 후회하는 경
우가 많다. 인간으로서 존엄하게 밝은 미소 속에서 죽는 사람이 거
의 없는 우리 현실, 자살률까지 급증하고 있는 최근의 상황을 감안
해 볼 때, 죽음에 대한 인식 전환보다 시급한 일은 없다. 웰다잉 교

육이 무엇보다 빨리 실시되어야 하는 이유가 여기에 있다. 웰다잉
교육은 죽음을 바르게 이해하도록 함으로써 삶을 보다 의미 있게
살도록 하고, 죽음을 한층 편안하게 맞이할 수 있도록 돕는 삶의 준
비 교육이자 자살 예방 교육이기도 하다. 따라서 웰다잉 교육은 초
등학교에서부터 대학까지, 또 성인과 노인에 이르기까지 학교교육
과 평생교육의 형태로 눈높이에 맞게 다양한 방식으로 실시되어야
한다.

베커 교수는 초등학교, 중등학교, 대학의 죽음 준비 교육과 평생
교육으로서의 죽음 준비 교육, 전문가를 위한 웰다잉 교육으로
나누어 교육을 실시할 필요가 있다고 주장하며, 이 교육을 통해
서 사전 의사결정 제도 등이 폭넓게 다루어져야 한다고 주장한
다. 일본에서도 학교교육에 웰다잉 교육이 2002년부터 포함되

었으며, 웰다잉 교육의 연구를 위해 2006년 예산에 400만 달러를 책정했다고 한다.*

---

*   '밝은 죽음을 준비하는 포럼' 자료집, 『죽음 준비 교육, 왜 실시해야 하는가』, 2004. 2. 28, 한림대 한림과학원, pp.8~13. 『죽으면 다 끝나는가』 제1부 '현대인의 죽음 오해' 참조.

2장
죽음, 어떻게 이해할 것인가?

우리 사회에 죽음 정의定義가 있는가

웰다잉 교육과 함께 반드시 고려되어야 하는 문제가 '죽음의 정의'
이다. 죽음을 어떻게 이해하고 개념 규정을 어떻게 내리느냐에 따
라 죽음에 대한 거부감 또는 터부가 생길 수 있고, 삶과 죽음의 방
식도 달라질 수 있기 때문이다. 이 문제의 중요성은 더 이상 말할
필요조차 없다.

'죽음의 정의' 문제는 오늘날 한층 어려운 과제가 되고 있다. 의
학기술의 발달로 뇌의 기능이 정지된 사람도 호흡과 심장박동을
일정 기간 유지시켜 주는 일이 가능해짐에 따라, 환자의 어떤 상
태를 죽음으로 봐야 하는지가 이론적 차원에서나 실용적 차원에
서 한층 복잡한 양상을 띠게 되었기 때문이다. 전통적으로는 심장
의 기능 여부가 사망 판단의 기준이 되어 왔다. 그러나 죽음의 기준

이 심폐사에서 뇌사로 바뀐다면, 뇌의 모든 기능이 회복 불가능하지만 생명보조 장치에 의해 심장박동을 유지하고 있는 혼수상태의 경우 이미 사망한 것으로 봐야 한다는 결론이 도출된다. 이렇게 심폐사에서 뇌사로 사망 기준이 바뀐다면 장기이식 문제와 관련해서도 중요한 변화가 생길 수 있다. 뇌사자를 사망한 사람으로 간주하게 되면 뇌사자로부터 장기를 적출하는 행위도 정당화될 수 있다. 우리나라에서도 뇌사자가 장기이식에 동의한 경우, 장기 적출이 법적으로 허용되고 있다. 또 뇌의 기능이 회복 불가능한 환자의 경우, 생명보조 장치 사용 여부에 따른 안락사 논란도 없어지게 된다.

그러나 실용적 측면에서 이와 같은 이점이 있음에도 불구하고 뇌사에 대한 공감대는 아직 충분하게 형성되지 않은 상황이다.* 죽음을 그 자체로 정의해야지 실용적 관점에서 규정하는 것이 이치에 맞는가 하는 반론이 제기되고 있는 것이다. 뇌의 기능이 작동하지 않는다는 것은 마치 귀나 눈이 손상된 것과 마찬가지로 단지 신체기관의 일부가 손상된 것뿐이라는 주장이다. 뇌가 신체기관을 통

---

* 혼수상태에 있는 환자들에게 들어가는 엄청난 비용 부담으로 인해 미국에서는 죽음에 대한 새로운 정의가 필요했다. 1968년 미국 하버드 대학 뇌사위원회는 비록 뇌는 죽었지만, 다른 장기는 유용한 상태인 한 시점을 선택하는 것이 최선이므로 죽음에 대한 새로운 정의로 뇌사를 제시했다. 이 이후 다른 선진국에서는 뇌사를 죽음 판정 기준으로 수용했지만, 일본은 뇌사를 기준으로 받아들이지 않고 있다. 피터 싱어, 장동익 옮김, 『삶과 죽음』, 철학과 현실사, 2003, pp.37~57 참조.

제하는 기능을 지녔지만, 인간 존재가 뇌로 환원되거나 뇌와 동일시될 수는 없다. 그러므로 죽음의 과정에서 뇌의 중요성은 인정되지만, 뇌사가 바로 죽음을 의미한다는 입장에는 동의할 수가 없다. 인간 존재의 죽음이란 그 일부의 죽음이 아니라 전체 유기체의 죽음이어야 하기 때문이다.*

그런데 이러한 논란은 그 결론이 어떻든 간에 본질적으로 한계가 있는 논쟁일 수밖에 없다. 왜냐하면 죽음을 어떻게 이해하고 정의하느냐에 관한 '죽음의 정의' 문제는 '죽음의 판정 기준' 내지 '죽음의 판정 기준에 대한 충족 여부(의학적 검사)'와는 전혀 다른 문제이기 때문이다. 죽음의 개념이 자꾸 혼란을 빚어내는 것도 이 세 가지 개념이 혼동되고 있기 때문이다. 사실 우리 사회에서 사람들이 그토록 죽음에 대한 거부감이 심한 이유나, 불행하게 죽어가는 사람이 왜 그렇게 많고 최근 자살률도 왜 급증하는지 원인을 규명해보니, 그 근원에는 왜곡된 죽음 정의, 육체 중심의 인간 이해가 자리잡고 있음을 알 수 있었다.**

---

* 하버드대 병원 의사 이븐 알렉산더는 다른 뇌 전문가와 마찬가지로 뇌로부터 분리된 마음이나 영혼의 작용을 받아들이지 않았다. 그러나 갑자기 발병해 뇌가 작동을 멈추어 전혀 작동하지 않았지만 영혼은 여전히 살아서 임사체험을 경험했다. 뇌는 죽었어도 영혼은 뇌의 한계에서 벗어나 엄연히 존재하는 것을 직접 경험했다. 이 책의 2부 7장 '임사체험자의 증언' 참조.
** 현직 간호사들을 대상으로 죽음 준비 교육을 가르치기 전에 죽음과 자살에 대해 의식조사를 한 번 했다. "죽으면 아무것도 없는 끝이므로, 자살하면 고

심폐사와 뇌사로 죽음을 이해할 수 있는가?

'죽음의 정의' 문제는 기본적으로 철학적인 문제이지만, '죽음판정의 육체적 기준'과 '죽음의 판정 기준 충족 여부' 문제는 의학적인 문제이다.*** 모든 것을 의학적 측면에만 의존하여 판단하려고 할 경우 문제가 생길 수밖에 없다. 심폐사나 뇌사 등 죽음판정의 육체적 기준과 관련되는 문제가 마치 죽음의 정의인 양 논의됨에 따라, 영혼의 존재라든가 사후세계 문제 등에 대한 철학적·종교적 접근을 통해 죽음을 폭넓게 규정하지 못하고, 인간을 물리적인 유기체로만 판단하는 어리석음을 범하기 때문이다.**** 이러한 죽음의 정

통으로부터 벗어날 수 있다고 생각하는가?"라고 물었더니, 그렇다고 단정적으로 답하면서 죽으면 무미, 무취, 무감각, 무통해진다는 답이 많이 나왔다. 의과대학에서 죽음의 정의를 심폐사 혹은 뇌사 중심으로 가르치고 있으니까, 죽어가는 환자들을 보살피는 의사와 간호사들은 육체에만 초점을 맞추고 있는 것이다.

*** 임종식, 『생명의 시작과 끝』, 로뎀나무, 1999. pp.247~248.
**** 퀴블러-로스, 박충구 옮김, 『THE WHEEL OF LIFE-삶과 죽음에 대한 기억』, 가치창조, 2001, p.201.
죽음 정의 문제를 다루는 생명윤리, 의료윤리 관련 문헌을 조사했더니 심폐사와 뇌사 등 죽음 판정 기준만을 논의하고 있었다. 우리 사회의 성숙한 죽음문화 부재 현상과 죽음에 대한 오해, 그리고 자살률 급증은 육체 중심의 죽음 정의와 관계된다. 죽음 판정 기준 제시와 죽음 판정 기준충족 검사 문제에만 초점을 맞추기보다, 보다 큰 틀에서 죽음 정의 문제를 원점에서부터 다시 차분히 논의를 시작할 필요가 있다. 모두가 동의할 수 있는 죽음 정의

의로는 불행한 죽음이나 자살 문제를 전혀 해결할 수가 없다.[*] 이런 의미에서 우리 사회에서 죽음에 대한 올바른 정의나 죽음에 대한 바른 이해가 논의되고 있지 못하다고 해도 과언이 아니다.

심폐사, 뇌사가 죽음 이해인가?
1	심폐사, 뇌사는 죽음 판정의 육체적 · 의학적 기준일 뿐이지 죽음 정의, 죽음에 대한 총체적인 이해가 될 수 없다.
2	병원에서 통용되는 심폐사, 뇌사를 사회는 별 이견 없이 죽음 이해로 받아들이고 있다. 심폐사, 뇌사를 우리 사회의 죽음 이해로 받아들이는 것은, 우리가 육체만의 존재임을 받아들이는 것이고, 죽으면 다 끝난다는 것을 받아들인다는 뜻이다.
3	따라서 퀴블러-로스의 지적대로, 우리 사회는 죽음을 육체의 측면에서만 보고 있을 뿐이고 총체적으로 접근하고 있지 못하다.
4	심폐사, 뇌사같이 육체 중심으로 죽음을 이해하면 많은 문제가 발생한다. 결과적으로 죽으면 다 끝난다고 오해하게 되므로, 살다가 힘들면 자살로 끝내면 된다는 생각이 사회에 확산되어 있다. 서울시장이 여비서 성희롱 문제로 자살하니까, 어떤 국회의원은 자살로 문제를 깨끗하게 정리했다고 말했다. 자살하면 문제가 해결된다는 생각이 우리 사회에 널리 확산되어 있다. 시장의 자살로 과연 문제가 해결되었을까?

가 도출될 수 있으면 좋겠지만, 영혼의 존재 여부 같은 문제는 현실적으로 의견 차이로 인해 결론을 도출하기 어려울 수 있으므로, 의견 차이를 있는 그대로 드러내놓고 다양한 의견을 폭넓게 제시하기만 하는 것도 한 가지 방법이 될 것이다.

[*] 우리나라가 OECD 회원국 가운데 자살률 1위를 10여 년이 넘게 하고 있고, 자살률 증가는 다른 나라와 비교가 되지 않는다. 자살률이 높은 일본을 오래 전에 추월했다.

> 5   죽음을 육체 중심으로 이해하면, 우리 사회 삶의 질이 향상될 수 없다. 행복 역시 육체 중심, 물질 위주, 경제 만능 프레임에서 벗어나기 어렵다.

죽음의 정의와 관련해 물론 의학적·법적인 문제도 논의에 포함되어야 하겠지만, 그러한 논의에 앞서 인간의 삶과 죽음, 생명 혹은 영혼의 문제처럼 보다 큰 차원에서 죽음이 진정 무엇을 의미하는지, 인간으로서 존엄한 죽음은 어떤 죽음이어야 하는지를 심사숙고해야 한다.

죽음은 육신의 죽음일 뿐

퀴블러-로스도 인간의 존재는 육체적·감정적·지적·영적인 4가지 측면으로 구성되어 있다고 정의하면서 "진짜 문제는 우리가 죽음에 대한 참된 정의를 갖고 있지 못하기 때문"이라고 말한다.[**] 죽어가는 환자들을 돌보고 의대생과 신학생들을 가르치면서 그녀는 죽음에 대한 새로운 정의, 포괄적인 정의를 내리는 일에 부딪혀보고자 했다. 죽어가는 사람들이 대부분 불행하게 죽어가고 있고, 또 의사와 간호사, 가족이 죽어가는 사람을 병실 한구석에 방치하는 현실 역시 죽음 이해와 정의에 문제가 있기 때문이라고 그녀는 판단했다.

** 퀴블러-로스, 『삶과 죽음에 대한 기억』, p.201.

죽어가는 환자들을 돌보면서 자기 환자와 항상 깊은 인간적 관계를 유지했던 퀴블러-로스는 사람이 죽을 때 무슨 일이 일어나는지, 사람은 죽으면 어떻게 되는지 제대로 알고 싶어 했다. 죽는 사람들은 마지막 순간에 분노와 욕설, 좌절의 상태에서 죽었음에도 불구하고 죽은 직후의 얼굴 표정에는 평온함이 깃들여 있음을 자주 목격하면서, 퀴블러-로스에게 죽은 사람들의 육신은 마치 봄을 맞아 더 이상 필요 없게 돼 벗어던진 겨울 외투처럼 보였다. 죽어가는 사람을 많이 보살핀 경험이 있는 그녀는, 죽어가는 사람들의 육신은 껍질에 불과하고 자기가 사랑했던 사람은 더 이상 그 껍질 안에 있지 않다는 것을 아주 확실하게 알았다.[*] 죽음이 찾아오면 시신만 남지만, 시신은 바로 그 사람이 아니다, 사람은 죽더라도 존재의 양식만 바꿀 뿐 계속 존재하는 것이라고 그녀는 확신에 찬 결론을 내렸던 것이다.[**]

이처럼 생사학 전문가나 종교지도자들의 '죽음'에 관한 정의에 비추어볼 때, 인간의 죽음은 뇌사나 심폐사처럼 죽음 판정의 육체적 기준만으로 정의될 수 없고 그렇게 되어서도 안 된다. 육체 중심의 죽음 판정 기준이 죽음 정의를 대신하는 그런 사회에서는 결코 죽음문화가 성숙할 수 없고, 자살처럼 불행한 죽음만 양산될 뿐

---

[*]   퀴블러-로스, 앞의 책, pp.225~226.
      퀴블러-로스, 최준식 옮김, 『사후생』, 대화출판사, 1996, pp.54~55.
[**] 다치바나 다카시, 윤대석 옮김, 『임사체험(상)』, 청어람미디어, 2003, p.411.

이다. 사후의 삶에 대한 연구 결과, 인간에게는 영혼이 있고 단순히 이 세상에서의 생존 그 이상의 이유가 있다고 퀴블러-로스는 말한다. 그녀는 우리가 지금까지 정의한 것과 같은 그런 죽음은 존재하지 않는다고 힘주어 강조한다. 따라서 이제 죽음에 대한 정의도 물질적이며 육체적인 측면을 넘어 영혼, 정신, 삶의 의미같이 생존 이상의 무언가 영원히 지속되는 것이 있음을 고려해야 한다는 것이다.[***] 결국 '죽음의 정의' 문제는 '죽음 이후'의 문제를[****] 고민하지 않고서는 해결될 수 없다. 죽음은 우리의 삶과 죽음 이후를 연결시켜주는 매듭의 역할을 하므로 삶, 죽음, 그리고 죽음 이후를 항상 연관시켜서 심사숙고하지 않으면 안 된다. 그래서 퀴블러-로스도

[***] 다치바나 다카시, 앞의 책, p.411.

[****] 사후세계 논의와 관련해 엄밀한 과학주의와 사후세계에 대한 지나친 몰입, 모두를 비판하는 무디의 합리적인 태도는 귀 기울여 경청할 만하다. "극단적으로 회의적이 되어 과학적으로 엄격하게 증명되지 않은 것은 일체 믿지 않는 사람도 곤란하지만, 반대로 아무 것이나 다 믿어버리는 사람도 곤란하다. 나는 진리에 가장 가까이 다가가기 위한 건전한 태도는 양쪽의 중간 지점에 있다고 생각한다. …… 현대사회는 세계 어느 분야라도 과학주의의 기반 위에 있다. 그러나 엄밀한 과학주의는 세계를 너무 작게 축소해버린다. 이 세계에는 엄밀한 과학적 방법론을 적용할 수 없는 현상이 아직 많다. 그런 현상을 무시할 수는 없다. 무시하면 그것 역시 잘못된 세계인식이 된다. 그러나 동시에 과학적 방법론을 적용할 수 없는 대상에 대해 말할 때에는, 우리가 아직은 확실하게는 무엇 하나 말할 수 없다는 것을 항상 인식해둘 필요가 있다." 다치바나 다카시, 윤대석 옮김, 『임사체험(하)』, 청어람미디어, 2003, pp.50~58 참조.

티베트 라싸 포탈라 궁

소아암 등으로 죽음에 직면한 어린아이들에게 "우리 몸은 헝겊으로 만든 번데기와 마찬가지여서 죽으면 영혼은 육신으로부터 벗어나 나비처럼 하늘을 향해 날아 올라간다"고 말했던 것이다.

달라이 라마도 "죽음이란 육신의 옷을 벗는 행위"라고 규정한 바 있다.[*] 죽음을 다만 육체로부터 영혼이 분리되는 과정으로 본다면, 죽음에 대한 거부감도 어렵지 않게 바뀔 수 있지 않을까. 또한 이렇게 죽음을 육체적 관점만이 아닌 영혼과 영성의 문제로 바라볼 때 사회적으로 팽배해 있는 세속주의나 물신주의를 치유할 수 있는 계기도 마련될 수 있다. 그렇게 될 때 삶의 질(Quality of Life)과 죽음의 질(Quality of Death)이 한층 고양된 사회를 자연스럽게 이룰 수 있을 것이다.[**]

---

[*]   소걀 린포체, 『티베트의 지혜』, 민음사, 1999. pp.7-9

죽음은 존재하지 않는다

죽음을 육체의 측면에서 본다면, 육체의 죽음은 분명 있다. 그러나 영적인 차원에서 죽음을 바라보면 죽음은 육체의 죽음일 뿐이고, 육체로부터 영혼이 떠나는 것이다.*** 퀴블러-로스가 생사학의 연구 가치를 인정하지 않는 남편과 이혼하면서까지 생사학 연구에 몰두한 것도, 또 생사학을 창시하게 된 이유도 역시 "죽음은 끝이 아니므로 죽음은 존재하지 않는다"는 메시지를 전하고 싶어서였다.

 죽음이란 존재하지 않는다는 것, 죽음이 끝이 아니라는 것을 아는 것은 매우 중요한 일이다. 죽음에 대한 바른 이해는 우리 자신의 삶의 방식과 죽음의 방식에 결정적인 영향을 미치기 때문이다. 임사체험자들은 사후세계에 대해서 증언하면서 "죽음의 순간 마치 허물을 벗듯이 육체의 옷을 벗어버렸다"고 말하곤 한다. 이처럼 죽

** 생사학 전문가들은 죽음문제를 영혼이나 영성과 결부시켜 연구하고 있다. Kenneth J. Doka와 John D. Morgan은 *Death and Spirituality*(Baywood, 1993)을 펴낸 바 있고, 영성적 관심, 사별과 영성적 위기, 영성적 보살핌, 영성과 상담 등등에 관한 연구가 계속 나오고 있다.

*** 『티베트의 지혜』의 저자 소걀 린포체가 죽은 뒤에 영혼이 있느냐 하는 문제는 증명이나 논증 여부의 문제라기보다, 지금 이 삶에서 자기 자신을 얼마나 깊이 이해하느냐의 여부에 달려 있다고 말한 것은 시사하는 바가 있다. (Gary Doore ed, *What survives?* Tarcher Putnam Book, 1990, p.203)

음은 흡사 나비가 고치를 벗어던지는 것처럼 육신을 벗는 것에 불과하다. 죽음은 보다 높은 의식상태로의 변화일 뿐이다. 죽음의 순간에 유일하게 잃어버린 것이 있다면 육신이란 허물이다. 그것은 봄이 와서 겨울 코트를 벗어버리는 것과 같다. 따라서 죽음이라 일컬을 수 있는 것은 실제로 존재하지 않는다.*

그러므로 죽음은 두 가지 이유에서 존재하지 않는다. 첫째, 죽음 정의에 대한 논의를 심폐사, 뇌사 같은 죽음 판정 기준이 대신하고 있으므로, 사회에 죽음 판정의 육체적 기준에 대한 논의만 있을 뿐 죽음(죽음 정의, 죽음에 대한 바른 이해)은 존재하지 않는다. 둘째, 죽음은 육체의 죽음에 불과하고, 죽는 순간 육체로부터 영혼이 분리되어 다른 세상으로 여행을 떠나므로, 영혼은 죽는 것이 아니다. 육체의 차원에서 보면 죽음은 존재하지만, 영혼의 차원에서 보면 죽음은 존재하지 않는다. 죽음은 육체의 죽음일 뿐 끝이 아니므로, 죽음은 더 이상 존재하지 않는다.**

---

*   퀴블러-로스, 『사후생』, p.39.

** 오진탁, 『죽으면 다 끝나는가』 제1부 2장 '연명의료결정법, 생사학으로 비판한다', 제2부 1장 '49재, 생사학으로 읽는다', 2장 '죽음을 알면 삶에 보다 충실할 수 있다' 참조.

3장
아름다운 마무리는
준비 없이 당하는 죽음과는 다르다

아름다운 마무리와 준비없이 당하는 죽음의 차이

얼마 전 수녀원에서 운영하는 유료양로원에서 '죽음 준비'를 주제
로 특강을 한 적이 있다. 노인들은 평균 연령이 80세였으므로, 죽
음이 바로 눈앞에 닥친 현실이었다. 노인들을 상대로 조심스럽게
"죽음은 절망이 아니다, 죽을 때 자기 자신의 값어치가 남김없이
드러난다, 그러니 가능하면 밝은 모습으로 죽을 수 있도록 충분히
준비하자"는 취지로 1시간 넘게 이야기했다. 마지막으로 삶을 잘
마무리하기 위해 죽음에 대한 인식 전환, 호스피스 제도의 활성화
와 함께 '사전 연명의료 의향서'를 제시했더니, 이구동성으로 찬성
의 뜻을 표했다.

소극적 안락사가 법으로 금지되어 있는 상황에서, 연명치료를 원
하지 않는 노인들은 어떻게 해야 자기가 원하는 죽음을 맞을 수 있

는지를 의사나 변호사에게 물어보는 등 자기 나름대로 방법을 찾아 자구책을 강구하고 있던 중이었다. 그러던 차에, 갑자기 아름다운 마무리에 대한 이야기를 들으니 귀가 번쩍 뜨였던 것이다.

'사전 연명의료 의향서'만 준비하면 '좋은 죽음'이라는 언론보도가 이어지고 있는데, 그만큼 우리 사회가 죽음 이해, 죽음 준비에 아무 관심 없다는 뜻이다. '사전 연명의료 의향서' 서명은 죽음준비의 시작에 불과하므로, 충분하지 않다. 죽음이 과연 무엇을 의미하는지 정확하게 이해하는 것이 훨씬 중요하다. 삶을 잘 마무리하기 위해서는 평소 죽음을 공부하면서 '사전 연명의료 의향서'를 준비하는 게 바람직한 죽음의 방식이다. 평소에 건강할 때 사전 연명의료 의향서에 서명해두고 자기 의사를 가족에게도 분명하게 알려놓는다면, 갑자기 위급한 상황이 닥쳤을 때 본인이나 가족이 의사에게 관련 서류를 제시할 경우 당사자의 뜻이 수용될 수 있을 것이다. 아름다운 마무리는 아무 준비 없이 당하는 죽음과 다음 같이 6가지로 차이가 난다.

1. 행위와 판단의 주체

아무 준비 없이 죽는 사람은 행위와 판단의 주체가 될 수 없다. 임박한 죽음에 대해 아무 준비도 하지 않는 사람은 행위와 판단의 주체가 되기를 포기한 것이다. 사전 연명의료 의향서는 당사자가 평소 건강할 때 작성해야 하는데, 대부분의 경우 죽음에 임박해 당사자가 의사를 표현할 수 없을 때 가족이 대신 작성한다. 사전 연명의료 의향서도 평소 준비하지 않았다면 평소 죽음준비를 했을 리가 없다.* 자기 자신의 죽음임에도 불구하고 마치 다른 사람의 죽음인 것처럼 죽게 되는 것이다.

그러나 아름다운 마무리의 경우, 행위와 판단의 주체는 당연히 죽어가는 당사자이다. 평소 죽음을 준비했으므로, 갑자기 당하는 죽음과 다르다. 의사는 환자에게 병의 진행상황을 정확하게 알려주는 역할을 할 뿐이다. 자기 생명을 자기 자신이 주체적으로 판단하느냐? 아니면 의사 혹은 가족이 결정하느냐? 또 의사가 판단의 주체가 되느냐? 혹은 병의 진행과정을 알려주는 역할만 하느냐? 의사 역할의 차이도 매우 중요하다. 자기가 주체가 되어 죽음을 맞이하는가? 자기가 죽는 현실에서 자신이 아무 준비도 하지 않고 아무런 역할도 못할 경우, 아름다운 마무리가 될 수 있을까? 아름다운 마무리를 준비하는 사람은 죽음을 보다 철저하게 준비하기 위해 노력한다.

---

* 국가생명윤리정책원은 '2019년 연명의료 결정제도' 기자간담회를 2019년 11월 열었다. 2018년 2월 연명의료 결정제도 시행 이후 2019년 10월까지 7만996명이 연명의료를 유보하거나 중단했다. 실제 연명의료 유보, 중단한 사례 가운데 당사자가 직접 사전 연명의료 의향서에 서명해 등록한 사람은 1.4%에 불과했다. 본인이 건강할 때 준비한 것은 극소수라는 뜻이다. 본인이 건강할 때 준비한 것은 극소수에 불과했다. 가족 전원의 합의, 혹은 가족 2인 이상의 일치된 진술로 결정한 경우는 각각 32.3%, 33.8%였다. (헤럴드경제 2019년 11월 22일)

2. 죽음 이해

아무 준비 없이 죽는 사람은 평소 죽음에 대해 아무런 생각도 하지 않았을 것이고, 죽음 준비나 생사관도 명확하게 확립되지 않았을 것이다. 어떻게 살 것인가만 생각했을 뿐 어떻게 죽을 것인지, 자기 자신에게 묻지 않았다. 삶과 죽음에 있어서 삶만 바라보고 살았을 뿐 죽음은 도외시한다. 삶만 바라보고 살아가던 중 어느 날 갑자기 죽음이 임박한 상황에 처하게 된 것이다. 아무 준비 없이 갑자기 죽게 되는 사람은 죽으면 다 끝난다는 식으로 죽음을 부정적으로만 인식했을 것이다.

반면에 아름다운 마무리의 경우, '사전 연명의료 의향서'에 미리 서명해둘 정도의 사람이라면 평소 죽음에 관심을 갖고서 죽음을 자기 삶의 일부로 수용하고 준비한 사람이다. 그러므로 그는 어느 정도 뚜렷한 생사관을 정립하고서 존엄사의 방식으로 죽음을 맞이하겠다고 결심한 것이다. 이럴 경우 생사관의 차이는 더 말할 나위 없이 크다.

3. 삶의 방식

갑자기 죽음에 직면한 사람은 죽음에 대해 평소 심사숙고하지 않았듯이, 삶의 방식에 대해 또 삶의 시간이 제한되어 있음에 대해 깊이 생각해보지 않았을 것이다. 대다수 사람들은 삶만 바라보고 마치 자신은 죽지 않을 것처럼 죽음을 전혀 생각하지 않는다. 죽음을 외면하고 삶만 바라보면, 세속적인 가치에만 함몰되어 삶과 죽음은 균형을 잃게 되므로, 결국 삶도 정상적으로 살기 어렵게 된다.

하지만 '사전 연명의료 의향서'에 미리 서명한 사람은 죽음의 수용과 준비를 통해 자기가 삶을 영위하는 방식을 되새기면서, 제한된 삶의 시간을 보다 의미 있게 사는 방식을 모색한다. 죽음을 평소준비하게 되면 삶의 방식과 태도가 달라지게 된다. 죽음 준비는 곧삶의 준비이므로, '행복한 삶, 아름다운 마무리'를 평소에 충분히성찰한다. 이처럼 죽음 준비만이 아니라 삶의 방식 측면에서도 서로 큰 차이가 있는 것이다.

4. 죽음의 방식

죽음을 전혀 생각하지 않고 아무런 준비를 하지 않고 있다가 예기치 않게, 어쩔 수 없이 죽음에 떠밀려가듯이 직면하게 되면, 당사자의 의사는 전적으로 무시되는 상황이 일어날 가능성이 있다. 대다수 사람들은 죽음에 직면해 무엇을 어떻게 해야 할지 아무 준비가되어 있지 않은 상태다. 자기 자신이 죽어가고 있음에도 자신의 죽음을 부정하는 안타까운 상황이 벌어지게 된다.

하지만 사전 연명의료 의향서에 서명하고 아름다운 마무리를 준비하는 사람은 자기가 죽음을 맞이하는 방식, 즉 삶을 잘 마무리하는 문제에 대해 평소 건강할 때 능동적으로 결정해 놓는다. 어느 날죽음이 찾아와 더 이상 생명을 유지할 가능성이 전혀 없을 때, 아무런 흔들림 없이 평소에 준비한 대로 밝은 모습으로 죽음에 임하게된다. 따라서 죽음의 방식에 있어서 큰 차이가 있다.

5. 사전 연명의료 의향서, 사전 장례의향서 준비여부

갑자기 죽음에 직면한 사람은 평소에 '사전 연명의료 의향서', '사전 장례의향서'가 있는지, 어떻게 죽음을 맞이할 것인지, 또 삶의 시간이 제한되어 있다는 사실이나 죽음을 평소에 준비해야 되는 이유에 대해 생각해본 적이 없을 것이다.

하지만 삶을 잘 마무리하는 일에 뜻을 둔 사람은 치료 가능성이 없을 경우를 대비해 '사전 연명의료 의향서', '사전 장례의향서'에 서명함으로써 삶과 죽음에 대해, 또 자기가 죽음을 맞이하는 방식에 대해, 또 자신의 장례방식에 대해 역시 평소에 깊이 생각하면서 남은 인생을 더욱 충실히 살게 된다. 사전 연명의료 의향서와 사전 장례의향서를 평소 건강할 때 당사자가 준비하느냐, 아니면 죽음에 임박해 가족이 대신 작성하느냐, 차이는 크다. 핵심은 본인이 건강할 때 죽음을 준비해 '사전 연명의료 의향서'에 서명하느냐, 죽음이 임박해 의사 표현도 못할 때 가족이 대신 작성하느냐, 여부에 달려 있다.

6. 작별인사

예기치 않게 죽음에 직면한 사람은 자신의 죽음을 수용하지 않아 마지막 작별인사를 나누지도 못한 채 죽을 수도 있다. 실제로 그런 식으로 죽는 사례를 주위에서 어렵지 않게 발견할 수 있다. 다시 만날 수 없는 길을 떠나면서 마지막으로 따뜻한 인사도 나누지 못하게 된다.

그러나 사전 연명의료 의향서에 미리 서명해둔 사람은 미리 준비한 대로 가족을 향해 편안하게 마지막 작별인사를 하고 가벼운 마음으로 여행을 떠난다. 마지막 작별의 방식 역시 양자 사이에 커다란 차이가 난다.

아름다운 마무리는 아무 준비 없이 당하는 죽음과 죽음을 바라보는 방식이나 임종 방식에 있어서 많은 차이가 난다. 총괄적으로 볼 때, 아무 준비 없이 당하는 죽음은 소극적·수동적·부정적인 어두운 이미지라고 한다면, 아름다운 마무리는 적극적·능동적·긍정적인 밝은 이미지라고 말할 수 있다. 이런 차이는 결국 죽음의 방식뿐만 아니라 삶의 방식, 나아가 죽음 이후에까지 영향을 미친다. 그러므로 연명치료 여부에만 초점을 맞추기보다, 또 '사전 연명의료 의향서'에 서명하는 것만 권장하기보다, '사전 연명의료 의향서' 서명을 계기로 해서 웰다잉 교육을 활성화하여, 죽음의 방식만이 아니라 삶의 방식까지 심사숙고하도록 유도해 삶과 죽음의 질을 향상시킬 수 있도록 이끄는 것이 훨씬 바람직하다. 우리 사회 행복 만족도와 삶의 질이 향상되지 못하는 이유도 오직 삶에만 초점을 맞추고 죽음을 도외시하기 때문이다. 죽음 이해는 죽음 이해로 끝나지 않고 삶의 이해와 방식 그리고 인간의 자기 이해로 연결된다.

	아무 준비 없이 당하는 죽음	아름다운 마무리
1. 행위와 판단의 주체	죽음 준비를 하지 않았으므로, 자기가 행위의 주체가 될 수 없다. 자기의 죽음이 아니라 마치 다른 사람의 죽음인 듯 죽게 되는 아이러니.	평소 죽음 준비를 했으므로 갑사기 당하는 죽음과 다르다. 자기 자신이 행위와 판단의 주체가 된다. 가능한 한 죽음을 보다 철저하게 준비하기 위해 평소에 노력한다.
2. 죽음 이해	평소 죽을 수 있다고 생각하지 않으므로 죽음을 정확히 이해하려는 노력을 하지 않고 회피만 할 뿐이다.	죽음, 삶의 과정으로 수용해 죽음을 정확히 이해하기 위해, 또 두려움을 극복하기 위해 노력한다.
3. 삶의 태도	죽음을 외면하니까, 죽음과 밀접한 삶에 대해 깊이 생각하지 않고 세속적인 면에만 집중하게 된다.	죽음 수용을 통해 삶의 제한성을 깊이 생각해 보다 의미 있게 살게 된다. 죽음을 평소 준비하면 삶의 방식, 삶의 태도가 달라지게 된다.
4. 죽음 방식	죽음을 외면하다가 갑자기 죽음이 찾아오니까, 당황해 죽음을 부정하게 된다. 자기가 죽어가고 있는데 죽음을 부정하고 있는 안타까운 상황.	평소 죽음을 준비해 삶을 어떻게 살고, 어떻게 마무리해야 할지 깊이 심사숙고하게 된다.
5. 사전의료 의향서, 사전장례 의향서	평소 죽음을 외면했으니까, 사전 연명의료 의향서, 사전 장례의향서가 있는지 모른다.	치료 가능성이 없을 경우를 대비해 사전 연명의료 의향서, 사전 장례의향서를 평소에 미리 준비하고 가족에게도 미리 알려준다.
6. 작별인사	자기의 죽음을 수용하지 못하므로, 가족과 작별인사도 못하고 죽는다.	가족에게 편안하게 작별인사를 하고 여행 떠나듯 편안히 길을 떠나므로, 삶을 잘 마무리하게 된다.

"가야 할 때 알고 가는 이의 뒷모습, 얼마나 아름다운가"

시인 이형기 씨는 2005년 시 〈낙화〉를 남기고 생을 마감했다. 16세 되던 1949년 《문예》를 통해 등단했던 고인은 "너무 쉽게, 너무 빨리 시의 덫에 걸렸다"는 말을 자주 했다. 11년 전 뇌중풍으로 쓰

경북 봉화의 석양

러진 뒤에도 아내의 도움을 받아 구술 시작詩作을 했을 정도로 시혼을 불살랐다. 사람마다 죽어가는 모습이 다르지만, 원로 시인의 〈낙화〉는 죽음을 바라보는 방식, 죽음에 담긴 철학적 의미, 죽음 이해의 중요성, 인간다운 존엄한 죽음이란 어떤 죽음인가 하는 문제와 관련해 시사하는 바가 참으로 많다. 그는 세상을 떠나기 전 〈낙화〉를 통해서 죽음에 임하여 여행을 떠나는 자기 자신의 심정을 남김없이 토로하면서, 마지막 메시지를 남겼다.

죽어가는 사람들의 일반적인 반응인 절망, 두려움, 부정, 분노, 슬픔, 삶의 마무리, 수용 등의 과정은 누구나 똑같이 밟게 되는 단계들은 아니다. 왜냐하면 사람마다 각각의 방식으로 저마다 다르게 죽음에 반응하기 때문이다. 어떤 사람에게는 위의 반응들이 순차적으로 일어나지 않고, 또 어떤 사람에게서는 두세 가지 반응이 동시에 관찰되기도 한다. 심지어 삶을 마무리하는 모습(다섯 번째 반응)을 보이다가 갑자기 죽음에 대한 절망이나 두려움(첫 번째 반응)을 표출하는 사람도 있다. 이처럼 각양각색의 모습을 보이는 것은 죽음이라는 절대명제 앞에서 인간이 지니는 나약한 모습이 적나라하게 드러나기 때문일 것이다.

가야 할 때가 언제인가를
분명히 알고 가는 이의
뒷모습은 얼마나 아름다운가.

봄 한철
격정을 인내한
나의 사랑은 지고 있다.

분분한 낙화……
결별이 이룩하는 축복에 싸여
지금은 가야 할 때,

무성한 녹음과 그리고
머지않아 열매 맺는
가을을 향하여

춘천 소양호 석양. 해가 지는 모습이 보는 위치에 따라 시시각각으로 바뀐다.

나의 청춘은 꽃답게 죽는다.

헤어지자
섬세한 손길을 흔들며
하롱하롱 꽃잎이 지는 어느 날

나의 사랑, 나의 결별,
샘터에 물 고이듯 성숙하는
내 영혼의 슬픈 눈.

이제 가야 할 때가 되었음에도 떠날 준비가 되어 있지 않을 때, 남아 있는 가족이나 친지는 도와줄 방법도 없고 옆에서 지켜보기도 어렵다. 평소 죽음 준비를 충실히 했다면 가야 할 시간을 알고 더 이상 미련을 두지 않고 먼 길 떠나게 된다. "가야 할 때가 언제인가를 분명히 알고 가는 이의 뒷모습 얼마나 아름다운가"라고 시인은 말했다.

죽음 유형 아홉 가지 반응 가운데 첫 번째에 근접할수록 바람직하지 못한 죽음의 모습이라고 말할 수 있는데, 특히 처음 세 가지 반응은 성숙되지 못한 죽음이다. 여섯 번째 '수용'의 반응은 이전의 반응과 크게 다르다. 아홉 번째 '밝은 죽음'에 근접할수록 보다 성숙한 죽음, 존엄한 죽음이라고 말할 수 있다. 건강한 삶과 건강하지 못한 삶이 구별되듯이, 건강한 죽음과 건강하지 못한 죽음, 행복한 죽음과 행복하지 못한 죽음도 분명히 구별된다. 삶을 밝은 모습으로 살아야 하는지, 어두운 표정으로 살아야 하는지 모르는 사람은 하나도 없다. 밝은 모습으로 삶을 마감해야 하는지, 어둡고 마지못한 표정으로 작별인사를 해야 하는지도 조금만 생각해보면 누구나 알 수 있는 문제이다. 그럼에도 불구하고 대다수의 사람들은 마치 불행한 죽음을 원하기라도 하는 것처럼 어두운 모습으로 삶을 마감한다.

어떻게 죽을 것인가?

사람마다 죽어가는 방식이 다른 것은 살아가는 방식이 차이나는 것과 마찬가지이다. 아무 준비 없이, 아무렇게나 마치 불행한 죽음을 원하는 것처럼 죽어도 되는 것인가? 죽음의 방식은 자기 존재의 가치를 있는 그대로 비추어주는 거울이다. 이런 점에서 한 사람이 보여주는 죽음의 방식에는 그의 전부가 담겨 있는 것이다. 사람마다 죽어가는 모습이 천양지차인 것은 각자가 이 삶에서 살았던 모습이 그만큼 달랐기 때문이다. 다양한 죽음의 모습을 구체적인 사례와 함께 자세하게 취급한 것은 우리 사회에 죽음 이해와 그 방식에 대한 공감대가 전혀 형성되어 있지 않기 때문이다. 사람들은 어떻게 먹고 살 것인지, 어떤 직업을 택할 것인지, 어떻게 해야 돈을 벌 수 있는지 수시로 질문을 던진다. 그러나 어떻게 죽을 것인지 하는 질문을 자신 앞에 던지는 사람은 몇이나 될까?

	삶의 양에 관계, 죽음과는 무관
어떻게 살 것인가?	사람들은 세속적인 성공과 출세에만 초점을 맞추지만, 세속적인 성공과 출세는 죽으면 두고 가는 것으로 죽을 때 아무 의미가 없다. - 이런 질문은 이 세상에만 통용되는 방식으로 사는 것이다.
	삶의 질과 죽음의 질에 관계
어떻게 죽을 것인가?	삶의 의미, 죽음의 의미, 영혼, 죽음 이해와 임종 방식의 중요성에 초점을 맞춘다. 인간다운 삶의 권리와 함께 인간다운 죽음의 권리를 중시하는 질문이다. - 이런 질문은 이 세상과 저 세상 모두에 통용된다.

 '어떻게 살 것인가?' 하는 물음은 세속적인 성공이나 출세 등을 모색하는 '삶의 양(Quantity Of Life)'과 관계되는 질문이다. 반면에 '어떻게 죽을 것인가?' 하는 물음은 삶과 죽음의 의미, 영혼, 가치, 삶의 보람, 죽음 방식의 중요성을 의미하는 '삶의 질(Quality Of Life)'과 '죽음의 질(Quality Of Death)'에 관계되는 물음이다. 삶의 양적인 차원과 관련되는 문제는 이 세상에서만 의미 있는 듯이 보일 뿐 영혼의 성숙과는 별 관련이 없다. 하지만 삶과 죽음의 '질'과 관계되는 문제는 이 세상과 저 세상 양쪽 모두에 통용된다.

 지금까지 우리는 인간다운 삶의 권리만 생각했을 뿐, 인간다운 죽음의 권리는 생각해본 일이 없다. 우리 삶은 죽음에 의해 마감되므로, 행복한 삶은 아름다운 마무리에 의해 완성된다. 잘 죽지 못한 삶은 결코 행복한 삶일 수 없다. 이제, 이 세상에서만 통용되는 그런 방식으로 살 것인지, 아니면 이 세상뿐만 아니라 저 세상에서도 통용되는 방식으로 살 것인지 물어볼 때가 되었다. 죽음이 코앞에 찾아왔을 때는 이미 늦다. 자신에게 언제든지 찾아올 수 있는 죽음을 실제로 맞이하기 전에 자기 자신에게 물어보아야 한다.

참고문헌

경전

『잡아함경』 대정장 2권
『법구비유경』 대정장 4권
『성경』

단행본

각묵, 『초기불교의 이해』, 초기불전연구원, 2010.
구미래, 『한국인의 죽음과 사십구재』, 민속원, 2009.
김범석, 『어떤 죽음이 삶에게 말했다』, 흐름출판, 2021.
김영우, 『전생 여행』, 정신세계사, 1996.
_____, 『우리는 영원히 헤어지지 않는다』, 정신세계사, 1998.
_____, 『영혼의 최면치료』, 나무심는사람, 2002.
_____, 『빙의는 없다』, 전나무숲, 2012.
김완, 『죽은 자의 집 청소』, 김영사, 2020.
김진태, 『달을 듣는 강물』, 해냄, 1996.
김현아, 『죽음을 배우는 시간』, 창비, 2020.
고재욱, 『당신이 꽃같이 돌아오면 좋겠다』, 웅진지식하우스, 2020.
국사편찬위원회 편, 『상장례, 삶과 죽음의 방정식』, 두산동아, 2005.
다치바나 다카시, 윤대석 옮김, 『임사체험(상, 하)』, 청어람미디어, 2003.
디팩 초프라, 정경란 옮김, 『죽음 이후의 삶』, 행복우물, 2008.
레이먼드 A. 무디, 서민수 옮김, 『삶 이후의 삶』, 시공사, 1995.
로저 콜, 주혜경 옮김, 『사랑의 사명』, 판미동, 2011.
문창용, 『다시 태어나도 우리』, 홍익출판사, 2017.

미쉘 마틴, 신기식 옮김,『까르마빠, 나를 생각하세요』, 지영사, 2007.

박진여 외,『전생을 읽는 여자』, 고요아침, 2005.

박희병,『엄마의 마지막 말들』, 창비, 2020.

법정,『오두막 편지』, 이레, 1999.

____,『아름다운 마무리』, 문학세계, 2008.

____,『한 사람은 모두를, 모두는 한 사람을』, 문학의숲, 2010.

____,『무소유』, 범우사. 2010.

설은주,『아름다운 삶, 거룩한 죽음』, 쿰란출판사, 2005.

셜리 케이건, 박세연 옮김,『죽음이란 무엇인가』, 엘도라도, 2015.

소걀 린포체, 오진탁 옮김,『티베트의 지혜』, 민음사, 1999.

_____,『죽음으로부터 배우는 삶의 지혜』, 판미동, 2009.

신홍범,『마더 데레사: 그 사랑의 생애와 영혼의 메시지』, 두레, 1997.

아툴 가완디, 김희정 옮김,『어떻게 죽을 것인가』, 부키, 2015.

오진탁,『마지막 선물』, 세종서적, 2007.

_____,『자살, 세상에서 가장 불행한 죽음』, 세종서적, 2008.

_____,『삶, 죽음에게 길을 묻다』, 종이거울, 2010.

_____,『자살 예방 해법은 있다 – 죽음 이해가 삶을 바꾼다』, 교보문고, 2013.

_____,『자살 예방의 철학』, 청년사, 2014.

_____,『죽으면 다 끝나는가』, 자유문고, 2020.

이부영,『노장과 융』, 한길사, 2019.

이븐 알렉산더, 고미라 옮김,『나는 천국을 보았다』, 김영사, 2013.

이이다 후미히코, 김종문 옮김,『사는 보람의 창조』, 자유문학사, 2005.

일묵,『초기불교의 윤회 이야기』, 불광출판사, 2019.

____,『윤회와 행복한 죽음』, 이솔, 2010.

정현채,『우리는 왜 죽음을 두려워할 필요가 없는가』, 비아북, 2018.

제인 로버츠, 서민수 옮김,『육체가 없지만 나는 이 책을 쓴다』, 도솔, 2000.

차길진,『영혼의 X파일 1』, 후암, 2007.

_____,『영혼은 비자가 없다』, 후암, 2007.

최화숙,『아름다운 죽음을 위한 안내서』, 월간조선사, 2002

청화,『영가천도법어』, 광륜출판사, 2009.

칼 베커, 이원호 옮김,『죽음의 체험』, 생각하는 백성, 2007.

퀴블러-로스, 박충구 옮김,『삶과 죽음에 대한 기억』, 가치창조, 2001.

_____, 데이비드 케슬러, 류시화 옮김,『인생 수업』, 이레, 2006.

_____, 최준식 옮김,『사후생』, 대화문화아카데미, 2009.

_____, 장혜경 옮김,『충만한 삶, 존엄한 죽음』, 갈매나무, 2020.

텐진 갸초, 심재룡 옮김,『달라이 라마 자서전』, 정신세계사, 2003.

파드마삼바바 지음, 류시화 옮김,『티벳 死者의 書』, 정신세계사, 1995.

피터 싱어, 장동익 옮김,『삶과 죽음』, 철학과 현실, 2003.

피터 펜윅 외, 정명진 옮김,『죽음의 기술』, 부글, 2008.

헬렌 니어링, 이석태 옮김,『아름다운 삶, 사랑, 그리고 마무리』, 보리, 1997.

외국서적

Gary Doore, ed. *What survives?*, Tarcher Putnam Book, 1990.

Kenneth J. Doka; John D. Morgan, *Death and Spirituality*, Baywood, 1993.

Kenneth Ring, *Life at Death*, Quill, 1982.

Michael Sabom, *Recollections of Death*, Corgi, 1982.

Margot Grey, *Return from death: An exploration of the near-death experience*, Arkana, 1985.

Matthieu Richard, *Journey to Enlightenment the Life and World of Khyentse Rinpoche*, Aperture, 1996.

Raymond Moody, *Life after Life*, A Bantam Book, 1975.

Raymond Moody, *Reflections on Life after Life*, Corgi, 1978.

Shelley Kagan, *Death*, Yale University, 2012.

논문

오진탁, 「우리 사회는 죽음을 바르게 이해하고 있는가」, 『대한의사협회지』, 56권 2호, 2013.

_____, 「연명의료결정법에 대한 생사학적 비판」, 『충남대 인문과학연구』, 109호, 2017.

_____, 「불교의 49재, 생사학으로 읽다」, 『충남대 인문과학연구』, 115호, 2019.

한림대 생사학연구소 편, 『죽음, 어떻게 이해할 것인가』, 한림대출판부, 2014.

한림대 생사학연구소 주최 세미나, 『죽음 정의, 어떻게 할 것인가』, 2013.

언론(신문, 잡지)

경향신문

동아일보

법보신문

중앙일보

조선일보

일간스포츠

한겨레신문

《불교문화》

《월간조선》

다큐

BBC 'The day I died', 2004년.

춘천 MBC '자살, 한국사회를 만나다', 2011년.

지은이 **오진탁**

한림대학교 철학전공 교수이며, 1997년부터 생사학 강의를 하였다. 한림대에서 '죽으면 다 끝나는지, 죽음을 어떻게 이해해야 하는지' 알고 싶을 때, 혹은 예전에 우울증을 앓았거나, 자살충동을 느꼈거나, 자살을 시도한 적이 있거나, 지금 그런 고민을 하고 있는 학생들에게 '죽음의 철학적 접근'을 수강하라고 공개적으로 말한다. 다음(Daum) 까페 '한국생사학협회' 〈오진탁의 생사학 이야기〉 폴더에 죽음과 자살에 관한 100가지 이상의 글과 자료를 제시해 놓아서 누구나 접속할 수 있다.

저서로 『죽으면 다 끝나는가?』, 『자살예방 해법은 있다』, 『죽음, 삶이 존재하는 방식』, 『자살예방의 철학 - 생명교육과 자살시도자 교육사례』 등 다수가 있고, 번역서로 『티베트의 지혜』, 『죽음으로부터 배우는 삶의 지혜』, 『한글세대를 위한 금강경』, 『능엄경 1, 2』 등 다수가 있다.

죽음을 알면 삶이 바뀐다

초판 1쇄 인쇄 2021년 9월 9일 | 초판 1쇄 발행 2021년 9월 16일
지은이 오진탁 | 펴낸이 김시열
펴낸곳 도서출판 자유문고
    (02832) 서울시 성북구 동소문로 67-1 성심빌딩 3층
    전화 (02) 2637-8988 | 팩스 (02) 2676-9759
ISBN 978-89-7030-157-0 03100   값 18,000원
http://cafe.daum.net/jayumungo